『经学与理学』丛书

何俊 主编

《易》与《春秋》

宋明儒学的全体大用

『十四五』国家重点出版物出版规划项目

张涛 任利伟 著

天津出版传媒集团
天津人民出版社

图书在版编目(CIP)数据

《易》与《春秋》: 宋明儒学的全体大用 / 张涛,
任利伟著. -- 天津 : 天津人民出版社, 2023.11
（“经学与理学”丛书 / 何俊主编）
ISBN 978-7-201-19929-0

Ⅰ. ①易… Ⅱ. ①张… ②任… Ⅲ. ①儒学—研究—
中国—宋代②儒学—研究—中国—明代 Ⅳ. ①B222.05

中国国家版本馆 CIP 数据核字(2023)第 206827 号

《易》与《春秋》: 宋明儒学的全体大用
《YI》YU《CHUNQIU》:SONGMING RUXUE DE QUANTIDAYONG

出　　版　天津人民出版社
出 版 人　刘　庆
地　　址　天津市和平区西康路35号康岳大厦
邮政编码　300051
邮购电话　(022)23332469
电子信箱　reader@tjrmcbs.com

责任编辑　林　雨
装帧设计　卢炀炀

印　　刷　河北鹏润印刷有限公司
经　　销　新华书店
开　　本　710毫米×1000毫米　1/16
印　　张　20
插　　页　4
字　　数　260千字
版次印次　2023年11月第1版　2023年11月第1次印刷
定　　价　118.00元

总 序

这部"经学与理学"丛书是我主持的国家社会科学基金重大项目"'群经统类'的文献整理与宋明儒学研究"(13&ZD061)的最终结项成果的重要组成部分。整个项目的研究成果,除了我编著的《马一浮论学书信选读》(四川人民出版社,2020年),以及课题组成员各自撰写发表的数十篇论文等中期成果以外,最终结项成果包括了"马一浮编选《群经统类》整理丛书"与"经学与理学研究丛书"。项目于2020年结项,经专家组评定,并最终由全国哲学社会科学工作办公室审核,给予优秀。

文献整理丛书从2017年起陆续由上海古籍出版社刊行,如王宗传的《童溪易传》(2017年)、敖继公的《仪礼集说》(2017年)、陆淳的《春秋集传微旨》与孙复的《春秋尊王发微》(2019年)等。马一浮先生编选的"群经统类"所列著作虽然全部完成了整理,但是考虑到文献整理与出版近年来取得了很大推进,目录中的许多文献已经刊行,因此为了避免重复浪费,经与出版社商议,这套文献丛书的后续出版,将尽量选择尚未刊行的文献,同时兼顾释经文献的种类齐全,总数达二十余种。

研究丛书共五种,即此次刊行的四种论著与先行出版的《从经学到理学》(上海人民出版社,2021年)。我撰写的《从经学到理学》具有整部丛书的导论性质,与整部丛书构成有机的整体,但同时也是一项专题研究。因此，在项目结项以后，考虑到整部丛书还有待增补完善，以及出版的相关事宜，同时为了及时向学界同行反映研究的进展，听取意见，遂将《从经学到理学》先行出版。同年，“经学与理学”丛书经由天津人民出版社林雨编辑的申请，获得了“十四五”国家重点出版物出版规划项目，于今年刊行。

这次刊行的“经学与理学”丛书包括张涛、任利伟合撰的《〈易〉与〈春秋〉：宋明儒学的全体大用》，马强才、姚永辉、范立舟合撰的《〈诗〉〈书〉〈礼〉〈乐〉：宋明儒学的性道神化》，张天杰、申绪璐等合撰的《〈孝经〉与〈四书〉：宋明儒学的意涵新辟》，朱晓鹏撰写的《马一浮与现代新儒学：宋明儒学的传承创新》。由书名即可知晓，前三种论著是一个相对紧密的整体，构成了这部丛书的主体，最后一种与先行出版的《从经学到理学》相似，既是整部丛书的有机组成部分，也是可以相对独立的专题研究。只是对于整个课题而言，马一浮先生“六艺论”的研究具有更紧密的关系，因为整个研究是基于六艺论儒学思想展开的；经学之转出理学的问题则更独立一些，因为这是属于宋明理学的一个基础性的专门问题。

“经学与理学”丛书四种对各自的论题与结构都有详尽的阐述，毋须赘述。整个项目的初衷与考虑，我在《从经学到理学》的引言中作了说明，这里也就不重复了，故只简述这套丛书与整个项目的关系，以为序。

何　俊

2023 年 10 月 28 日

目 录

第一章　宋学之勃兴及《易》《春秋》在其中的地位

一直以来,“天水一朝”的学术思想都是学界极为关注的内容。北宋的儒家学者们对汉唐以来的儒生各拘守其师法、拘泥于章句训诂之学的学风大为不满,时代需要对儒家经典所蕴含的义理进行符合时代特征的阐发,由此形成了与汉学相对而称的宋学。宋学着重于对儒家经典进行义理性的阐发,也可称作新儒学,作为新儒学的宋学,是儒家学者与释、道两家学者长期地互相斗争、渗透和吸收的产物。钱穆先生曾说:“宋学精神,厥有两端:一曰革新政令,二曰创通经义,而精神之所寄则在书院。革新政令,其事至荆公而止;创通经义,其业至晦庵而遂。而书院讲学,则其风至明末之东林而始竭。”[①]这里的“宋学”就是指宋代儒学而言。

卢国龙认为:“北宋儒学从本质上讲是一种政治哲学,它所代表的时代精神,是对文明秩序及其最高的体现形式——政治制度,进行理性的批判和重建。批判是追索文明秩序的合理性依据,所谓天道性命之理,即由此发畅;重建是探讨文明秩序、政治制度的合理模式,于是需要推阐王道,作为最高的政治宪纲。”[②]钱穆先生对宋学给予了很高的评价,他指出:“中

① 钱穆:《中国近三百年学术史》,商务印书馆 1997 年,第 7 页。

② 卢国龙:《宋儒微言》,华夏出版社 2001 年,第 2 页。

国历史，应该以战国至秦为一大变，战国结束了古代，秦汉开创了中世。应该以唐末五代至宋为又一大变，唐末五代结束了中世，宋开创了近代。晚清末年至今又为一大变，这一大变的历史意义，无疑是结束了近代，而开创了中国以后之新生。我们若要明白近代的中国，先须明白宋。宋代的学术，又为要求明白宋代一至要之项目与关键。”[①]朱伯崑先生也指出：“就经学史来说，从汉唐经学转入了宋学时期。宋代的经学被称为宋学。宋学的特征是对儒家经典的解释，注重探讨和阐发其中的义理，不重视文字训诂方面的考证。”[②]由此可见宋学地位之重要，宋学兴起代表着儒学的复兴，对于宋代本身及后世的影响至深且巨。

第一节　易学与宋学之勃兴

宋代易学是在唐代易学的基础上发展突破的。而有唐一代，易学呈现多途发展之势，概言之，包括五个方面：第一，隋与唐初，南北学风的差别的确存在，易学亦如此。但是在一流的学者那里，并没有泾渭分明的南北之分、象数与义理之别。而且，当时的玄学派易学并没有呈现出压倒一片之势。第二，《周易正义》的问世与流传，并没有桎梏唐代易学的发展，也没有削减人们治《易》研《易》的兴趣。而且《周易正义》对于一流的思想家，同样有不小的吸引力，刘知幾、柳宗元等都曾借鉴过《周易正义》的思想与理论。第三，易学与史学之间的链条在唐代并没有中断，伴随着唐代史学的累累硕果，易学与史学的关系更加密切。第四，在这个文人占主导地位的时代，易学并没有被遗忘，他们将《周易》的语言，乃至思想应用于文学创作中。也许他们并不像宋代的思想家那样给予《周易》更多的理论上的阐

① 钱穆：《宋明理学概述》，九州出版社 2010 年，第 1 页。

② 朱伯崑：《易学哲学史》（中册），北京大学出版社 1988 年，第 1 页。

发与关注，但将易学的智慧运用到天地人生的感悟中。虽然很多时候读不到他们对易学的文字性阐发，但他们却在真正地践履着易道。第五，中晚唐的儒学，在理论上出现了许多不同以往的新气象，而其间许多思想上的创获其实是得自于易学的启示。可见，唐代易学本已蕴含了众多蓄势而发、破土而出的“新因素”，在适当的条件下，必然会迎来新的局面。

《宋史·艺文志》中记载宋代所保存的易学著作共计二百一十三部，一千七百四十二卷。其中汉易仅有郑玄《周易文言注义》一卷，魏晋南北朝及唐代易学仅不足三十部，其余绝大部分为宋代易学著作。另外还有术数类图书一千多种，多与《易》有关。其中当然也有宋代去时不远的原因，加之印刷术之功。

宋代易学之所以如此隆盛，除了在客观上得益于印刷术的普及对著书立说的推动作用之外，主观上则主要是由于宋代君主重视易学、学者以《易》阐论立说、民间讲易风行。易学适应了宋代社会的时代需要。

据史载，宋代君主自宋太祖、太宗以下，大都重视《周易》，经常召请易学大师讲《易》论《易》，对易学研究予以奖励，并不时奖掖进献易学著作的学者，还曾数次刻版印行《易经》于世。《玉海》记载：

> 开宝三年(970)，……李穆荐王昭素，召见便殿。昭素著《易论》三十三篇，时年七十余。太祖赐坐，令讲《乾卦》，召宰臣薛居正等观之。至九五飞龙在天，昭素对曰：此爻正当陛下，今日之事，此书非圣人出，不能合其象。三月辛亥，拜国子博士。[①]

另有《宋史·太祖本纪》记载：“三月辛亥，赐处士王昭素国子监博士致仕。”[②]

---

① 王应麟：《玉海(二)》卷三十六，《景印文渊阁四库全书》第944册，台湾商务印书馆1986年影印本，第38页。

② 脱脱等：《宋史》卷二，中华书局1985年，第31页。

《宋史·太宗本纪》记载:"端拱元年(988)八月庚辰,幸太学,命博士李觉讲《易》,赐帛。"①

真宗也喜好易学,据《玉海》记载曾作《周易诗三章》,并刻版印行。曾召冯元等人讲《易》。仁宗时,于崇政殿请徐复讲《易》。陆秉、吴秘等多人先后上献易学著作,蒙获诏奖;召卢士宗讲《易》并授天章阁侍讲;张揆读《易》召对迩英殿,擢为天章阁待制。②由此可见仁宗对易学之重视程度。英宗、神宗及南宋的诸多君主也都对易学很感兴趣。

在民间,学者们私人讲《易》研《易》也蔚然成风。本书所涉及的北宋诸儒,如范仲淹、欧阳修、李觏、王安石、司马光、宋初三先生、北宋五子等无不精通易学,或以《易》名家,或以《易》立言阐论,并将《易》理贯彻到政治实践中,为政治改革提供思想指导和理论基础,除了大量的易学著作和专论外,在他们的奏议和上疏中时时能看到据《易》发论,针砭时弊,建言治国之道和改革方略。

易学研究的成果也丰富多彩,除了专门释《易》解《易》的《易传》《易论》外,还有易说、易义、易赋、易论、易解、易赞及专为易学著作而作的序文、跋文等。如范仲淹的《易义》《易兼三材赋》《天道益谦赋》《穷神知化赋》《乾为金赋》,王安石的《易解》《卦名解》《易象论》《九卦论》《洪范传》《河图洛书义》;张载的《易说》《正蒙》;欧阳修的《张令注〈周易〉序》,朱熹的《原象赞》《河图赞》《书杨龟山帖后》,等等。其中,欧阳修的《易童子问》《易或问》和邵雍的《渔樵问答》采取了虚设人物问答、自相讨论的活泼方式解《易》。

当然,仅凭以上内容,并不足以导致"宋学"的产生。余敦康先生指出:"时代的选择,主要是一种功能性的选择……通观历史,每一个时代对学术思想的选择,并不是着眼于其哲学思辨程度的高低,而是着眼于其满足

① 脱脱等:《宋史》卷五,中华书局1985年,第83页。

② 王应麟:《玉海(一)》卷二十六,《景印文渊阁四库全书》第943册,台湾商务印书馆1986年影印本,第645页。

时代需要的功能的大小的，这在社会发生急剧变革的时期尤其是如此。”[1]因此，在北宋“急乎天下国家之用”的变革时代，时代选择的标准就是明体达用。在易学体系中，象数派“多参天象”，对于明体可供资取，但不足以达用。而义理派“阐明儒理”“诠释人事”，完全可以“急乎天下国家之用”，可惜对体的研究有所欠缺。因此，义理派和象数派必须合流，实现优势互补。北宋的士大夫们以天下为己任，以“急乎天下国家之用”的高度责任感，响应改革时代的需要，自觉地承接起了义理派的易学传统，使得义理派易学成为主流学术思想，而象数派易学则被后人视为“易外别传”。这就是变革时代的选择。

此外，宋代士大夫政治主体意识的提高更对此起到了积极的推动作用。在中国历代王朝中，宋代是对士大夫最为优容和礼遇的一代。宋代君主，尤其是北宋几朝的君主，在对文官士大夫们实行“异论相搅”的牵制政策的同时，也给予了很大的优待，不仅广开言路，充分保障他们的上书言事权和封驳权，甚至允许谏官“风闻言事”，还给中高级官员以恩荫权和高额俸禄，保证其有较高的生活待遇。更重要的是对官员的犯颜直谏等因公而获罪的情形处罚较轻，多为贬官，不久又能得到提升。吕大防在向哲宗讲“祖宗家法”时说：“惟本朝用法最轻，臣下有罪，止于罢黜，此宽仁之法也。”[2]这些虽然还都是君主人治的体现，但相比其他朝代已经大为开明了，既保存了君主的威严，也保证了文官士大夫们的人格，有利于君臣一体的政治格局的形成，士大夫们主动自觉地参与到这种君臣“共治天下”的政治运作中来，以得君行道作为士人的最佳出路和最高理想。在这种“共治天下”的政治格局中，君主与士大夫相互之间有很高的依存度，确实有“君臣一体，荣辱共之”之感。帝王需要士大夫阶层帮其治国理政，维护其统治，而士大夫们也需要为君主效忠以保其富贵或实现其政治理想。任

① 余敦康：《汉宋易学解读》，华夏出版社2006年，第135页。

② 脱脱等：《宋史》卷三，中华书局1985年，第10843页。

何社会都需要有一个有组织能力的领导阶层作为社会中坚，宋代这个社会中坚历史地选择了士人阶层，士居四民之首。中国传统文化思想中"士为知己者死"的传统和忠君爱国的传统在宋代得到了最大的体现，从范仲淹、欧阳修等文臣的先忧后乐思想，到岳飞等武将的"精忠报国"精神，无不如此。北宋的仁宗时期是宋代士大夫们政治权力最为发达和君臣"共治天下"最典型的时期。由于仁宗天性"恭俭仁恕"，加之开国以来实行的诸如科举等重文政策到仁宗时已经见到效果，所以这段时期呈现出与士大夫"共治天下"的和谐局面，不仅人才最盛，而且文人士气也最为高涨，是士大夫在国家政治生活中最有发言权的历史时期。[①]南宋的陈亮对仁宗朝士大夫的参政议政权力有过评说：

> 臣闻之故老言仁宗朝有劝仁宗以收揽权柄，凡事皆从中出，勿令人臣弄威福。仁宗曰："卿言固善，然措置天下事，正不欲专从朕出。若自朕出，皆是则可，有一不然，难以遽改。不若付之公议，令宰相行之。行之而天下不以为便，则台谏公言其失，改之为易。"[②]

其中固然有仁宗顾及君主颜面的考虑，但客观而论，在王朝时代，宋仁宗的这种认识是非常难能可贵的，体现出了他有公天下的政治意识。如果时空能够转换的话，我们不妨憧憬一下由这样的一位开明君主实现君主立宪的可能性。惜乎宋仁宗仁有余而明、武不够，白白错失了难得的历史机遇和众多难得的优秀人才。

君主与士大夫"共治天下"的主张是宋代士大夫政治主体意识的体现，治理天下的责任并不是君主一人所当，也是士大夫们所应担当的。程颐对此有更为清晰的解释："帝王之道也，以择任贤俊为本，得人而后与之

① 何忠礼：《宋代政治史》，浙江大学出版社2007年，第164页。

② 陈亮：《陈亮集》卷二《中兴论》，中华书局1987年，第28页。

同治天下。”①

熙宁年间，王安石与司马光围绕新法以道进退，他们与神宗之间的关系更能清楚地体现皇帝与“士大夫共治天下”的政治关系。有两段记载就很能说明这一问题。一则是《石林燕语》中关于王安石以道自重，未肯轻易出山的记载：

> 神宗初即位，犹未见群臣，……独留（韩）维，问王安石今在甚处？维对在金陵。上曰：“朕召之肯来乎？”维言：“安石盖有志经世，非甘老于山林者。若陛下以礼致之，安得不来？”上曰：“卿可先作书与安石，道朕此意，行即召矣。”维曰：“若是，则安石必不来。”上问何故，曰：“安石平日每欲以道进退，若陛下始欲用之，而先使人以私书道意，安肯遽就？然安石子雱见在京师，数来臣家，臣当自以陛下之意语之，彼必能达。”上曰：“善。”于是荆公始知上待遇眷属之意。②

而司马光因为反对王安石的新法，道不同，不相为谋，也坚决不肯奉神宗之诏，力辞枢密副使。《邵氏闻见录》对此事有记载曰：

> 帝必欲用公，召知许州，令过阙上殿。方下诏，帝谓监察御史里行程颢曰：“朕召司马光，卿度光来否？”颢对曰：“陛下能用其言，光必来；不能用其言，光必不来。”……公果辞召命。……帝因与左丞蒲宗孟论人才，及温公，帝曰：“如司马光未论别事，只辞枢密一节，朕自即位以来，惟见此一人。”帝之眷礼于公不衰如此。特公以新法不罢，义不可起。③

---

① 程颢、程颐：《河南程氏经说》卷二《尧典》，《二程集》，中华书局2004年，第1035页。

② 叶梦得：《石林燕语》卷七，中华书局1984年，第101页。

③ 邵伯温：《邵氏闻见录》卷十一，中华书局1983年，第114~115页。

司马光的“义不可起”和王安石的“以道进退”，都是出于“以天下为己任”的考虑。司马光在给王安石的信中曾指出他们两人“趣向虽殊，大归则同。介甫方欲得位以行其道，泽天下之民；光方欲辞位以行其志，救天下之民。此所谓和而不同者也”[①]。他们在政治斗争中均坚持自己的原则，以“道”或“义”自处，君主若不接受他们的意见，与之“共治天下”，他们绝不会为官位而召之即来。这种士人的高风亮节在宋代表现得特别突出。

王安石对于这种与士大夫共治天下的思想有更为惊人的表述。他说：“若夫道隆而德骏者，又不止此。虽天子北面而问焉，而与之迭为宾主。”[②]这是王安石以道自任的自信和抱负。他的弟子陆佃在《神宗皇帝实录叙论》中描述过王安石和神宗的关系：

> 熙宁之初，锐意求治，与王安石议政意合，即倚以为辅，一切屈己听之。……安石性刚，论事上前，有所争辩时，辞色皆厉。上辄改容，为之欣纳。盖自三代而后，君相相知，义兼师友，言听计从，了无形迹，未有若兹之盛也。[③]

陆佃是王安石的弟子，但他并不盲从老师，为人耿直，他的这段记载是可信的。司马光也说过王安石“每议事于人主前，如与朋友争辩于私室，不少降辞气，视斧钺鼎镬无如也”[④]。可见，王安石表现出了宋代士大夫高度的自尊意识，其贡献不亚于范仲淹。

程颐任侍讲时也在哲宗面前坚持力争坐讲的权利，还说：“天下重任，惟宰相与经筵：天下治乱系宰相，君德成就责经筵。”[⑤]这也体现了要求提

---

① 司马光：《司马光集》卷六十《与王介甫书》，四川大学出版社 2010 年，第 1255 页。

② 王安石：《临川先生文集》卷八十二《虔州学记》，中华书局 1959 年，第 858 页。

③ 陆佃：《陶山集》卷十一《神宗皇帝实录叙论》，上海古籍出版社 2003 年，第 117 页。

④ 司马光：《司马光集》卷六十《与王介甫书》，四川大学出版社 2010 年，第 1255 页。

⑤ 程颢、程颐：《河南程氏文集》卷六《再辞免状》，《二程集》，中华书局 2004 年，第 540 页。

高士大夫地位、缩短君臣政治差距的思想，与范仲淹、王安石的思想是一致的。

第二节 《春秋》学与宋学之勃兴

自唐代中后期之后，《春秋》学研究和前代相比发生了重大的变化，推动这场变化就是啖助及其学生赵匡和陆淳。啖助，字叔佐，赵州人，生于唐玄宗开元十二年(724)，曾在天宝年间短暂地出仕，担任过临海尉、丹杨主簿等官职，官任期满后，还家著述治学，余生在清贫中度过。啖助博通经学，是一位以治《春秋》而垂誉当时的经学家，他凭借十年的工夫，撰成《春秋集传》和《春秋统例》二书，《新唐书·儒学传》中说啖助“善为《春秋》，考三家短长，缝绽漏阙，号《集传》，凡十年乃成。复摄其纲条，为《例统》”[①]。然而他的著作已经亡佚，现在我们只能从他的学生陆淳的记载中窥见一斑。啖助对《春秋》的研究无论是对中晚唐时代还是对宋代都产生了极大的影响，这主要体现在他并不严守先儒为《春秋》学所确立的那种专守一家的“师法”。啖助标新而立异，顺应和根据时代的需求对《春秋》进行全新阐释。啖助的思想和治学风格由他的两位弟子赵匡与陆淳所承继和发扬。赵匡曾参与补订啖助所撰《春秋集传》和《春秋统例》，他自己所撰写的《春秋阐微纂类义统》一书就吸收和继承了啖助的《春秋集传》和《春秋统例》中的一些内容，并对此做出一定的损益。陆淳著述颇丰，而其《春秋》学的代表作就是《春秋集传纂例》，这本书是在集合了啖助与赵匡之作的基础上编纂而成，据他自己说是“啖子所撰《统例》三卷，皆分别条流，通会其义，赵子损益，多所发挥，今故纂而合之。有辞义难解者，亦随加注释，兼备载

① 欧阳修、宋祁：《新唐书》卷二〇〇《儒学下·啖助》，中华书局1975年，第5705页。

经文于本条之内,使得学者以类求义,昭然易知”[①]。此可见陆淳《春秋》学的渊源流脉所在。啖助与赵匡的学术思想较完好地被保存在陆质的《春秋集传纂例》中,是如今探知二位学者思想的重要典籍。

啖助的《春秋》学以突破先儒专守一传而治经的传统,在全面会通考察三传之文的基础上兼收并蓄而博采众长,对它们进行取舍。他说:

> 《春秋》之文,简易如天地焉,其理著明如日月焉。但先儒各守一传,不肯相通,互相弹射,仇雠不若;诡辞迂说,附会本学,鳞杂米聚,难见易滞。益令后人不识宗本。……老氏曰:大道甚夷,而人好径。信矣。故知三传分流,其源则同,择善而从,且过半矣。归乎允当,亦何常师。

这段话可以说是啖助《春秋》学的纲领和宣言,他认为《春秋》之文义如同天地一般简易,如同日月一般昭明。但是前代学者各持门户而不肯交通,以至于围绕《春秋》产生大量附会穿凿的奇谈怪论。他不愿再重蹈先儒之旧路,陷入“相互弹射”的对立局面,而是对于《春秋》三传“择善而从”,只要释经能允称妥当,则不必株守一传之学。

啖助重新回归到对《春秋》思想宏旨和基本精神的关切,力图去解释清楚孔子修撰《春秋》的根本动机和原因。啖助如此重视《春秋》的基本精神宏旨有着深刻的社会时代原因,他身处的正是安史之乱结束后一个在统治力上被战争严重消耗和削弱了的唐王朝,虽然李唐皇室最终平定了战乱,自身却也遭到了重创。那些曾帮助唐王朝消灭安史叛军的地方势力迅速崛起,逐渐形成了藩镇将领拥兵自重、割据地方而不受朝廷节制的局面。《春秋》作为政治意蕴最强的经典,自汉代以来就成为最能反映政治形势之需要的典籍。啖助有感于唐王朝的衰落、唐王朝的统一性受到了来自

① 陆淳:《春秋啖赵集传纂例·目录》,中华书局 1985 年影印丛书集成初编本,第 1 页。

藩镇势力的严重威胁，意欲通过申明《春秋》之本旨来"救时之弊"，为唐王朝的重新振兴提供思想武器。

关于《春秋》本旨的问题是一个老生常谈的话题，然而在这个问题上自汉代以来《春秋》三传却仍是各执一词而莫衷一是。西汉是春秋公羊派鼎盛的时代，东汉时期公羊学者何休却宣称孔子著《春秋》是为了"黜周王鲁，变周之文，从先代之质"[①]。然而这一说法不合常理，孔子一生的政治愿景和目的就是恢复重建周公时的礼乐制度，孔子之时正是周代，宣扬"黜周王鲁"岂不成了周王朝的叛臣？孔颖达在《春秋左传正义》中也指出："若黜周王鲁，则鲁宜称王，周宜称公，此言周王而鲁公，知非黜周而王鲁也。"公羊派的这一说法显然很难行得通。东汉以后《左传》逐渐盛起，杜预认为孔子生活在一个"周德衰，典礼丧，诸所记注多违旧章"的时代，其修《春秋》是为了绍述"周公之志也"，孔子于是乃"因鲁史策书成文，考其真伪，而志其典礼，上以遵周公之遗志，下以明将来之法"。[②]这可以看出左传派的主要观念是认为孔子修撰《春秋》是为了继承周公之遗志、振兴周礼以垂法将来，然而这个看法也受到了啖助的批评。他关于左传派恢复周礼之说提出两个质疑，第一个是

> 据杜氏所论，褒贬之指唯据周礼，若然，则周德虽衰，礼经未泯，化人足矣，何必复作《春秋》乎？且游、夏之徒，皆造堂室，其于典礼安，固当恰闻；述作之际，何其不能赞一辞也？

第二个是

① 陆淳:《春秋集传纂例》卷一《春秋宗指议第一》,《景印文渊阁四库全书》第146册，台湾商务印书馆1986年影印本，第379页。

② 同上。

又云"周公之志，仲尼从而明之"，则夫子曷云"知我者亦《春秋》，罪我者亦《春秋》"乎？斯则杜氏之言陋于是矣。

第一个问题是，诉诸真实的历史情况去质疑左传派的看法。啖助指出，孔子之时，周德虽然衰落，但周公之礼法尚在，孔子何必多此一举通过借由《春秋》去宣明礼法？另外，如果孔子作《春秋》是为继承周公之遗志，那么为何他的学生子游、子夏通过实际典礼活动来继承周礼的做法竟没有得到孔子的任何赞赏？第二个问题则是，从孔子对《春秋》的矛盾态度来说明孔子并非意为从周公之志，如果是真从周公之志，那孔子为何还会担忧自己因作《春秋》反而招致罪责呢？啖助指出，孔子作《春秋》实是想通过夏代之法来变革周代之礼。啖助的这个思想来自西汉司马迁三代相承相救之理论，该理论认为夏商周三代在政治文化上各自有主要的宗尚，夏代主"忠"、商代主"敬"，而周代主"文"。但是每一宗尚皆有自己的流弊，"忠之弊"是"野"，即质朴鄙野，那么殷人矫之以"敬"。"敬之弊"是"鬼"，即鬼神崇拜太多，那么周人矫之以"文"，而"文之弊"是僿，即不恳诚，那么矫之则莫若回到夏代的"忠"[①]。需要注意的是，啖助变周而从夏的观念并非公羊派在政治上的"黜周"，而是对国家的精神气候或者说是性情文化加以改造。啖助云："何氏所云'变周之文，从先代之质'，虽得其言，用非其所。不用之于性情，而用之于名位，失指浅末，不得其门著也。周德虽衰，天命未改。所言变从夏政，唯在立忠为教，原情为本；非谓改革爵列，损益礼乐者也。"此可见啖助用意之处。

啖助的弟子赵匡在《春秋》宗旨的解读上与他的老师不同，他并不信奉汉儒的三代循环之论，不认可"变周从夏"的观念。他用了"养生"和"治

① 陆淳：《春秋集传纂例》卷一《春秋宗指议第一》，《景印文渊阁四库全书》第146册，台湾商务印书馆1986年影印本，第379页。

病”的例子解释这个问题。赵匡认为周代的礼典制度本是为“防乱”而制，如果世道秩序离乱了，那么就说明这些礼典失效了。依赵匡之见，礼典的作用这就好比是身体的养生之法，养生之法是为了防病，但如果一日病患发生，这就说明养生之书是不能再起到作用了，那么这时身体就需要依靠针药来治疗了。而《春秋》一书就好比是治乱世的针药，世道生病，理当用药。用药是用药，养生是养生，怎么能说用药治病就是改变或舍弃了养生之法呢？故赵匡云：“若谓《春秋》变礼典，则针药亦为变养生，可乎哉？”[①]可见，赵匡突出强调了《春秋》的“救世”之旨，而这个“救世”之旨就体现在“尊王室，正陵替，举三纲，提五常，彰善瘅恶，不失纤芥，如斯而已”[②]。赵匡身处肃宗、代宗之际，为时八年之久的安史之乱被平定后，各个地方节度使势力崛起而拥兵自重，同时朝内的宦官权势日趋增大，宦官之祸愈加严重，造成王室的衰微、君权的旁落，朝纲因此受到破坏。在这种时局下，赵匡就会格外重视春秋的“救世”之用。尽管《春秋》三传之中早已有尊天子、黜诸侯、维护大一统等思想观念，但赵匡认为三传在宣扬和彰显这些观念时所做的远远不够。他说：“观夫三家之说，其宏意大指，多未之知，褒贬差品，所中无几。故王崩不书者三。王葬不书者七，嗣王即位，桓文之霸，皆无义说，盟会侵伐，岂无褒贬，又莫之论。略举数事，触类皆尔，故曰宏意大指多未之知也。”因而对传文的重新改造就成了呼之欲出的必然之事，这主要就体现在对《左传》的改造中。

啖、赵二人对《左传》进行了一番彻底的删减改造，在陆淳的《春秋集传纂例》中就记载了二人裁剪取舍《左传》的标准。依其所见，对那些在他们看来是“义指乖越、理例不合、浮辞流遁、事迹近诬，及无经之传”的内容，皆不采录；对那些“辞理害教、并繁碎委巷之谈、调戏浮侈之言，及寻常

① 陆淳：《春秋集传纂例》卷一《赵氏损益义第五》，《景印文渊阁四库全书》第146册，台湾商务印书馆1986年影印本，第383页。

② 同上。

小事、不足为训”的内容，亦不采录；对那些“谏诤谋猷”“叙战事”“论事”之言，如果不能切当要害、与实际成败之原因又相左的，那么也都不取；至于那些“巫祝卜梦鬼神之言”，更是不取。在啖、赵二人的观念里，甚至连那些彰显忠孝节义、智术武略的内容都应该摈弃，只要它们原本不在《春秋》经文的叙事之中。以下这段文字反映了这点：

> 或问：无经之传，有仁义诚节，知谋功业，政理礼乐，谠言善训多矣，顿皆除之，不亦惜乎？答曰：此经，《春秋》也；此传，《春秋》传也。非传《春秋》之言，理自不能录耳，非谓其不善也。且历代史籍，善言多矣，岂可尽入《春秋》乎？其当示于后代者，自可载于史籍。

可以想象，如果按照如上所述的方式删减《左传》的话，那么《左传》将彻底不再是原来的《左传》了，这也就改变了杜预以来所兴起的“牵经就传”的做法，让《春秋》经文重新回到中心地位。但这样一来，经过啖、赵二人的裁剪取舍就出现了不同于往日《春秋》三传的“新传”，因为裁剪者必然要将自己的思想主张贯通其中。这就开启了舍弃三传而另造新传的先河。随着对《春秋》的根本宗旨和价值的重新诠释，晚唐的《春秋》学出现了学术上的转型，为宋代以后《春秋》学的发展开启了新的局面。

第二章 两宋的易学发展与理论建构

台湾学者徐芹庭曾对宋代易学的盛况进行了简单总结：

> 宋代易学，一面沿汉唐易学之源流，王弼易乃受重视，……而汉易沿唐李鼎祚《周易集解》之绪者，亦颇盛焉。其占筮(禨)祥之术，或沿立古说，亦极一时之盛。惟由于佛道之兴起，而激发理学之成长，由是援理学入《易》，因而以理学解《易》，实宋易之主流。由道之行，有援佛理与老庄入《易》者，有就心性谈《易》者，有集数家之《易》解者，盖彬彬乎盛矣。而《古易》之考定，用史学以解《易》，疑《古易》之非是，图书象数学的开创，多导源于宋代。且朝廷与民间讲《易》之风盛行，文士亦以《易》咏述诗文，亦有沿袭前代焉。①

事实上，宋代易学在理论上所取得的空前成就，一直是学界所关注的焦点。"无易学则无理学"已愈发成为学界的一种共识。值得注意的是，宋代易学对思想界的推动绝不是仅在某些形而上的哲学命题，而是涉及政治与社会、道德与修养、内圣与外王等的多个领域，是对中国传统文化的一

① 徐芹庭：《易学源流——中国易经学史》，中国书店 2008 年，第 543 页。

次大发展。

第一节 易学与北宋的政治变革

《周易》蕴含着博大精深的政治智慧，正如余敦康先生所说："《易传》根据以阴阳哲学为核心的易道来观察解释政治领域的问题，形成了一种追求社会整体和谐的政治思想。这种政治思想受到历代许多著名哲学家和政治家的重视，用于拨乱反正，克服由君主专制体制所造成的危机，变无序为有序，化冲突为和谐，对中国二千多年的政治文化产生了深远的影响。"[①]北宋年间，在社会持续发展的同时，内忧不断，外患频仍，社会表面的繁荣掩盖不住累积已久的弊端和危机，朝野上下的有识之士纷纷以《易》立论阐说，上书直指时弊，建言改革方略。许多改革思想在思维方式和思想内容上明显受到了《周易》的影响，有的思想还是通过解《易》、述《易》表达出来的。

一、易学与庆历新政

前面谈到，范仲淹作为开创"宋学精神"的第一人，是宋初儒学复兴运动的倡导者和领导者。在儒学复兴思潮中涌现出来一大批以天下为己任，致力于经世致用的人才，胡瑗、孙复、石介、李觏就是其中的优秀代表。《宋元学案·高平学案》云："安定（胡瑗）、泰山（孙复）、徂徕（石介）、盱江（李觏）皆客文正（范仲淹）门。"[②]他们关系密切，先后受到范仲淹的奖掖和鼓

① 徐芹庭：《易学源流——中国易经学史》，中国书店2008年，第543页。

② 黄宗羲：《宋元学案》卷三《高平学案》，中华书局1986年，第143页。

励，都把研究《周易》和弘扬易学思想作为复兴儒学和论证改革、配合新政的重要内容。他们在易学研究上具有开创之功，其易学可称为庆历易学，在宋代掀起了持久不衰的《周易》研究高潮，为宋代易学的隆兴做出了重大贡献。在政治上，他们主张励精图治，革新除弊，改变宋初以来沉闷、因循、保守的政治局面。在学术上，他们都是以《易》和《中庸》为中心展开其学术思想探索的，开创了纯以儒家义理解《易》的风气之先。范仲淹专门讨论《易》的著作有《易义》，另外还有许多阐述易学思想的单篇易学作品，如《乾为金赋》《易兼三材赋》《天道益谦赋》《穷神知化赋》《水火不相入而相资赋》和《四德说》等。作为一代名臣，范仲淹是宋学史上的第一位政治家，他足以称得上是孔子所说的“大臣”的人物。在其大量的上书和奏章中，范仲淹也多以义理引《易》释《易》来阐理立论，表达自己的政治见解和改革主张。范仲淹对复兴宋代儒学有筚路蓝缕之功，同样，他对宋代易学的发展也有重要的影响，主要是在于易学思想和治《易》学风方面，而不在于易学著述数量的多少。

范仲淹的易学著作以义、赋、说等形式写出，体现出与众不同的学风特色。如他在《易兼三材赋》中说：

> 《易》以设象，象由意通。兼三材而穷理尽性，重六画而原始要终。……昔者有圣人之生，建《大易》之旨，观天之道，察地之纪，取人于斯，成卦于彼。将以尽变化云为之义，将以存洁静精微之理。[1]

范仲淹认为“象由意通”，《易》兼天、地、人三才之“道”，包含了“变化云为之义”“洁静精微之理”，这就是“大易之旨”。可见，他治《易》所注重的就是《易》之“意”“义”“道”“理”和“旨”，体现了义理派易学的治学思路。

① 范仲淹：《易兼三材赋》，《范仲淹全集》，凤凰出版社 2004 年，第 437 页。

范仲淹著有《易义》一篇，提倡“经以明道，文以通理”，主张对《周易》的注解和诠释，要“随义而发”，不必固执拘泥。《宋史·范仲淹传》说范仲淹“泛通六经，长于《易》”。所谓“泛通”，就是领会六经之大旨、大义，而不是矻矻于经书的章句训诂。他在《易义》中于上经只解《乾》卦，下经自《咸》卦至《兑》卦，中缺《姤》卦和《归妹》卦，共解释了二十七卦的卦义，与传统注疏大不相同。

范仲淹作《易义》主要是以每卦的内外二体，及其六爻的阴阳升降关系为依据，由此来统论该卦的卦义，注重卦时，归于人事，多发议论。如他解《咸》卦：

> 咸，阴进而阳降，上下交感之时也，与《泰》卦近焉。然则《泰》卦三阴进于上，三阳降于下，极于交而泰矣，故曰“万物通”。《咸》卦阴进而未尽达也，阳降而未尽下也，感而未至于泰矣，故曰：“万物生”而犹未通也。“圣人感人心，而天下和平”，是感之无穷而能至乎泰者也。感而不至，其道乃消，故至滕口，薄可知也。

《咸》卦是上《兑》下《艮》，《兑》为阴卦，《艮》为阳卦，故曰：“阴进而阳降”。《泰》卦是“天地交而万物通”，《咸》卦则是“天地交而万物化生”，故曰：“与《泰》卦近焉。”而《咸》卦是阴阳刚开始相交，“生”而未“通”，还未达到泰的境界。范仲淹通过此卦意在说明圣人能通过设教而感动人心，达至人人向善，天下和平的局面。但前提是必须“感之无穷”才能“至乎泰”，否则，“感而不至，其道乃消”。仅是流于表面的说教，则其道之浇薄可知矣。这也还是再次强调兴学育人、涵养士风的重要性，为其“慎选举、敦教育”为政教之本的政治纲领张目。可见范仲淹用心之良苦！其孰能无感乎？

再如他解《乾》卦说：

《乾》上《乾》下，内外中正，圣人之德位乎天之时也。德，内也；位，外也。九二，君之德；九五，君之位。成德于其内，充位于其外。圣人之德，居乎诚而不迁。有时舍之义，故曰："见龙在田"；德昭于中，故曰："利见大人"。"天下文明"，君德也。圣人之位，行乎道而不息。有时乘之意，故曰"飞龙在天"；位正于上，故曰："利见大人"。"乃位乎天德"，于是乎位矣。或者泥于六位之序，止以五为君。曾不思始画八卦，三阳为《乾》，君之象也，岂俟于五乎？三阴为《坤》，臣之象也，岂俟于四乎？《震》为长子，岂俟重其卦而始见于长子乎？明夫《乾》，君之象。既重其卦，则有内外之分。九二居乎内，德也；九五居乎外，位也。余爻则从其进退安危之会而言之，非必自下而上次而成之也。如卦言六龙，而九三不言龙而言"君子"，盖龙无乘刚之义，则以君子言之。随义而发，非必执六龙之象也。故曰《易》无体，而圣人之言岂凝滞于斯乎！①

可见范仲淹治《易》不重注疏，无论是从形式上还是内容上都已经与传统注疏大不相同。尤其是不能"泥于六位之序，止以五为君"的说法，明显是针对传统注疏而发的。他强调"随义而发"，反对执着、凝滞，对解《易》风气的转变产生了巨大的影响，在宋代学术中开创了一条经世之学的道路。

范仲淹认为："《易》以设象，象由意通。"他解《易》重视义理，但不排除《易》象，善于以每卦内外二体的物象来解释卦名与卦时，进而阐明义理。比如他解《损》卦，取上山（艮）下泽（兑）之象，发挥说："此之象也，无他，下涸而上枯也"，阐明"百姓不足，君孰与足"的道理，并感叹"其斯之谓欤！"这种解《易》方法是对《象传》和王弼易学的继承和突破。《易传》的《象传》

① 范仲淹：《易义》，《范仲淹全集》，凤凰出版社2004年，第119页。

释各卦也是先举内外二体，但多不解释二体与卦名的关系。《彖传》则有多以卦象解卦名的体例，如释《明夷》为“明入地中”，释《睽》为“火动而上，泽动而下”。王弼在《周易略例》中说：“卦体不由乎一爻，则全以二体之义明之”，但他在实际注经中很少讲到二体之义，即使略有涉及，也不讲物象。范仲淹则推而广之，如释《睽》曰：“火炎泽润，其性不同。炎从上，润从下，其道违而不接，物情睽异之时也。”释《萃》曰：“泽处于地，其流集矣。上说下顺，其义亲矣。物情和聚之时也。”《易》以象为本，故《说卦传》专门阐述卦象以揭示其纲要，汉代易学最为重视卦象，王弼扫除象数之后，象学虽然渐衰，但唐代的李鼎祚、宋时的朱震，及后代均有以象治《易》者，皆能对《易》象有详略深浅不一的认识。范仲淹的这种解《易》方法是从注疏、正义向象学的回复，与其同时期的胡瑗，及稍后的王安石、程颐等治《易》也都不排斥物象，形成宋代易学的独特风格，“可以看作是汉代象学在宋代复兴的前兆”[①]。

值得注意的是，范仲淹在以人事说经，借释《易》来阐述政治主张的同时，还多引史证《易》，《易义》中所解释的二十七个卦中，有八个卦都是引用史事来说明卦义，阐发议论。如他释《晋》卦说：“君子嘉遇显进之时也。……其伊尹之时欤！”释《明夷》卦说：“其商之末世耶，君子用晦，然后免于其难。然则文王其不用晦乎？……箕子虽无政焉，而最近于暗，故自辱其身以晦其道，然后乃免。”释《解》卦说：“武王发粟散财，其有解之时也矣。”释《夬》卦说：“赏罚明行之际欤！舜举八元而去四凶，此其时矣。”释《困》卦说：“夫子之于陈蔡也，岂其忧乎？”[②]等，范仲淹早于司马光和杨万里，成为引史证《易》的先导。

《周易》是一部拨乱反正之书，在庆历新政推行拨乱反正的改革时期，以范仲淹为首的庆历诸士大夫深刻地认识到儒学“明体达用”的基本精神

① 王铁：《宋代易学》，上海古籍出版社2005年，第113页。

② 范仲淹：《易义》，《范仲淹全集》，凤凰出版社2004年，第119页。

完备地体现在这部经典中。他们认为易学研究的目的在于以明体达用之学为核心，阐明《周易》经传中所蕴含的丰富哲理和智慧，以适应庆历新政变法改革的需要，培养一批以天下为己任的人才，“急乎天下国家之用”。庆历新政之际最为迫切的时代需要就是探索出一套切实有效的指导改革的理论和思想体系，为新政进行论证和宣传鼓动。范仲淹及其门下诸学者围绕这一重大的时代课题，以明体达用为指导思想，作了大量积极而卓有成效的理论探索，共同致力于阐明和弘扬《周易》。他们的易学研究主要就是为庆历新政提供理论基础和指导思想。庆历诸贤在他们的易学著作中纷纷援引义理，表达了对范仲淹等人及其领导的庆历新政的热望，希望范仲淹等朝廷重臣在北宋朝廷处于屯、坎、蹇、困之际，能够切实地担负起时代重任，领导改革，扶危救倾，振兴宋室江山。

北宋中期，社会矛盾和社会危机进一步发展，土地兼并问题严重，人民负担沉重，各种赋税徭役繁杂，冗官、冗兵、冗费，财政入不敷出。这种内忧外患频仍、危机四伏的社会危局，强烈地激起了士大夫群体中有识之士的忧患意识，他们大声呼吁变法改革，积极寻求解决社会危机的办法。

范仲淹在其千古名篇《岳阳楼记》中喊出了“先天下之忧而忧，后天下之乐而乐”的时代最强音，这是他一生的真实写照，也是他为之奋斗的理想，激励着一代又一代的志士仁人心忧天下。这种思想精神是建立在居安思危的忧患意识上的。前言中提到《周易》为忧患之作，经过《易传》的阐发，这种隐含有自我反思的忧患意识更加深广、浓重，逐步成为一种强烈的社会责任感、厚重的历史责任感和一种理性的、富于远见卓识的精神状态。《周易·系辞下》曰：“是故君子安而不忘危，存而不忘亡，治而不忘乱，是以身安而国家可保也。”“《易》之兴也，其当殷之末世，周之盛德邪？当文王与纣之事邪？是故其辞危。危者使平，易者使倾；其道甚大，百物不废。惧以终始，其要无咎，此之谓《易》之道也。”君子应“惧以终始”才能“其要无咎”，这是《周易》六十四卦的核心所在。孟子曰：“入则无法家拂士，出则无敌国外患者，国恒亡。然后知生于忧患而死于安乐也。”[①]包括易学思想在内的中国传统文化思想中蕴含着丰富的忧患意识，强调居安思危对于治国安邦的重大意义。并且忧患是于事无补的，关键是见微知著、防微杜渐，将危机消灭在萌芽状态。《易》曰：“履霜，坚冰至。”又曰：“君子以思患而豫防之。”[②]据陆游《老学庵笔记》卷九载：“范文正公喜弹琴，然平日只弹《履霜》一操，时人谓之‘范履霜’。”可见，范仲淹无时无刻不心怀忧患，情系社稷民生。以范仲淹为优秀代表的历代志士仁人，胸怀“慨然以天下为己任”的历史责任感，高瞻远瞩，忧深虑远。他们目光敏锐，远见卓识，不仅为已经出现的社会动乱而忧虑，更对升平景象掩盖下的社会危机而担忧。范仲淹认为：“远虑近忧，先圣之明训。”[③]他清楚地认识到居安思危，忧以天下，是往圣先贤对历史经验的理性总结。因此，“先天下之忧而忧，后天下之乐而乐”不仅是范仲淹的理想追求，也是时代精神的呼唤，这种精神滋养，濡染着范仲淹，最终由他而发出这一震惊千年的历史回音。

范仲淹在青年苦读时就表现出忧患意识，“出处穷困，忧思深远”[④]，但他不是以个人贫困而忧，而是心忧天下。他在丁忧居丧期间，“不以一心之戚而忘天下之忧”，冒哀上书建言：“安必虑危，备则无患”，“深思远虑”，“防微杜渐”。[⑤]他说：“今之刺史古诸侯，孰敢不分天子忧”[⑥]，认为“来守是邦，忧国爱民，此其职也”[⑦]，每出守一地则“求民疾于一方，分国忧于千里”[⑧]，体恤民情，反映民意，改善民生。范仲淹在泰州任监西溪盐仓时，上书力主修筑捍海堤于通、泰、海三州，以护卫民田，并获准主持其事。“既成，民享

① 焦循：《告子章句下》，《孟子正义》卷二十五，中华书局2015年，第938页。

② 阮元校刻：《周易正义》卷六《既济》，《十三经注疏》，中华书局1980年影印本，第72页。

③ 范仲淹：《上吕相公书之三》，《范仲淹全集》，凤凰出版社2004年，第226页。

④ 范仲淹：《让观察使第三表》，《范仲淹全集》，凤凰出版社2004年，第359页。

⑤ 范仲淹：《上执政书》，《范仲淹全集》，凤凰出版社2004年，第182页。

⑥ 范仲淹：《依韵答贾黯监丞贺雪》，《范仲淹全集》，凤凰出版社2004年，第55页。

⑦ 范仲淹：《祭英烈王文》，《范仲淹全集》，凤凰出版社2004年，第246页。

⑧ 范仲淹：《邓州谢上表》，《范仲淹全集》，凤凰出版社2004年，第370页。

其利，兴化之民往往以范为姓。"[①]人们将该捍海堤称为"范公堤"以示纪念。范仲淹是真正能够做到情为民所系，权为民所用，利为民所谋的人。"彼患困穷，我则跻之于富庶；彼忧苛虐，我则抚之以仁慈。"[②]他自出仕以来，"触事为忧，所重在太平事业"[③]。他忧士无廉耻，文风益浇，"文章以薄，则为君子之忧"[④]；因"人不知战，国不虑危"[⑤]而远忧边患，为西北战事而"痛心疾首，日夜悲忧，发变成丝，血化成泪"[⑥]；忧生民稼穑艰难："秋霖弗止，禾穗未收，斯民之心，在忧如割"[⑦]。更为"四方无事，京师少备，因循过日"而深感天下可忧。他深为北宋国家所面临的内忧外患的整体形势而忧虑不已："今二虏至强，四方多事，兵戈未息，财利已乏，生民久困，苛政未宽，设有饥馑相仍，盗寇竞起，将何以定？天下可忧。"[⑧]

范仲淹政治经验丰富，深体吏情。对地方吏治腐败，乃至整个官僚体制腐败无能、弊端丛生的现实，他深感忧患，上书直陈：

> 今四方多事，民日以困穷，将思为盗。复使不才之吏临之，赋役不均，刑罚不当，科率无度，疲乏不恤，上下相怨，乱所由生。若不急于求人，早革其弊，诚国家之深忧也。[⑨]

《周易·系辞下》曰："《易》之为书也不可远，为道也屡迁，变动不居，周流六虚，上下无常，刚柔相易，不可为典要，唯变所适。其出入以度外内，

---

① 范仲淹：《范文正公年谱》，《范仲淹全集》，凤凰出版社 2004 年，第 720 页。

② 范仲淹：《政在顺民心赋》，《范仲淹全集》，凤凰出版社 2004 年，第 448 页。

③ 范仲淹：《青州谢上表》，《范仲淹全集》，凤凰出版社 2004 年，第 376 页。

④ 范仲淹：《上时相议制举书》，《范仲淹全集》，凤凰出版社 2004 年，第 208 页。

⑤ 范仲淹：《奏上时务书》，《范仲淹全集》，凤凰出版社 2004 年，第 172 页。

⑥ 范仲淹：《让枢密直学士右谏议大夫表》，《范仲淹全集》，凤凰出版社 2004 年，第 364 页。

⑦ 范仲淹：《上枢密尚书书》，《范仲淹全集》，凤凰出版社 2004 年，第 227 页。

⑧ 范仲淹：《再奏乞两府兼判》，《范仲淹全集》，凤凰出版社 2004 年，第 504 页。

⑨ 范仲淹：《奏乞择臣僚令举差知州通判》，《范仲淹全集》，凤凰出版社 2004 年，第 492 页。

使知惧。又明于忧患与故，无有师保，如临父母。初率其辞而揆其方，既有典常。苟非其人，道不虚行。"《周易》认为："不可为典要，唯变所适"，强调"变动"规律是易学思想的核心。范仲淹长于治《易》，精通《易》之通变之道，深谙居安思危、防患于未然对于治国安邦、长治久安的极端重要性，"君子知吉之先，辨祸之萌"①。他说：

> 经曰："祸兮福所倚，福兮祸所伏。"又曰："防之于未萌，治之于未乱。"圣人当福而知祸，在治而防乱。故善安身者，在康宁之时，不谓终无疾病，于是有节选方药之备焉。善安国者，当太平之时，不谓终无危乱，于是有教化经略之备焉。②

范仲淹以高度忧患意识、政治远见和敏锐的社会洞察力，见微知著，察安危之几，提前预见社会危机和动乱之源，"防之于未萌，治之于未乱"，"不可谓川之既平，可坏其防也"。③要求朝廷"宜加忧勤，深防逸豫"，"深为防虑，以存至公之道也"。④

总之，范仲淹"上以宗庙为忧，下以生灵为念"⑤，是"进亦忧，退亦忧"，诚如孟子所言："君子有终生之忧，无一朝之患。"⑥这是范仲淹为社稷苍生忧患一生的真实写照。黄庭坚说："所谓'先天下之忧而忧，后天下之乐而乐'，此文正公饮食起居之间先行之，而后载于言者也。"⑦

范仲淹基于对北宋社会危机的清醒认识和强烈的忧患意识不断上

① 范仲淹：《易义》，《范仲淹全集》，凤凰出版社 2004 年，第 119 页。

② 范仲淹：《奏上时务书》，《范仲淹全集》，凤凰出版社 2004 年，第 172 页。

③ 范仲淹：《上执政书》，《范仲淹全集》，凤凰出版社 2004 年，第 198 页。

④ 范仲淹：《奏上时务书》，《范仲淹全集》，凤凰出版社 2004 年，第 172 页。

⑤ 范仲淹：《答手诏五事》，《范仲淹全集》，凤凰出版社 2004 年，第 495 页。

⑥ 焦循：《离娄章句下》，《孟子正义》卷十七，中华书局 2015 年，第 642 页。

⑦ 王铁：《宋代易学》，上海古籍出版社 2005 年，第 113 页。

书，直指朝政得失，民间利病，建言变法改革，以救时弊。天圣五年（1027），范仲淹正处丁母忧居丧期间，毅然“冒哀上书，言国家事，不以一心之戚，而忘天下之忧”。提出了变法革新，革除时弊的主张。范仲淹指出：

然否极者泰，泰极者否，天下之理如循环焉。惟圣人设卦观象，“穷则变，变则通，通则久。”非知变者，其能久乎！此圣人作《易》之大旨，以授予理天下者也，岂徒然哉？

今朝廷久无忧矣，天下久太平矣，兵久弗用矣，士未曾教矣，中外方奢侈矣，百姓反困穷矣。朝廷无忧则苦言难入，天下太平则倚伏可畏，兵久弗用则武备不坚，士未曾教则贤材不充，中外奢侈则国用无度，百姓困穷则天下无恩。苦言难入则国听不聪矣，倚伏可畏则奸雄或伺其时矣，武备不坚则戎狄或乘其隙矣，贤材不充则名器或假于人矣，国用无度则民力已竭矣，天下无恩则邦本不固矣。[①]

他以《易传》的通变理论为基础，指出国家面临的种种危局，说明了变法改革的必要性，在上书中提出“固邦本，厚民力，重名器，备戎狄，杜奸雄，明国听”等六项具体改革措施。他说：

固邦本者，在乎举县令，择郡守，以救民之弊也。厚民力者，在乎复游散，去冗僭，以阜时之财也。重名器者，在乎慎选举，敦教育，使代不乏材也。备戎狄者，在乎育将材，实边郡，使夷不乱华也。杜奸雄者，在乎朝廷无过，生灵无怨，以绝乱之阶也。明国听者，在乎保直臣，斥佞人，以致君于有道也。[②]

---

① 范仲淹：《上执政书》，《范仲淹全集》，凤凰出版社 2004 年，第 184 页。

② 同上。

若不变法更新，革除弊政，则国家无以振兴，民生莫能拯救。庆历三年(1043),范仲淹任参知政事,答仁宗手诏条陈十事,他说:

臣闻历代之政,久皆有弊。弊而不救,祸乱必生。何哉?纲纪浸隳,制度日削,恩赏不节,赋敛无度,人情惨怨,天祸暴起。惟尧舜能通其变,使民不倦。《易》曰:“穷则变,变则通,通则久。”此言天下之理有所穷塞,则思变通之道,既能变通,则成长久之业。我国家革五代之乱,富有四海,垂八十年,纲纪制度,日削月侵,官壅于下,民困于外,夷狄骄盛,盗贼横炽,不可不更张以救之。①

他指出:“欲正其末,先端其本;欲清其流,必澄其源。”并且提出了变法改革、实行新政的十条纲领,进行了详细论证,这就是庆历新政的蓝图:明黜陟、抑侥幸、精贡举、择官长、均公田、厚农桑、修武备、减徭役、覃恩信和重命令。新政的核心是两个方面:刷新吏治,整饬官僚队伍,是前五项措施的目的;发展经济,促进农业生产,另外还兼及边防和法制建设。这是直接向皇帝建明“当世急务”,应该如何变革,庆历新政基本上就是依照此议推行的。

范仲淹进一步以易理论证了改革的必要性和紧迫性,他说:

惟神也感而遂通,惟化也变在其中。究明神而未昧,知至化而无穷。通幽洞微,极万物盛衰之变,钩深致远,明二仪生育之功。《大易》格言,先圣微旨。神则不知不识,化则无终无始。在乎穷之于此,得之于彼。②

① 范仲淹:《答手诏条陈十事》,《范仲淹全集》,凤凰出版社2004年,第473页。

② 范仲淹:《穷神知化赋》,《范仲淹全集》,凤凰出版社2004年,第433页。

所以，“原夫圣人之作《易》也，八卦成文，百代为宪”[①]。范仲淹认为，《周易》的通变理念体现了客观事物发展的基本法则，他据此对《周易》的卦爻辞作出了全新的解释。如《革》卦：“革，巳日乃孚，元亨，利贞，悔亡。”《彖》曰：“革，水火相息，二女同居，其志不相得，曰革。巳日乃孚，革而信之；文明以说，大亨以正，革而当，其悔乃亡。天地革而四时成；汤武革命，顺乎天而应乎人：革之时大矣哉！”范仲淹则解《革》曰：

> 《革》，火水相薄，变在其中，圣人行权革易之时也。……天下无道，圣人革之以反常之权。……以此之文明易彼之昏乱，以天下之说易四海之怨，以至仁易不仁，以有道易不道，此所以反常而天下听矣，其汤武之作耶！

又如解《鼎》卦曰：

> 以木顺火，鼎始用焉，圣人开基立器之时也。夫天下无道，圣人革之。天下既革而制作兴，制作兴而立成器，立成器而鼎莫先焉。故取鼎为义，表时之新也。汤武正位，然后改正朔，变服章，更器用，以新天下之务，其此之时欤！故曰“革去故”而“鼎取新”。圣人之新，为天下也。[②]

在范仲淹看来，《周易·革》卦所言之“汤武革命，顺乎天而应乎人”是“革去故而鼎取新”，既合于天时又顺乎民心。“革故鼎新”，拨乱反正，变法革新是人类社会发展的普遍规律，也是范仲淹推行政治改革的理论基础和指导思想。

---

① 范仲淹：《乾为金赋》，《范仲淹全集》，凤凰出版社 2004 年，第 434 页。

② 范仲淹：《易义》，《范仲淹全集》，凤凰出版社 2004 年，第 119 页。

二、易学与王安石变法

王安石的学术研究与他推行变法改革有着密切的关系，胡瑗曾就《井卦·九三》进行阐发，为庆历新政造势。[1]虽然新政时间很短，但是当时朝野上下已形成要求改革的潮流，包括司马光、苏轼兄弟、二程兄弟等也都从不同角度提出了改革的建议和要求，“方庆历、嘉祐，世之名士，常患法之不变也”[2]。从庆历二年（1042）到嘉祐七年（1062），王安石的改革思想逐渐形成和成熟。嘉祐四年（1059），他向仁宗皇帝上《言事书》长达万言，提出他认为已经成型的一整套改革方案。据马振铎的研究，“这一时期王安石的主要哲学著作有《易解》”，又“到这一时期末，王安石‘已号通儒’”。[3]说明王安石是先学有所成，然后才进入仕途，去实现其建功立业、变革社会的理想。

《易解》是王安石的早期著作，标志着其学术思想的基本形成，在《三经正义》和《字说》完成之前，《易解》集中体现了王安石的变法改革思想。王安石的易学思想是他在熙宁年间推行变法改革的理论根据和指导思想。其变法的根本指导思想是基于对《周易》的精深理解，从对《周易》经典的时代解释中衍生出关乎人事的思想。王安石易学的理论重心在于为现实社会的改革提供思想指导与理论依据，他的政治改革思想与实践又反过来丰富、发展了其易学思想，二者相互影响、交相辉映。

（一）因时而变辨义行权：通变与权变思想

《周易》经传中关于变易和通变思想的丰富内涵，正是中国历代思想家、政治家据以立言成说，阐发其学术思想，倡言变法改革的思想理论基

---

① 杨倩描：《王安石〈易〉学思想研究》，河北大学出版社2004年，第202页。

② 陈亮：《陈亮集》卷十二《策》，中华书局1987年，第134页。

③ 马振铎：《政治改革家王安石的哲学思想》，湖北人民出版社1984年，第37~38页。

础。王安石对《周易》的这种经世特性当然也是重视有加。他基于《周易》的变革思想对即将到来的改革事业进行了充分的理论论证，指出了变法革新的合理性和正当性。他指出，“先王之法”都是针对当时的问题而定，有其特定的历史背景，即便在当时是属于非常完善的，但时过境迁，世移事易，不能胶柱鼓瑟般地对待“先王之法”。先王之道的精义妙要就在于因时而变。他说：“如圣人之道皆出于一，而无权时之变，则又何圣贤之足称乎？圣者，知权之大者也；贤者，知权之小者也。”[①]“事同于古人之迹而异于其实，则其为天下之害莫大矣，此圣人所以贵乎权时之变者也。”[②]因此，圣人因时变法是符合社会发展必然要求的。他还对变法的频率提出了看法，说：“三十年为一世，则其所因，必有革，革之要，不失中而已”，并且“世必有革，革不必世也”。[③]所以，“有变以趋时，而后可治也”。[④]变法是对社会适时进行调整，防止发生整体性社会危机，从而确保长治久安的必要策略措施。

《周易·系辞下》曰：“神农氏没，黄帝、尧、舜氏作，通其变，使民不倦；神而化之，使民宜之。《易》穷则变，变则通，通则久。是以‘自天祐之，吉无不利。’”[⑤]这段文字出自《周易·系辞下》第二章，该章论述了庖牺氏仰观俯察创制八卦的情形，并列举了十三个卦为例来推测古代圣人“因象制器”，创制礼法的社会历史发展状况。王安石对本章作了如下解释：

> 为网罟，为耒耜，为舟楫，为杵臼，为弧矢，为宫室，为棺椁，服牛乘马，重门击柝，以一圣人之材足以兼此。而一一皆具之，必至于五六

---

① 王安石：《临川先生文集》卷六十九《禄隐》，中华书局 1959 年，第 730 页。

② 王安石：《临川先生文集》卷六十七《非礼之礼》，中华书局 1959 年，第 713 页。

③ 王安石：《周官新义》附《考工记》上，《四库全书·经部·礼类》，上海书店出版社 2012 年，第 427 页。

④ 王安石：《临川先生文集》卷六十五《洪范传》，中华书局 1959 年，第 685 页。

⑤ 阮元校刻：《周易正义》卷八《系辞下》，《十三经注疏》，中华书局 1980 年影印本，第 86 页。

圣人，数世而后备者，何也？曰：夫圣人也者，因物之变而通之者也。物之所未厌，圣人不强去；物之所未安，圣人不强行。故曰"通其变，使民不倦"。[①]

执久则释，视久则瞬，事久则弊，不更则斁。故通其变者，"使民不倦"而已；因其所利，变而不见其迹，"使民宜之"而已。[②]

"执久则释，视久则瞬，事久则弊，不更则斁"一语精辟地揭示了社会发展变革的一般性规律。王安石认为，社会的发展与变革是历史的必然规律，必须认真掌握这个规律，才能"通其变"。但变革必须以对民众有利、能被民众所接受为根本前提，不扰民，"使民不倦"。他强调一切社会性的变革都应使民众感到有利，"因其所利"，并且还要做到"变而不见其迹"，如此"使民宜之"而已。

嘉祐三年（1058），王安石向仁宗皇帝上长达万言的《言事书》，首先扼要地指出北宋中叶所面临的严峻形势，并提出其根源之所在。他说："顾内则不能无以社稷为忧，外则不能无惧于夷狄，天下之财力日以困穷，而风俗日以衰坏，四方有志之士，諰諰然常恐天下之久不安。此其故何也？患在不知法度故也。"[③]接着提出改革当时法度的必要性：

今朝廷法严令具，无所不有，而臣以谓无法度者，何哉？方今之法度，多不合乎先王之政故也。孟子曰："有仁心仁闻，而泽不加于百姓者，为政不法于先王之道故也。"以孟子之说，观方今之失，正在于此而已。

夫以今之世去先王之世远，所遭之变、所遇之势不一，而欲一二

① 王安石：《易解》，《王安石全集》第一册，复旦大学出版社2016年，第135页。

② 李衡：《周易义海撮要》卷八，《景印文渊阁四库全书》第13册，台湾商务印书馆1986年影印本，第556页。

③ 王安石：《临川先生文集》卷三十九《上仁宗皇帝言事书》，中华书局1959年，第410页。

> 修先王之政，虽甚愚者犹知其难也；然臣以谓今之失患在不法先王之政者，以谓当法其意而已。夫二帝三王相去盖千有余载，一治一乱，其盛衰之时具矣。其所遭之变，所遇之势亦各不同，其施设之方亦皆殊，而其为天下国家之意，本末先后，未尝不同也，臣故曰当法其意而已。法其意，则吾所改易更革，不至乎倾骇天下之耳目、嚣天下之口，而固已合乎先王之政矣。

王安石提出了“法先王之意”作为变法改革的旗帜，并且提出了不应“倾骇天下之耳目、嚣天下之口”的变法改革主张，如此才能达到“变而不见其迹”，“使民不倦”。在这次上书中，王安石主要讨论了陶冶和培养人才对变法改革的重要性。他说：“然则方今之急，在于人才而已。诚能使天下之才众多，然后在位之才可以择其人而取足焉。在位者得其才矣，然后，以趋先王之意，甚易也。”他还提出了“稍视时势之可否，而因人情之患苦，变更天下之弊法”[①]的要求。当然，其后王安石变法的实践效果远远没有达到他的这种预期，究其原因是非常复杂的，本章最后对此将作简要探讨。

权变思想与通变思想一样，也是《周易》辩证法思想的核心之一。儒家的方法论强调“经”与“权”，分别指通常情况下的原则性和特殊情况下的变通性。王安石对此当然也是充分关注的。他说：“如圣贤之道皆出于一而无权时之变，则又何圣贤之足称乎？圣者，知权之大者也；贤者，知权之小者也。”[②]他在《易解》中对《周易》的卦爻辞中所蕴含的权变理念进行了详细的阐释和分析，体现了他自己的权变观。

《周易》以变易为核心的辩证思维强调“时”“中”“正”等思想。《周易》把六十四卦中的每一卦各自代表的某一事物或现象变化、发展的特定时

① 王安石：《临川先生文集》卷三十九《上仁宗皇帝言事书》，中华书局 1959 年，第 410 页。

② 王安石：《临川先生文集》卷六十九《禄隐》，中华书局 1959 年，第 730 页。

空背景称为“时”。每卦六爻的变化都是处于特定的“时”中，反映事物或现象发展的特定阶段。在每卦的六爻中，第二爻和第五爻分别居于下卦和上卦的中位，中位象征着事物居守中道、不偏不倚，《周易》称之为“中”。凡阳爻在中位就象征“刚中”之德，阴爻在中位则为“柔中”之德。若恰好是阴爻居二位，阳爻居五位，就是既“中”且“正”，称为“中正”，这是《周易》所认为的最理想的完美状态，尤其具有美善的象征。然而现实情况是处于“中”或“正”的状态少，至于“中正”的完善状态更是难以企及，更多的是矛盾和失序的情况。特别是当遇到困顿屯难之时，又该如何应对呢？这就需要理解和掌握《周易》中所蕴含的处困行权思想。

《周易·系辞下》中以“德”为中心对九个卦做了反复地申述，其言曰：

> 《易》之兴也，其于中古乎？作《易》者，其有忧患乎？是故，《履》，德之基也；《谦》，德之柄也；《复》，德之本也；《恒》，德之固也；《损》，德之修也；《益》，德之裕也；《困》，德之辨也；《井》，德之地也；《巽》，德之制也。《履》，和而至；《谦》，尊而光；《复》，小而辨于物；《恒》，杂而不厌；《损》，先难而后易；《益》，长裕而不设；《困》，穷而通；《井》，居其所而迁；《巽》，称而隐。《履》以和行，《谦》以制礼，《复》以自知，《恒》以一德，《损》以远害，《益》以兴利，《困》以寡怨，《井》以辨义，《巽》以行权。①

此所谓“三陈九卦”之说，论证了《周易》为“忧患”之作，说明了作《易》者防忧虑患、重视道德修养的思想。王安石还专门撰著《九卦论》，对“处困之道”和上述“三陈九卦”中的第三陈作了深入的分析和阐释，详细地阐述了处困行权的思想和“九卦”的含义、相互关系及功能。他说：

① 阮元校刻：《周易正义》卷八《系辞下》，《十三经注疏》，中华书局1980年影印本，第89页。

处困之道，君子之所难也，非夫智足以穷理、仁足以尽性、内有以固其德，而外有以应其变者，其孰能无患哉？古之人有极天下之困，而其心能不累，其行能不移，患至而不伤其身，事起而不疑其变者，盖有以处之也。处之之道，圣人尝言之矣。《易》曰："《履》以和行，《谦》以制礼，《复》以自知，《恒》以一德，《损》以远害，《益》以兴利，《困》以寡怨，《井》以辨义，《巽》以行权。"此其处之之道也。夫君子之学至于是则备矣，宜其通于天下也，然而犹困焉者，非吾行之过也，时有利不利也。盖古之所谓困者，非谓夫其行自困者，谓夫行足以通而困于命者耳。盖于此九卦者，智有所不能明，仁有所不能守，则其困也，非所谓困，而其处困也疏矣。①

王安石认为，要应对一般性的困境，只要能理解圣人所说的处之之道，即"九卦"的功能就可以了，"君子之学至于是则备矣"，基本上就能够"通于天下"了。如果还不能解困的话，那就是"时"的问题了，与个人行为的对错无关。反之，若怠于学习，对这"九卦"无所了解，又不能守持仁德，由此而导致受困，这种情形不属于困境，而是疏于学习处困之道，自取其困而已。古人所说的"困"，不是指这种"其行自困"的情形，而是特指"行足以通而困于命者"。要应对这种特殊而复杂的困境，就得对"九卦"的内涵和功用作进一步深入的理解和把握才行，不仅要"深于此九者"，还要"果以行之"，真正践行"九卦"所要求的道德修养。他说：

夫惟深于此九者，而能果以行之者，则其通也宜，而其困也有以处之，惟其学之之素也。且君子之行大矣，而待礼以和，仁义为之内，而和之以礼，则行之成也。而礼之实存乎《谦》。谦者，礼之所自起；礼

① 王安石：《临川先生文集》卷六十六《九卦论》，中华书局 1959 年，第 708 页。

者,行之所自成也。故君子不可以不知《履》,欲知《履》,不可以不知《谦》。夫礼虽发乎其心,而其文著乎外者也。君子知礼而已,则溺乎其文而失乎其实,忘性命之本,而莫能自复矣。故礼之弊,必复乎本,而后可以无患,故君子不可以不知《复》。虽复乎其本,而不能常其德以自固,则有时而失之矣,故君子不可以不知《恒》。虽能久其德,而天下事物之变,相代乎吾之前,如吾知恒而已,则吾之行有时而不可通矣,是必度其变而时有损益而后可,故君子不可以不知《损》、《益》。①

王安石进而指出,九卦的重点是在《井》和《巽》两卦,只有深刻理解并把握《井》《巽》两卦的微言大义,才能适时通变,达到"其行尤贵于达事之宜而适时之变"的高度,真正应付那种因时机不利而造成的"行足以通而困于命者"的复杂困境。他说:

夫学如此其至,德如此其备,则宜乎其通也,然而犹困焉者,则向所谓困于命者也。困于命,则动而见病之时也,则其事物之变尤众,而吾之所以处之者尤难矣,然则其行尤贵于达事之宜而适时之变也。故辨义行权,然后能以穷通。而《井》者所以辨义;《巽》者所以行权也。故君子之学,至乎《井》、《巽》而大备,而后足以自通乎困之时。孔子曰:"作《易》者其有忧患乎?"谓其言之足以自通乎困之时也。呜呼!后世之人,一困于时,则忧思其心,而失其故行,然卒至于不能自存也。是岂有他哉,不知夫九者之义故也。②

在这里,王安石提出了"辨义行权"的思想,并将其推进到哲学方法论的高度进行阐释,赋予其极具逻辑性的辩证关系,强调首先通过"知几"和"趋

① 王安石:《临川先生文集》卷六十六《九卦论》,中华书局 1959 年,第 708 页。
② 同上。

时”等方式，明白确定地“辨义”，然后才可能“行权”。他指出《井》《巽》两卦的极端重要性，《井》以辨义，《巽》以行权，认为“君子之学，至乎《井》、《巽》而大备，而后足以自通乎困之时。”

王安石在《非礼之礼》一文中，进一步阐明了他的“辨义行权”思想：

> 古之人以是为礼，而吾今必由之，是未必合于古之礼也；古之人以是为义，而吾今必由之，是未必合于古之义也。夫天下之事，其为变岂一乎哉！固有迹同而实异者矣。今之人諰諰然求合于其迹而不知权时之变，是则所同者古人之迹，而所异者其实也。事同于古人之迹而异于其实，则其为天下之害莫大矣，此圣人所以贵乎权时之变者也。孟子曰：“非礼之礼，非义之义，大人不为。”盖所谓迹同而实异者也。夫君之可爱而臣之不可以犯上，盖夫莫大之义而万世不可以易者也。桀纣为不善而汤武放弑之，而天下不以为不义也。盖知向所谓义者，义之常，而汤、武之事有所变，而吾欲守其故，其为蔽一，而其为天下之患同矣。使汤、武暗于君臣之常义，而不达于时事之权变，则岂所谓汤、武哉！①

他认为时代变化，古之礼与义皆不同于今，没有绝对不变的礼和义，所以要懂得“权时之变”。他接着说：

> 圣人之制礼也，非不欲俭，以为俭者，非天下之欲也，故制于奢俭之中焉。盖礼之奢为众人之欲，而圣人之意未尝不欲俭也。孔子曰：“麻冕，礼也，今也纯，俭，吾从众。”然天下不以为非礼也。盖知向之所谓礼者，礼之常，而孔子之事，为礼之权也。且奢者为众人之所欲而

① 王安石：《临川先生文集》卷六十七《非礼之礼》，中华书局1959年，第713页。

制，今众人能俭，则圣人之所欲，而礼之所宜矣，然则可以无从乎？使孔子蔽于制礼之文，而不达于制礼之意，则岂所谓孔子哉？故曰："非礼之礼，非义之义，大人不为。"①

他举例说明汤、武之事是明"义"之权，孔子之事是懂"礼"之权，因此，"非礼之礼，非义之义，大人不为。"他在《禄隐》中也说过："唯其不同，是所以同也。……圣贤因事而曲伸，故能宗于道。……如圣贤之道皆出于一，而无权时之变，则又何圣贤之足称乎？"②另外，熙宁二年（1069），王安石答神宗询问时说："变风俗，立法度，方今所急也……《易》以泰者通而治也，否则闭而乱也。"③以上所述足以体现出王安石通变和权变的改革思想是奠基于《周易》思想的。理解了"辨义行权"的思想，对所谓王安石的"三不足"精神，也就容易得到合理的解释，下面将略论及此。

总之，王安石的变法思想是从《周易》的"通变"和"经权"思想得到了理论支持，"辨义行权" 的权变思想成为王安石推行变法改革的坚实的理论基础和有力的思想武器。

（二）法先王之道与尊王贱霸：王安石易学的外王之道

王安石变法的理想目标是要力辅宋代帝王建立起王道政治，他多次向神宗提出为政必须取法先王之道的政治主张。前面提到，熙宁变法之前，王安石还未入中枢，就向仁宗上书建言法先王之道，法先王之道的主张是王安石的政治理想，也包含了他托古改制的深意，可谓用心良苦，王安石对此有过多次论述。

熙宁元年（1068）四月中，宋神宗即位不久，就诏王安石以新除翰林

① 王安石：《临川先生文集》卷六十七《非礼之礼》，中华书局 1959 年，第 713 页。
② 王安石：《临川先生文集》卷六十九《禄隐》，中华书局 1959 年，第 730 页。
③ 汪圣铎点校：《宋史全文》卷十一《宋神宗一》，中华书局 2016 年，第 645 页。

学士越次入对,《续资治通鉴长编纪事本末》记载了他们君臣之间的这次对话:

> 上谓安石曰:“朕久闻卿道术德义,有忠言嘉谋,当不惜告朕,方今治当何先?”对曰:“以择术为始。”上问唐太宗何如主?对曰:“陛下每事当以尧舜为法,唐太宗所知不远,所为不尽合法度,但乘隋极乱之后,子孙又皆昏恶,所以独见称于后世,道有升降,处今之世,恐须每事以尧舜为法,尧舜所为至简而不烦,至要而不迂,至易而不难,但末世学士大夫不能通知圣人之道,故常以尧舜为高而不可及,不知圣人经世立法,常以中人为制也。”[①]

王安石在这里还是坚持了其儒家传统的价值观,明本末之别,指出以“择术”为求治之先,并向神宗提出了法先王之道的治国之术。可能神宗还颇以唐太宗为望,但王安石毫不客气地对其不以为然,指出其“所为不尽合法度”,不足为后世法,劝说神宗直接以尧舜为法,行圣人之道。并且鼓励神宗不要以为圣人高不可及,圣人经世立法乃“常以中人为制也”。因此,法先人之道,非不能也,是不为也,不是能力问题,而是态度和决心的问题。

儒家传统政治思想中的一个重要方面就是法先王之道。孔子曰:“礼之用,和为贵。先王之道,斯为美。”[②]孟子曰:“尧舜之道,不以仁政,不能平治天下。今有仁心仁闻而民不被其泽, 不可法于后世者, 不行先王之道也。”[③]。这里被反复提到的先王之道,就是所谓王道。王道政治崇尚以德服人,完全不同于以力服人的霸道政治。怀有崇高的道德理性而施行仁政的统治者被尊为王,王以德服人,民众“中心悦而诚服”。而以力服人者则

① 汪圣铎点校:《宋史全文》卷十一《宋神宗一》,中华书局 2016 年,第 645 页。

② 刘宝楠:《学而第一》,《论语正义》卷一,中华书局 1990 年,第 29 页。

③ 焦循:《离娄章句上》,《孟子正义》卷十四,中华书局 2015 年,第 520 页。

被称作霸,民众不得不服从于霸是因为力不从心。儒家政治思想否认依仗强权的霸政统治的合法性,认为:“以力假仁者霸,霸必有大国。以德行仁者王,王不待大,汤以七十里,文王以百里。以力服人者,非心服也,力不赡也。以德服人者,中心悦而诚服也。如七十子之服孔子也。”①

王安石在《王霸》论中把王道和霸道进行了对比,他说:

> 仁义礼信,天下之达道,而王霸之所同也。夫王之与霸,其所以用者则同,而其所以名者则异,何也?盖其心异而已矣。其心异则其事异,其事异则其功异,其功异则其名不得不异也。王者之道,其心非有求于天下也,所以为仁、义、礼、信者,以为吾所当为而已矣。以仁、义、礼、信修其身而移之政,则天下莫不化之也。是故王者之治,知为之于此,不知求之于彼,而彼固已化矣。霸者之道则不然:其心未尝仁也,而患天下恶其不仁,于是示之以仁;其心未尝义也,而患天下恶其不义,于是示之以义。其于礼、信,亦若是而已矣。是故霸者之心为利,而假王者之道以示其所欲;其有为也,唯恐民之不见而天下之不闻也。故曰其心异也。②

王、霸之道对待仁义礼信的态度不同,王道是以仁义礼信为目的和理想,其心仁,是自然之化;而霸道却是以仁义礼信为手段,其心未尝仁,是人为虚伪之化。王道政治明显高于霸道政治:“夫王霸之道则异矣,其用至诚,以求其利,而天下与之。故王者之道,虽不求,利之所归。霸者之道,必主于利,然不假王者之事以接天下,则天下孰与之哉?”③

王道政治以民为本,对人民有养之、教之、保之之道,其终极目标是建

---

① 焦循:《公孙丑章句上》,《孟子正义》卷七,中华书局 2015 年,第 239~240 页。

② 王安石:《临川先生文集》卷六十七《王霸》,中华书局 1959 年,第 714 页。

③ 同上。

立起一个"天下为公"的大同社会。在这个大同社会中,王者所实行的仁政是其完美充实的内在德性使然,天下自然而化。王安石提出了自己的理想社会的构想。他说:

> 王者之大,若天地然,天地无所劳于万物,而万物各得其性,万物虽得其性,而莫知其为天地之功也。王者无所劳于天下,而天下各得其治,虽得其治,然而莫知其为王者之德也。[①]

这也就是老子所谓的"上者,不知有之"和"我自然,帝力于我何有哉?"的境界。而"霸者之道则不然,若世之惠人耳,寒而与之衣,饥而与之食,民虽知吾之惠,而吾之惠亦不能及夫广也。故曰其功异也。"[②]霸道政治的权力基础是强权和暴力,其统治的合法性不赖于其统治下的人民的信任和许可。王安石坚持了儒家传统政治思想,尊王贱霸,以实现王道政治作为自己推行变法改革的理想目标。

在儒家的政治思想中,与王、霸之辩相对应的就是德、刑之辩。王道之政,以德服人,先德而后刑;霸道之政,以力服人,假仁德而行霸道,以刑为先。王安石在《原教》中对此有对比阐述。他说:

> 善教者藏其用,民化上而不知所以教之之源。不善教者反此。民知所以教之之源,而不诚化上之意。善教者之为教也,致吾义忠而天下之君臣义且忠矣,致吾孝慈而天下之父子孝且慈矣,致吾恩于兄弟而天下之兄弟相为恩矣,致吾礼于夫妇而天下之夫妇相为礼矣。天下之君君臣臣、父父子子、兄兄弟弟、夫夫妇妇皆吾教也。民则曰:"我何

① 王安石:《临川先生文集》卷六十七《王霸》,中华书局 1959 年,第 714 页。

② 同上。

赖于彼哉？”此谓化上而不知所以教之之源也。[1]

这里的“善教”是指儒家的道德教化，施教者即统治者率先垂范，教化臣民，即孔子所谓“政者，正也。子率以正，孰敢不正”。这种善教的效果如同和风细雨，“润物细无声”，顺其自然，垂拱而治，达到了“民化上而不知所以教之之源”的境界，即老子所说的“帝力于我何有哉？”之境。而“不善教者”则截然相反。

不善教者之为教也，不此之务，而暴为之制，烦为之防，劬劬于法令诰戒之间，藏于府，宪于市，属民于鄙野。必曰：臣而臣，君而君，子而子，父而父；兄弟者无失其为兄弟也，夫妇者无失其为夫妇也。率是也有赏，不然则罪。乡间之师，族酇之长，疏者时读，密者日告，若是其悉矣。顾不有服教而附于刑者，于是嘉石以惭之，圜土以苦之，甚者弃之于市朝，放之于裔末，卒不可以已也。此谓民知所以教之之源，而不诚化上之意也。[2]

“不善教”就是法家的统治方式，是刻意地强制，人民是被动地服从，“不诚化上之意也”，如是则“劬劬于法令诰戒之间”而不见其效，即老子所谓的“法令滋彰，盗贼多有”。可见，王政与霸政两种不同的统治方式高下立判。王安石总结说：

善教者浃于民心，而耳目无闻焉，以道扰民者也。不善教者施于民之耳目，而求浃于心，以道强民者也。扰之为言，犹山薮之扰毛羽，川泽之扰鳞介也，岂有制哉？自然然耳。强之为言，其犹囿毛羽沼鳞介

① 王安石：《临川先生文集》卷六十九《原教》，中华书局1959年，第731页。
② 同上。

乎！一失其制，脱然逝矣。噫！古之所以为古，无异焉，由前而已矣；今之所以不为古，无异焉，由后而已矣。或曰："法令诰戒不足以为教乎？"曰：法令诰戒，文也。吾云尔者，本也。失其本而求之文，吾不知其可也。[1]

他批评法家之政教为"失其本而求之文"，故"不知其可也"，再次提出了他的法先王之道的政治主张，先王之道就是古者之道，是尧舜之道，体现了他托古改制和行王道推德治的政治理想。在前文已经提到，王安石的思想是以儒为宗，兼容释、道和法家等，因此他并不主张单纯地依靠王道之德治，而是兼顾了法家的法制思想。如他在《三不欺》一文中说道：

昔论者曰："君任德，则下不忍欺；君任察，则下不能欺；君任刑，则下不敢欺。"而遂以德、察、刑为次。盖未之尽也。此三人者之为政，皆足以有取于圣人矣，然未闻圣人为政之道也。夫未闻圣人为政之道而足以有取于圣人者，盖人得圣人之一端耳。[2]

他对德、察、刑三种治国措施进行了分析，认为这三者分别"得圣人之一端"，尚未闻圣人为政之道。他指出圣人之道是兼用此三者：

然圣人之道，有出此三者乎？亦兼用之而已。昔者尧、舜之时，比屋之民，皆足以封，则民可谓不忍欺矣。放齐以丹朱称于前，曰："嚚讼，可乎？"则民可谓不能欺矣。四罪而天下咸服，则民可谓不敢欺矣。故任德则有不可化者，任察则有不可周者，任刑则有不可服者。然则

① 王安石：《临川先生文集》卷六十九《原教》，中华书局1959年，第731页。

② 王安石：《临川先生文集》卷六十七《三不欺》，中华书局1959年，第712页。

子贱之政无以正暴恶，子产之政无以周隐微，西门豹之政无以渐柔良，然而三人者能以治者，盖足以治小具而高乱世耳，使当尧、舜之时所大治者，则岂足用哉？盖圣人之政，仁足以使民不忍欺，智足以使民不能欺，政足以使民不敢欺，然后天下无或欺之者矣。[①]

以上德、察、刑三者，专任其一仅足以治小，不足以当尧、舜时之大治。圣人之道不出乎此三者，其要在于兼用之，“仁足以使民不忍欺，智足以使民不能欺，政足以使民不敢欺”，因此才能达到“天下无或欺之者矣”。

可见，王安石主张的法先王之道绝不是追求一味复古，泥古不化，排斥法家，而是“法其意”而已，在坚持儒家传统德治的基础上，兼用法家之治，也旁及道家思想，体现了王安石精通易道通变之理，勇于变法的精神。

（三）大明法度：创法立制以治天下

在北宋士大夫中，王安石是比较重视创法立制的。王安石从王道理想出发提出他的施政方针，认为法立而政立，法善而政善。他说：“夫天下至大器也，非大明法度，不足以维持；非众建贤才，不足以保守。”[②]“大明法度”就是要变法革新，创制立法。“众建贤才”是指要广泛培养人才，谨慎选用官员，以有效贯彻实施“法度”。其中，“大明法度”是前提和关键。王安石提出：“盖君子之为政，立善法于天下则天下治，立善法于一国则一国治。”[③]但是徒法不足以自行，《易》曰：“履信思乎顺，又以尚贤也。是以天佑之，吉无不利。”[④]王安石指出：“苟无至诚恻怛忧天下之心，则不能询考贤才，讲求法度。贤才不用，法度不修，偷假岁月，则幸或可以无他，旷日持久，则未

① 王安石：《临川先生文集》卷六十七《三不欺》，中华书局 1959 年，第 712 页。

② 王安石：《临川先生文集》卷三十九《上时政书》，中华书局 1959 年，第 424 页。

③ 王安石：《临川先生文集》卷六十四《周公》，中华书局 1959 年，第 677 页。

④ 阮元校刻：《周易正义》卷七《系辞上》，《十三经注疏》，中华书局 1980 年影印本，第 82 页。

尝不终于大乱。”[①]他批评当时世风日益衰坏，常恐天下久不安，是因为“患在不知法度故也！”[②]

针对“更祖宗之法”的指责，王安石提出“祖宗之法不足守”的主张。熙宁三年（1070），王安石在回答神宗时说：“祖宗之法不足守，则固当如此。且仁宗在位四十年，凡数次修敕，若法一定，子孙当世世守之，则祖宗何故屡自改变？”[③]

他认为更祖宗之法是理所应当的，任何人都不能世守祖宗之法而不变，连祖宗自己也是自我变更弊旧之法。王安石以文王和孔子为例，强调创法立制要不畏艰难，坚定信念。他说：

> 夫法度立，则人无独蒙其幸者。故先王之政，虽足以利天下，而当其承弊坏之后，侥幸之时，其创法立制，未尝不艰难也。以其创法立制，而天下侥幸之人，亦顺说以趋之，无有龃龉，则先王之法，至今存而不废矣。惟其创法立制之艰难，而侥幸之人不肯顺悦而趋之，故古之人欲有所为，未尝不先之以征诛而后得其意。《诗》曰：“是伐，是肆，是绝，是忽，四方以无拂。”此言文王先征诛而后得意于天下也。夫先王欲立法度，以变衰坏之俗而成人之才，虽有征诛之难，犹忍而为之，以为不若是，不可以有为也。及至孔子，以匹夫游诸侯，所至则使其君臣捐所习，逆所顺，强所劣，憧憧如也。卒困于排逐。然孔子亦终不为之变，以为不如是，不可以有为，此其所守，盖与文王同意。夫在上之圣人，莫如文王，在下之圣人，莫如孔子，而欲有所施为变革，则其事盖如此矣。[④]

① 王安石：《临川先生文集》卷三十九《上时政书》，中华书局1959年，第424页。

② 王安石：《临川先生文集》卷三十九《上仁宗皇帝言事书》，中华书局1959年，第410页。

③ 汪圣铎点校：《宋史全文》卷十一《宋神宗一》，中华书局2016年，第662页。

④ 王安石：《临川先生文集》卷三十九《上仁宗皇帝言事书》，中华书局1959年，第422页。

创法立制，必然要革除前世之弊法，会招致不满和反对，即使是圣人，如文王、孔子，欲有所施为变革尚且要面对“征诛之难”和“困于排逐”，这就更加需要意志坚定。他劝说仁宗皇帝不要惑于流俗侥幸之言，力行变法，创法立制：“今有天下之势，居先王之位，创立法制，非有征诛之难也；虽有侥幸之人不悦而非之，固不胜天下顺悦之人众也。然而一有流俗侥幸不悦之言，则遂止而不敢为者，惑也。”①

王安石认为因循守旧是变法改革的最大障碍，因此他反复陈说因循守旧之弊，劝说、鼓励君主珍惜大有为之时，做大有为之君，勇于创法立制，变法改革。他在《本朝百年无事札子》中说：

> 然本朝累世，因循末俗之弊，而无亲友群臣之议，人君朝夕与处，不过宦官女子，出而视事，又不过有司之细故，未尝如古大有为之君，与学士大夫讨论先王之法，以措之天下也。一切因任自然之理势，而精神之运，有所不加，名实之间，有所不察。君子非不见贵，然小人亦得厕其间，正论非不见容，然邪说亦有时而用。以诗赋记诵求天下之士，而无学校养成之法，以科名资历叙朝廷之位，而无官司课试之方。监司无检察之人，守将非选择之吏，转徙之亟，既难于考绩，而游谈之众，因得以乱真。交私养望者多得显官，独立营职者或见排沮。故上下偷惰，取容而已。……伏惟陛下躬上圣之质，承无穷之绪，知天助之不可常恃，知人事之不可怠终，则大有为之时，正在今日。②

为了减少变法的阻力，王安石提出了“法先王之政”的主张，并且是“法其意而已”。他说的先王不是宋代的先王，而是三代圣王之先王。他说：

① 王安石：《临川先生文集》卷三十九《上仁宗皇帝言事书》，中华书局1959年，第422页。

② 王安石：《临川先生文集》卷四十一《本朝百年无事札子》，中华书局1959年，第446页。

“法其意，则吾所改易更革，不至乎倾骇天下之耳目、嚣天下之口，而固已合乎先王之政矣。”可见他还是顾及反对势力的反应的。如果不论变法的内容和效果，单就破除因循守旧、不惧世俗、勇于改革的变法精神而言，王安石无疑是值得大加肯定的，也是足以为后世所效法的。

（四）因天下之力，以生天下之财：以义理财的财政思想

王安石对财政问题尤为关注，他推崇先王之道，特别重视其在经济方面的思想设计，理财成了王安石变法的中心任务。王安石认为周公也是重视理财的：“所以理财，理财乃所谓义也。一部《周礼》，理财居其半，周公岂为利哉！”[①]他说：“《洪范》言八政，‘一曰食，二曰货，……’，何也？食货，人之所以相生养也，故一曰食，二曰货。”[②]针对儒家传统重义轻利的义利观，王安石阐述了自己义利并重的价值观：“聚天下之人，不可以无财；理天下之财，不可以无义。”[③]以义理财，成为王安石变法思想的核心部分。这也受到《易传》思想的影响，《易》曰：“何以聚人曰财。理财正辞，禁民为非曰义。”[④]对此，王安石说：“今天下财用困急尤当先理财，《易》理财正辞，先理财然后正辞，先正辞然后禁民为非，事之序也。”[⑤]为天下理财，谋取公利是正大光明、理所应当的。以义理财是王安石变法思想的核心内容，这也是基于《易传》的理财思想。

“大明法度”是变法的指导思想，理财亦然，要遵循“天地节而四时成，节以制度，不伤财，不害民”[⑥]的原则，通过扩大社会生产来增加社会财富，取之于民，用之于民。王安石强调以义理财，实际上也是以法理财的意思。

① 王安石：《临川先生文集》卷七十三《答曾公立书》，中华书局 1959 年，第 773 页。
② 王安石：《临川先生文集》卷六十五《洪范传》，中华书局 1959 年，第 685 页。
③ 王安石：《临川先生文集》卷七十《乞制置三司条例》，中华书局 1959 年，第 745 页。
④ 阮元校刻：《周易正义》卷八《系辞下》，《十三经注疏》，中华书局 1980 年影印本，第 86 页。
⑤ 黄以周等：《续资治通鉴长编拾补》卷六《神宗·熙宁二年》，中华书局 2004 年，第 254 页。
⑥ 阮元校刻：《周易正义》卷六《节·彖》，《十三经注疏》，中华书局 1980 年影印本，第 70 页。

他说："夫聚天下之众者莫如财，治天下之财者莫如法。"[1]

面临冗官、冗兵、冗费及对外妥协造成的严重财政危机，王安石一再上书力陈以法理财。他在《上时政书》中说："方今朝廷之位，未可谓能得贤才，政事所施，未可谓能合法度。官乱于上，民贫于下，风俗日以浇薄，才力日以困穷……然则以至诚询考而众建贤才，以至诚讲求而大明法度，陛下今日其可以不汲汲乎？《书》曰：'若药不瞑眩，厥疾弗瘳。'臣愿陛下以终身之狼疾为忧，而不以一日之瞑眩为苦。"[2]又在《上仁宗皇帝言事书》中指出，"天下之财力日以困穷"。王安石认为这种财政危机是能够通过以义理财得以解决的，"自古治世未尝以不足为天下之公患也，患在治财无其道耳"[3]。他提出了"因天下之力以生天下之财，取天下之财以供天下之费"的理财观。这里所说的"因天下之力以生天下之财"，是指通过扩大生产，发展经济，增加社会财富；"取天下之财以供天下之费"，是指加强国家的赋税收入。用现在的话讲就是放水养鱼，扩大税基，增加税收。这种理念无疑是再正确不过的，他在以后还对此反复强调。他在《与马运判书》中说：

> 方今之所以穷空，不独费出之无节，又失所以生财之道故也。富其家者资之国，富其国者资之天下，欲富天下，则资之天地。盖为家者，不为其子生财，有父之严而子富焉，则何求而不得？今阖门而与其子市，而门之外莫入焉，虽尽得子之财，犹不富也。盖近世之言利虽善矣，皆有国者资天下之术耳，直相市于门之内而已。此其所以困与？[4]

在此，王安石提出了两种不同的生财之道，一种是父子阖门而市，取

---

① 王安石：《临川先生文集》卷七十《乞制置三司条例》，中华书局 1959 年，第 745 页。

② 王安石：《临川先生文集》卷三十九《上时政书》，中华书局 1959 年，第 424 页。

③ 王安石：《临川先生文集》卷三十九《上仁宗皇帝言事书》，中华书局 1959 年，第 422 页。

④ 王安石：《临川先生文集》卷七十五《与马运判书》，中华书局 1959 年，第 795 页。

自门内，即朝廷向百姓聚敛财赋；一种是资之天地以富天下，即发展经济生产。他对前一种方式进行了批评。可惜的是，后来王安石的变法措施逐渐背离了他所认可的“因天下之力以生天下之财”和“欲富天下，则资之天地”，而走向了“取天下之财以供天下之费”，这也是变法后来遭到众人批评和反对的主要原因。在《度支副使厅壁题名记》中，他说道：

吏不良则有法而莫守，法不善则有财而莫理。有财而莫理，则阡陌闾巷之贱人，皆能私取予之势，擅万物之利，以与人主争黔首，而放其无穷之欲，非必贵强桀大而后能。如是，而天子犹为不失其民者，盖特号而已耳。虽欲食蔬衣敝，憔悴其身，愁思其心，以幸天下之给足，而安吾政，吾知其犹不得也。然则善吾法而择吏以守之，以理天下之财，虽上古尧、舜犹不能毋以此为先急，而况于后世之纷纷乎？[①]

在《乞制置三司条例》中，王安石对其理财思想有了更明确的说明：

夫以义理天下之财，则转输之劳逸，不可以不均，用度之多寡，不可以不通，货贿之有无，不可以不制，而轻重敛散之权，不可以无术。今天下财用，窘急无余，典领之官，拘于弊法，内外不以相知，盈虚不以相补。诸路上供，岁有定额，丰年便道，可以多致，而不敢不赢；年俭物贵，难于供备，而不敢不足。远方有倍蓰之输，中都有半价之鬻。三司发运使按簿书、促期会而已，无所可否增损于其间。至遇军国郊祀之大费，则遣使铲刷，殆无余藏，诸司财用事，往往为伏匿，不敢实言，以备缓急。又忧年计之不足，则多为支移折变，以取之民，纳租税数，至或倍其本数。而朝廷所用之物，多求于不产，责于非时，富商大贾，

① 王安石：《临川先生文集》卷八十二《度支副使厅壁题名记》，中华书局1959年，第860页。

因时乘公私之急，以擅轻重敛散之权。

臣等以谓发运使总六路之赋入，而其职以制置茶盐矾税为事，军储国用，多所仰给，宜假以钱货，继其用之不给，使周知六路财赋之有无，而移用之。凡籴买税敛上供之物，皆得徙贵就贱，用近易远，令在京库藏年支见在之定数所当供办者，得以从便变卖，以待上令。稍收轻重敛散之权，归之公上，而制其有无，以便转输，省劳费，去重敛，宽农民，庶几国用可足，民财不匮矣。

这里所说的轻重敛散之权，就是指对财政和税赋的控制权。该权力若被富商大贾专擅，就会致使其“因时乘公私之急”，哄抬物价，扰乱市场和社会秩序，破坏国计民生。政府应当掌控此轻重敛散之权，施之有术，增加财政收入，稳定经济。但这两端也存在一个平衡的问题，关键是如何把握这个度，否则就会陷入管得过死，与民争利，造成国富民贫的困局。这是王安石的难题，也是当今改革的难题。遗憾的是王安石在后来的变法过程中，不由自主地走向了“取天下之财”一途，在如何“生天下之财”方面做得不够。熙宁新法中只有《农田水利法》有发展经济的目的，但它在新法中既不占主要地位，也未能全面推行，故而未见成效。王安石的以义理财偏向一端，招致强烈的反对，又因其固执己见，力排众议而由政见不同引发激烈的党争，局面最终不可收拾，甚可惜也。

第二节 《易》与荆公新学

王安石（1021—1086），北宋中期著名政治家、改革家、思想家，字介甫，晚号半山。北宋抚州临川（今江西临川）人，因他曾封为荆国公，谥号文，故世称王荆公、王文公。王安石在庆历二年（1042）进士及第后，历任江南郡县，于宋神宗（1048—1085）朝，两度主政（1069—1074，1075—1076）。在王安石执政之前，北宋王朝正面临着冗官、冗兵、冗费、积贫、积弱和矛盾尖锐的社会局势。王安石执政期间利用所掌握的权力，以其卓越的才干胆识，在政治、经济、军事等方面大力推行了一系列的改革措施，这些措施增加了政府的财政收入，加强了国家的军事力量，在一定程度上改变了北宋积贫积弱的局面，巩固加强了北宋的封建统治。王安石出台的改革措施之所以能够速见成效，与他一直致力于致用之学，特别是《周易》之学有着颇为密切的关系。众所周知《周易》以变为本，倡导变革，呼唤创新，但这种变革和创新是要变无序为有序，化冲突为和谐，实现人际关系、社会秩序的和谐，进而实现包括自然与社会在内的天人整体和谐。《周易》思变的主张，正好为王安石变法提供了思想上的支撑和具体改革措施上的指导。他的不少改革思想与举措就直接源自《周易》。故易学在王安石的改革中扮演着极其重要的角色。

王安石博学多识，苏轼评价他“网罗六艺之遗文，断以己意；糠秕百家之陈迹，作新斯人”[①]。王安石一生对六艺有深入的研究，而其早年对《周易》非常推崇，这一点从他与友人的书信中可以得到证明。例如在《答韩求仁书》中，王安石指出：“某尝学《易》矣，读而思之，自以为如此，则书之以待知《易》者质其义。当是时，未可以学《易》也，未无师友之故，不得其序，以过于进取。乃今而后，知昔之为可悔，而知书往往已为不知者所传。追思之，未尝不愧也。”[②]这段话应当是王安石的自谦，他认为自己还未能深入领会《周易》的深刻含义。在《答徐绛书》中，他说：“自生民以来，为书以示后世者，莫深于《易》”[③]。在《上蒋侍郎书》一文中，王安石开篇便说：“某尝读易，见晋之初六曰：‘晋如催如，贞吉。罔孚，裕，无咎。’此谓离明在上，已

① 苏轼：《苏轼文集》卷三十八《王安石赠太傅》，中华书局1986年，第1077页。

② 王安石：《王文公文集》卷七《答韩求仁书》，上海人民出版社1974年，第77页。

③ 王安石：《王文公文集》卷七《答徐绛书》，上海人民出版社1974年，第87页。

往应之。然处卦之初，道未章者，上虽明照而未之信，故摧如不进，宽裕以待其时也。又比之上六曰：'比之无首，凶。'此谓九五居中，为上下之主，众皆亲比，而己独后期，时过道穷，则人所不与也。斯则圣人赜必然之理，寓卦象以示人事，欲人进退必以时，不为妄动。时未可而进，谓之躁，躁则事不审而上必疑；时可进而不进，谓之缓，缓则事不及而上必违。诚如是，是上之人非无待下之意，由乎在下者动之不以时，干之不以道，不得中行而然耳。"[①]这封书信共九百三十三字，与《易》相关的就多达三百零二字，由此可见王安石早年对《周易》的热衷与推崇程度。

王安石的易学著述也颇丰，主要有《易解》十四卷，可惜这部书在元代后期就佚失了，后人改定本称《易义》，共计二十卷。南宋著名的经学家冯椅在其著作《厚斋易学》附录一《先儒著述上》中对《易解》的篇章结构进行了简单的介绍，主要包括上经、下经、杂卦、《卦象论解》《解易象》。另外，在《临川文先生文集》中，还收录有《易象论解》《卦名解》《易泛论》《九卦论》《大人论》《致一论》《河图洛书义》等单篇。具体而言，在《易象论解》中，王安石依照六十四卦的编排顺序，模仿《序卦传》的形式，结合时代特色，从政治的教化和心性的修养角度阐释了六十四卦相反相因的关系，这种从一个全新的角度对六十四卦编排顺序合理性的论证，蕴含着他的政治主张和理想。《卦名解》一文可以看作是王安石对《象传》和《杂卦》进行的补充和修正。在文章中，王安石利用《象传》《象传》的内容和《杂卦传》的对卦形式，对除《乾》《坤》两卦外的六十二卦进行解说，阐明了卦名的由来。《易泛论》则是一篇王安石阐发自己对《周易》字词理解的文章，反映了王安石标新立异的治学原则和深厚的文字训诂功力。在文章中，王安石按动物灵怪、身体器官、日用器物、天象时辰、行为动作、金玉木石、颜色味道、婚姻家庭、专用术语、衣帽服饰、自然方位、山陵川泽、建筑征战十三个部类对

① 王安石：《王文公文集》卷二《上蒋侍郎书》，上海人民出版社 1974 年，第 25~26 页。

《周易》的词语进行了解释。在《九卦论》中王安石通过《履》《谦》《复》《恒》《损》《益》《困》《井》《巽》九卦,创造性地将《周易》尊为儒家治学的方略和总纲,阐发了自己处困行权的思想。在《大人论》中,王安石把《孟子》与《周易》结合起来,通过对《周易》"盛德大业"的阐释,认为理想的人才应该是集道德和事业于一身的人物。在《致一论》中,王安石发挥《易》的"致一"之理,强调安身、崇德、利用的一致性。并认为万物之理应该朝着抽象唯一的方向发展,这成为宋代哲学理范畴由万物之理向二程"理一分殊"演进的中间环节。

一、太和

《周易》作为古代经邦济世宝贵经典,被历代明君贤相、仁人志士认真钻研,他们还注意从中汲取治理国家、安定社会、发展经济、巩固国防的原理和原则。《周易》六十四卦中每卦均有六爻,每爻各有其位,初、三、五为阳位,二、四、上为阴位,若阳爻居于阳位,阴爻居于阴位,即为得位,得位为正,象征阴阳各就其位,合于其应然的秩序。每卦又分为内卦和外卦,二为内卦之中,五为外卦之中,若爻居中位,即为得中,象征守持中道,行为适中,不偏不倚,合于阴阳和合的法则。在此基础上,《周易》又提出了"太和"思想:一阴一阳相互交感,刚柔相济,相反相成,彼此推移,协调一致,当达到最佳的结合、最高的和谐状态时,就称为"太和"。《周易·乾·彖》说:"乾道变化,各正性命,保合太和,乃利贞。首出庶物,万国咸宁。"按照这种文化价值理想,人类社会的所有实践活动都应以"太和"这种最高境界、最理想状态的和谐作为终极目标,实现人自身心灵的和谐、人际关系的和谐与天人整体和谐,各种社会制度变革和创新活动自然也不例外。《周易》提出太和境界在之后两千多年的封建社会中,一直为众多思想家和政治家孜孜以求。

而要想实现太和境界，一是要实现人自身的心灵和谐；二是要实现人际关系的和谐；三是要实现天人的和谐，也就是人与自然的和谐。王安石对太和境界自然是十分推崇的。在王安石看来，要实现人自身的心灵和谐的最佳的施政方式是统治者要“制礼作乐”，他说：“礼者，天下之中经；乐者，天下之中和。礼乐者，先王之所以养人之神，正人之气而归正性也。”[①]意思就是说，为政者通过制作礼乐，可以养人之神、正人之气，最终实现人心灵的和谐，维护社会的安定，达到天下的大治。

要实现人际关系的和谐，用王安石的话来说就是：“盖天下至大器也，非大明法度不足以维持，非众建贤才不足以保守。苟无至诚恻怛忧天下之心，则不能询考人才、谋求法度。”[②]意思就是说要实现人际关系的和谐首先要“询考人才”，其次要“谋求法度”。所谓“询考人才”，即指选拔、培养和任用有才能的人，使人才能够各尽其能，有效地贯彻变法改革的措施。《周易·系辞上》有云：“履信，思乎顺，又以尚贤也。是以‘天祐之，吉无不利’。”王安石吸取了《周易》的这一思想，认识到人才是国家的栋梁，对稳定统治有重要的作用。他说：“贤才不用、法度不修，偷假岁月，则幸或可以无他，旷日持久，则未尝不终于大乱。”[③]王安石认为国家之所以积贫积弱的主要原因就在于为政者中缺少治国经邦的贤良之才，要求统治者必须善于发现和任用有才能之人。他说：“天下之患，不患材之不举，患上之人不欲其聚。不患士之不欲为，患上之人不使其为也。”[④]有了贤才之后，还必须集思广益、人尽其用，由此提出安邦定国之方略，即“大明法度”。所谓“大明法度”，是指要制定新的制度，变改革旧有的制度，使国家各项制度能与社会实际相适应，从而有效地指导现实政治与社会生活，达到天下之大治的目

① 王安石：《王文公文集》卷二十九《礼乐论》，上海人民出版社1974年，第333页。

② 王安石：《王文公文集》卷二《上时政书》，上海人民出版社1974年，第17页。

③ 同上。

④ 王安石：《王文公文集》卷三十三《材论》，上海人民出版社1974年，第372页。

的。王安石认为“大明法度”作用重大,法度衰坏是天下不能长治久安的根本原因。他说:“故内则不能无以社稷为忧,外则不能无惧于夷狄,天下之财力日以困穷,而风俗日以衰坏,四方有志之士,諰諰然常恐天下之久不安。此其何故也?患在不知法度故也。”①而在“询考人才”和“大明法度”两者之中,“大明法度”是进行变法的核心和根本,“询考人才”是变法改革得以进行的前提和人力保障。无论是何种措施,都必须做到《周易》中提出的“天地节而四时成,节以制度,不伤财,不害民”②,即为政者首先应尊重万物生长规律,不侵夺农时,同时节约用度,然后通过扩大生产来增加社会财富,再将从人民那里得来的利益反哺人民,即取之于民,用之于民。这样之后,人与人之间的关系自然也就和谐了。

对于人与自然的和谐,在中国传统社会被概括为天人关系,名曰天人之际。在中国漫长的历史长河中,天人关系一直是一个重要的理论焦点,而其中一种贯穿始终的见解便是天人合一,也就是说人是自然界的一部分,人与天地万物是一个有机统一的整体。《周易》作为这一思想的重要源头,讲求天道与人道的协调和人与自然的和谐共处。王安石深受《周易》这一思想的影响,他在《周易》的基础上,提出了自己的认识。首先他承认天是至高无上的,他说道:“本者出之自然,故不假乎人之力而万物以生也;末者涉乎形器,故待人力而后万物以成也。”③同时他也认为人可以在天命的框架内通过发挥自身的主观能动性发现、利用天的规律,即王安石所说的“至乎有待于人力而万物以成,则是圣人之所不能无言也、无为也”④。意思就是说只有在尊重自然规律的基础上,发挥人的主观能动性,才能实现天人和谐。

---

① 王安石:《王文公文集》卷一《上皇帝万言书》,上海人民出版社 1974 年,第 1 页。

② 阮元校刻:《周易正义》卷六《节·彖》,《十三经注疏》,中华书局 1980 年影印本,第 70 页。

③ 王安石:《王文公文集》卷二十七《老子》,上海人民出版社 1974 年,第 310 页。

④ 同上。

总之，在王安石看来，要想实现最高的和谐，达到太和境界，首先必设礼乐以陶冶人们的品行；其次要有明确的法度和大量的有识之士来进行社会管理，并将理财作为中心环节；最后要树立天道无为、人道有为的思想，充分发挥人的主观能动性。只有这样，才能达到天下大治、百姓安乐的目的，实现《周易》中"保合太和"的最高境界。王安石自始至终都没有放弃这一理想。

二、崇德

《周易》对道德的作用非常重视。纵观《周易》全书，对"德"的探讨比比皆是。对此《周易·系辞上》说："显诸仁，藏诸用，鼓万物而不与圣人同忧，盛德大业至矣哉。富有之谓大业，日新之谓盛德"[①]。在这里，"崇德"是崇尚高尚的品德，"广业"是崇高伟大的德业。"崇德"不仅是一种管理的目标和理想，而且是管理的途径和手段。在现代管理学中，管理者个体的道德素质与管理集体的道德是相辅相成的关系。一方面，管理者个体的道德素质是管理集体道德素质形成的基础，若干管理者个体的道德素质的有机结合构成了管理集体的素质；另一方面，管理者集体的道德素质一旦形成，就会反过来制约、影响管理者个体道德素质的表现水平，它对管理者素质的提高具有能动的反作用。因此，必须注重培养管理者个体的道德素质。只有管理者的道德品质提高了，才能在言行上成为员工的表率，起到模范引领作用，从而提高整个管理组织的道德水平。因此，必须将培养和提升管理者的道德品质放在重要的战略位置上。王安石对道德品质的培养非常重视。他说：

① 阮元校刻：《周易正义》卷七《系辞上》，《十三经注疏》，中华书局1980年影印本，第78页。

自强不息，然后厚德载物。自强积德以有载也，乃能经纶。果行育德，则无事矣。德以礼为体。振民育德，莫大乎教思无穷，容保民无疆，对时育物者，非稽古畜德之主则不能。德莫大乎于养。出则欲独立不惧，处则欲遁世无闷，则德不可无习。德行不失其事，教事不废其习，然后可以继明照四方。非礼勿履，德之所以昭也。同，故能有容；异，故能有辨。反身修德，言有辨也。以居则修德，以动则有功。功不可以擅，德不可以居也。能施禄及下，居德则忌，则众志所听也。不虞知戒矣，德之所以积也。能正己，则贤德可居、俗可善。飨帝立庙，则仁之至、义之尽矣。其推行之也，度数不可以无制，德行不可能无议。制数度议德行，则欲急己以缓人。①

从中可以看出，此外王安石对道德的影响力有非常深刻的认识。他认为道德的政治功能就是“飨帝立庙”，意思就是说，为政者必须通过修德来达到天下大治，也就是要实行德治。而王安石讲求德治的思想来源可以说也是《周易》。《周易》讲求德治的观念比较明显，其对德政、仁政的认识也十分深刻。例如《周易·系辞上》说：“夫易，圣人所以崇德而广业也。知崇礼卑，崇效天，卑法地，天地设位，而易行乎其中矣。”《周易·系辞下》也曾做过总结：“是故《履》，德之基也；《谦》，德之柄也；《复》，德之本也；《恒》，德之固也；《损》，德之修也；《益》，德之裕也；《困》，德之辨也；《井》，德之地也；《巽》，德之制也。”此外还有《周易·蹇·象》曰：“君子以反身修德。”《周易·乾·文言》曰：“君子进德修业”②“天地之大德，曰生；圣人之大宝，曰位；何以守位，曰仁；何以聚人，曰财；理财正辞、禁民为非，曰义”③等。王安石受到《周易》讲求“德治”的影响，认为君主必须依靠仁政，依靠道德的教化

① 王安石：《临川先生文集》卷六十五《易象论解》，中华书局 1959 年，第 698 页。

② 阮元校刻：《周易正义》卷一《乾·文言》，《十三经注疏》，中华书局1980年影印本，第15页。

③ 阮元校刻：《周易正义》卷八《系辞下》，《十三经注疏》，中华书局 1980 年影印本，第 86 页。

作用。在漫长的封建社会中，除秦朝实行纯法制以外，其他朝代大多是实行德治与法治相结合的统治手段，而德治又始终处于首要的位置，德治也就是孔子所追求的仁政。王安石把道德教化与政治统治紧密地结合起来，认为仁德是政治统治的前提，德治是统治天下的手段，道德是教化百姓的基础，从而肯定了道德教化对于国家的重要作用。

不仅如此，王安石还在其《致一论》中强调了崇德、个人安身立命与致用之间的关系。他认为安身立命与崇德两者紧密联系，共同构成了个人才能得以施展，取得事业成功的前提条件，他说："夫身安德崇又能致用于天下，则其事业可备也。"[①]他还说："致用之效，始见乎安身。盖天下之物，莫亲乎吾之身，能利其用以安吾之身，则无所往而不济也。无所往而不济，则德其有不崇哉？故《易》曰：'精义入神以致用，利用安身以崇德'，此道之序也。"[②]意思就是崇德与安身立命之间是相辅相成的，安身立命是崇德的必要条件。而在论说《屯》卦和《蒙》卦时，王安石则说："自强积德，以有载也，乃能经纶，故于《屯》也，'君子以经纶'。经纶者，君子有事之时。故于《蒙》也，'君子以果行育德'。"[③]由此可见，王安石把道德当成是君子进取的方式和手段，同时认为道德高尚、自强积德也是君子的必备品质。

那么君子应该如何进行道德修养呢？《周易·乾·文言》做出了很好的回答："君子以成德为行，日可见之行也。"即成德要体现在实践之中，同时"学以聚之，问以辩之，宽以居之，仁以行之"。它还明确指出，君子的德不是天生的，是在"可见之行"中经过"学聚、问辩、宽居、仁行"的修养锻炼得来的，是后天努力的结果。《周易》又认为，即使是这种经过后天磨炼的修养，也不能满足于一时所得，君子进德修业永无止境，"终日乾乾，与时偕行"。王安石在《周易》的基础上，对如何培养、巩固和检验品德的道德修养

① 王安石：《王文公文集》卷二十九《致一论》，上海人民出版社 1974 年，第 340 页。

② 同上。

③ 王安石：《临川先生文集》卷六十五《易象论解》，中华书局 1959 年，第 689 页。

作了全方位、深入的探讨。他说：

> 知应时，然后知对时育物。故于《无妄》也，“先王以茂对时育万物”。对时育物者，非稽古畜德之主则不能。故于《大畜》也，“君子以多识前言往行，以畜其德”。德莫大乎于养。故于《颐》也，“君子以慎言语、节饮食”。知自养，然后出处皆有以大过人。故于《大过》也，“君子以独立不惧、遁世无闷”。[①]

这里王安石通过对《无妄》《大畜》《颐》《大过》四卦的阐述，阐发了自己关于道德修养的主张。他认为君子只有“应时”才能“育万物”。通过“多识前言往行”，多领会前贤先哲的言论和行事，来培养和提高自己的道德学问；通过“慎言语，节饮食”，即说话要谨慎，防止祸从口出，饮食要有所节制，厉行节约，来增强个人的道德修养。而王安石对检验道德修养水平的标准就是“独立不惧，遁世无闷”，意思就是说君子应自觉地摈弃恶劣的行为，形成符合统治阶级立场的品行，自觉维护统治的稳定。从中我们不难看出王安石对个人道德修养的重视。

此外，金生杨先生在《王安石〈易解〉与〈孟子〉的关系刍议》一文中指出：“王安石多以孟子的思想来解《易》”[②]，例如王安石在《大人论》开篇便指出：“孟子曰：‘充实而有光辉之谓大，大而化之之谓圣，圣而不可知之之谓神。’夫此三者，皆圣人之名，而所以称之之不同者，所指异也。”这里王安石将孟子的思想纳入易学中来，并将易学中的义理之学的成分深化了。并且“王安石在《易解》中大量借鉴、吸收并发挥了孟子的思想，《易解》与

① 王安石：《临川先生文集》卷六十五《易象论解》，中华书局1959年，第689页。

② 金生杨：《王安石〈易解〉与〈孟子〉的关系刍议》，《四川师范学院学报》（哲学社会科学版）2002年第5期，第85页。

《孟子》的关系是密切的"[①]。众所周知,孟子所强调的正是德治和仁政。但王安石并非一味地继承孟子的思想,而是通过自己的理解,将孟子的思想融入自己解《易》的过程中,赋予其时代性,这种观点独到而新颖,极富创造性,为我们深入了解《周易》的德治理念提供了范例。

三、刚柔立本

《周易·系辞下》中说:"刚柔者,立本者也"。对此,《周易正义》解释为:"言刚柔之象,立在其卦之根本者也。言卦之根本,皆由刚柔阴阳往来。"[②]在中国古代,"阴阳"的观念产生甚早,但最初只是粗略用以划分自然界中的两种力量,如《国语·周语》说:"阳伏而不能出,阴迫而不能烝,于是有地震。"但《易传》诸篇对阴阳这两个范畴进行了形而上的演绎,并以之为基础,探讨宇宙万物的发生与演变,如《周易·系辞上》中说的"一阴一阳之谓道,继之者善也,成之者性也",就是很好的例证。张岱年先生曾说:"所谓阴阳,其实即表示正负。更发现一切变化皆起于正反之对立,对立乃变化之所以起,于是认为阴阳乃生物之本,万物未有之前,阴阳先有。更进而谓阴阳有未分之时,此阴阳未分之体,方是宇宙之究竟本根。"[③]而传统的易学正是以此阴阳学说为基础建立起来的。从形式上来看,阴阳二爻的交错相继构成了纷繁复杂的易学世界。其中,初、三、五爻为阳位,二、四、上爻为阴位,如果阳爻居阳位、阴爻居阴位,是为得正。同时《周易》不是单单强调阴阳之分,相反其更看重阴阳之合。虽然阴阳二者地位、作用各有不同,但绝对不是相互对立的关系。因为按照《周易》的观点,天地之道的维系、

① 金生杨:《王安石〈易解〉与〈孟子〉的关系刍议》,《四川师范学院学报》(哲学社会科学版)2002年第5期,第88页。

② 阮元校刻:《周易正义》卷八《系辞下》,《十三经注疏》,中华书局1980年影印本,第86页。

③ 张岱年:《张岱年全集》(第二卷),河北人民出版社1996年,第62页。

人类社会的发展从本根上来说在于“生”,“天地之大德曰生”[①],天地感应,男女匹配,万物化育,生机盎然,这才是《周易》所孜孜以求的和谐融洽的状态。而这种价值理念正是“刚柔立本”的逻辑终点。

王安石十分看重《周易》的这种阴阳和合之道,认为此是最高管理者所必须践履的一种理念,这在其《洪范传》一文中有过详细的探讨。《尚书·洪范》中有一段话为:“六,三德。一曰正直,二曰刚克,三曰柔克。平康正直,强弗友刚克,燮友柔克。沈潜刚克,高明柔克。惟辟作福,惟辟作威,惟辟玉食。臣无有作福作威玉食。臣之有作福作威玉食,其害于而家,凶于而国。人用侧颇僻,民用僭忒。”此段话孔颖达解释为君臣相处之道。他说:

> 此三德者,人君之德,张弛有三也。一曰正直,言能正人之曲使直。二曰刚克,言刚强而能立事。三曰柔克,言和柔而能治。既言人主有三德,又说随时而用之。平安之世,用正直治之。强御不顺之世,用刚能治之。和顺之世,用柔能治之。既言三德张弛,随时而用,又举天地之德,以喻君臣之交。地之德沉深而柔弱矣,而有刚,能出金石之物也。天之德高明刚强矣,而有柔,能顺阴阳之气也。以喻臣道虽柔,当执刚以正君;君道虽刚,当执柔以纳臣也。既言君臣之交,刚柔递用,更言君臣之分,贵贱有恒。惟君作福,得专赏人也。惟君作威,得专罚人也。惟君玉食,得备珍食也。为臣无得有作福作威玉食,言政当一统,权不可分也。臣之有作福作威玉食者,其必害于汝臣之家,凶于汝君之国,言将得罪丧家,且乱邦也。在位之人,用此大臣专权之故,其行侧颇僻。下民用在位颇僻之故,皆言不信,而行差错。[②]

---

① 阮元校刻:《周易正义》卷八《系辞下》,《十三经注疏》,中华书局 1980 年影印本,第 86 页。

② 阮元校刻:《尚书正义》卷第十二《周书·洪范第六》,《十三经注疏》,中华书局 1980 年影印本,第 190 页。

"洪范"二字,孔安国曾解释为:"洪,大。范,法也。言天地之大法。"[①]同样就君臣二者关系而论,此段想要探讨的是一种永恒的君臣秩序。其实单就表面来说,孔颖达所述已经十分详尽,所谓的"君臣之交"与"君臣之分"的归纳也可以说切中肯綮,然而在此问题上仍有进一步诠释的空间。就王安石的观点而言,其与孔氏之侧重点明显不同。王安石首先承继了孔颖达的思路,以君臣关系解释此段话,因此他也并没有对"刚""柔"作形而上的分析。他说:"'三德,一曰正直,二曰刚克,三曰柔克',何也？直而不正者有矣,以正正直乃所谓正也;曲而不直者有矣,以直正曲乃所谓直也。正直也者,变通以趋时,而未离刚柔之中者也。刚克也者,刚胜柔者也;柔克也者,柔胜刚者也。"又说:"'平康正直,强弗友刚克,燮友柔克',何也？燮者,和孰上之所为者也;友者,右助上之所为者。强者,弗柔从上之所为者也;弗友者,弗右助之所为者也。君君臣臣,适当各分,所谓正直也。若承之者,所谓柔克也;若威之者,所谓刚克也。盖先王用此三德,于一嚬一笑未尝或失,况以大施于庆赏刑威之际哉,故能为之其未有也,治之其未乱也。"[②]应当说至此为止,王安石所论是延续了孔颖达的观点。但接下来王安石笔锋一转,从最高管理者(君主)的角度讨论了一种刚柔相济的管理方式,他说:"'沈潜刚克,高明柔克',何也？言人君之用刚克也,沈潜之于内;其用柔克也,发见之于外。其用柔克也,抗之以高明;其用刚克也,养之以卑晦。沈潜之于内,所以制奸慝;发见之于外,所以昭忠善。抗之以高明,则虽柔过而不废;养之以卑晦,则虽刚过而不折。《易》曰:'道有变动,故曰爻;爻有等,故曰物;物相杂,故曰文;文不当,故吉凶生焉。'吉凶之生,岂在夫大哉？盖或一嚬一笑之间而已。"[③]可见,王安石在此对孔颖达的传统观点进

① 阮元校刻:《尚书正义》卷第十二《周书·洪范第六》,《十三经注疏》,中华书局 1980 年影印本,第 187 页。

② 王安石:《王文公文集》卷二十五《洪范传》,上海人民出版社 1974 年,第 288~289 页。

③ 同上,第 289 页。

行了修改，也就是说《洪范》此段并不是论述君臣关系，实际上只是阐发为君之道。作为封建国家的最高管理者，君主在处理与臣下的关系时，既要“沈潜之于内”，也要“发见之于外”，刚柔并用，随时而变，只有这样才能保证国家机器的正常运转。上文说过，《周易》中“刚柔立本”的价值理念最主要的特点就在于对刚柔之合、阴阳之合的推崇，所以这就要求对君主在具体实践中，不能恣意妄为，不顾情势，随心所欲。这不但是一种理性的管理思想，还是一种政治理念，正如余敦康先生所说：“《易传》所设想的社会政治秩序是一种君臣上下尊卑贵贱之分的等级秩序，但是这种等级秩序不是法家所设想的那样，建立在强制性的统治与服从的基础之上，而是由阴、阳两大对立势力各按其本性互相追求、彼此感应自愿组合而成的。”[①]

众所周知，有宋一代，士大夫的政治主体意识空前加强，程颐就曾提出过士大夫与皇帝共治天下的主张，王安石同样也有着传统儒家“致君尧舜上，再使风俗淳”的理想，其初见宋神宗，即劝谏皇帝以恢复三代之治为理想。所以，《周易》“刚柔立本”不仅是王安石政治思想的重要来源，也是其管理思想的重要组成部分。王安石将这种思想应用于管理的实践之中，为为政者提供了进行国家管理的方法，即为政者应具备正直的品质，在治理国家时能够做到刚柔并济、恩威并施。

四、变通趋时

在现代管理中，要把管理机构建成一个稳定、协调、有效率的系统，管理者必须做到变通趋时，根据外部环境的变化，全面收集环境变化的信息，掌握市场的动向，采取变通的方法，从而提出正确的对策。毋庸讳言，变通趋时是《周易》一贯倡导的重要思想。如《周易·系辞下》说：“变通者，

① 余敦康：《易学今昔》，广西师范大学出版社 2005 年，第 73 页。

趋时者也。”又说：“神农氏没，黄帝、尧、舜氏作，通其变，使民不倦，神而化之，使民宜之。《易》穷则变，变则通，通则久。是以自天祐之，吉无不利。”这就要求管理者在管理中树立变易观，根据不断变化的社会环境，把管理视为动态过程，充分认识系统内的各种联系，牢牢掌握弹性原则、联系原则、创新原则。此外，还应当把握好《周易》中所强调的“时”的含义，随时根据出现的新问题、新情况进行调控，修正错误，克服主观和客观的矛盾，使管理系统始终保持良好的循环。另外，《周易》在强调变化的同时，又认为这个变化是有规律的，要求管理者在管理活动中遵循管理方法、规律，保持政策的连续性和一致性，不能朝令夕改。这些《周易》的管理哲学主要侧重于管理的权变思想，同时也兼顾了管理中对客观规律的遵循。王安石继承了《周易》的这种思想，并对其作出了新的解释：

> 为网罟，为耒耜，为舟楫，为杵臼，为弧矢，为宫室，为棺椁，服牛乘马，重门击柝，以一圣人之材足以兼此。而一一皆具之，必至于五六圣人，数世而后备者，何也？曰：夫圣人也者，因物之变而通之者也。物之所未厌，圣人不强去；物之所未安，圣人不强行。故曰“通其变，使民不倦”。①
>
> 执久则释，视久则瞬，事久则弊，不更则斁。故通其变者，“使民不倦”而已；因其所利，变而不见其迹，“使民宜之”而已。②

这里王安石强调了变通趋时的重要性。他首先从社会变革的角度，探讨了人类社会漫长的发展历史，然后论述社会的变革不是以个人的意志为转移的，社会的发展是建立在不断变革的基础上的，即使是圣人也不能

---

① 王安石：《易解》，《王安石全集》第一册，复旦大学出版社2016年，第135页。

② 李衡：《周易义海撮要》卷八，《景印文渊阁四库全书》第13册，台湾商务印书馆1986年影印本，第556页。

改变这一点。为此为政者必须因势利导,积极推动社会变革的进行,让人民感受到变革带来的利益。

此外,王安石在《夫子贤于尧舜》一文中,进一步解说了《周易·系辞下》"通其变,使民不倦"的深层含义:"昔者道发乎伏羲,而成于尧、舜,继而大之于禹、汤、文、武。此数人者,皆居天子之位,而使天子之道浸明浸备者也;而又有在下而继之者焉,伊尹、伯夷、柳下惠、孔子是也。夫伏羲既发之也,而其法未成,至于尧而后成焉。尧虽能成圣人之法,未若孔子之备也。夫以圣人之盛,用一人之知,足以备天下之法,而必待至于孔子者何哉?盖圣人之心不求有为于天下,待天下之变至焉,然后吾因其变而制之法耳。至孔子之时,天下之变备矣,故圣人之法亦自是而后备也。《易》曰:'通其变,使民不倦。'此之谓也。"[①]这里王安石强调,变法改革必须具备一定的条件,条件成熟与否直接关系着变革能否成功。而王安石认为变法改革的前提条件是君主对变法改革的支持,即任何改革都必须在君主的名义下进行。

而对于变法改革如何进行具体的运作,王安石也表达了自己的想法。他说:"夫以今之世,去先王之世远,所遭之变、所遇之势不一,而欲一二修先王之政,虽甚愚者,犹知其难也。然臣以谓今之失,患在不法先王之政者,以谓当法其意而已。夫二帝三王相去盖千有余载,一治一乱,其盛衰之时具矣。其所遭之变、所遇之势亦各不同,其施设之方亦皆殊,而其为天下国家之意、本末先后,未尝不同也,臣故曰当法其意而已。法其意,则吾所改易更革,不至于倾骇天下之耳目、嚣天下之口,而固已合乎先王之政矣。"[②]这段话中王安石指出,随着时代的变化和所遭遇社会形势的不同,前朝的法律规范已经不能完全适用于现在的形势。因此为政者不能一味地效法先人,应该实事求是,紧跟时代的变化,变更治国的方法。他还认为

① 王安石:《王文公文集》卷二十八《夫子贤于尧舜》,上海人民出版社 1974 年,第 323 页。

② 王安石:《王文公文集》卷一《上皇帝万言书》,上海人民出版社 1974 年,第 2 页。

变法应该“发先王之意”，尽量避免“倾骇天下之耳目、嚣天下之口”的主张。这里所谓的“倾骇天下之耳目、嚣天下之口”，就是指变法改革中出现矛盾、争议和阻挠是不可避免的，这就要求为政者要在效法先人的旗帜下，广泛听取不同的声音，不能过多地激化矛盾。

与此同时，对于社会道德和社会规范方面的改革，王安石认为没有绝对不变的道德，也没有绝对不变的规范，古今之礼、古今之义因时代的变化而各不相同。他在《非礼之礼》一文中说：

> 古之人以是为礼，而吾今必由之，是未必合于古之礼也；古之人以是为义，而吾今必由之，是未必合于古之义也。夫天下之事其为变，岂一乎哉！固有迹同而实异者矣。
>
> 今之人諰諰然求合于其迹，而不知权时之变，是则所同者古人之迹而所异者其实也。事同于古人之迹而异于其实，则其为天下之害莫大矣。此圣人所以贵乎权时之变者也。孟子曰：“非礼之礼，非义之义，大人不为。”盖所谓迹同而实异者也。夫君之可爱而臣之不可以犯上，盖夫莫大之义而万世不可以易者也。桀纣为不善而汤武放弑之，而天下不以为不义也。盖知向所谓义者义之常，而汤武之事有所变，而吾欲守其故，其为蔽一而其为天下之患同矣。使汤武暗于君臣之常义而不达于时事之权变，则岂所谓汤武哉！[①]

从中我们不难看出，王安石全盘接受了《周易》中的变革思想，并将这种变通趋时的主张作为其变法改革中强有力的思想武器。在这里王安石指出，古人之礼、古人之义都是根据他们所处时代的实际情况而制定的，即使当时非常完善，但随着时间的推移和时代的变化，也难免会出现疏漏

① 王安石：《王文公文集》卷二十八《非礼之礼》，上海人民出版社 1974 年，第 323~324 页。

和缺失，一味地拘泥于古人之礼和古人之义，不思进取、不思变革是不可取的。由此可见，《周易》的变革思想对王安石进行变法改革的影响是不可小觑的，它为王安石的变法改革的政治主张提供了依据和广阔的思维空间。

五、仁以守位

《周易·系辞下》曰："天地之大德曰生，圣人之大宝曰位。何以守位曰仁，何以聚人曰财。"这里的"仁"即仁爱忠厚之心，容民畜众，尚贤养贤。在管理学中，管理者在管理活动中必须重视人才的作用。管理者必须能够发现、选拔人才，合理组织、使用和管理人才，使人尽其才、才尽其用。同时协调人才内部与外部之间的相互关系，最充分地发挥人才的智慧和才干。《周易》非常重视人才的作用，在《周易》一书中有很多体现尚贤养贤思想的语句。例如，《周易·大畜·彖》中说："大畜，刚健笃实，辉光日新。其德刚上而尚贤，能止健，大正也。"《周易·颐·彖》中也说："颐贞吉，养正则吉也。观颐，观其所养也。自求口实，观其自养也。天地养万物，圣人养贤以及万民。颐之时大矣哉！"此外，在《周易·系辞上》中也有所涉及，如"《易》曰：'自天祐之，吉无不利。'子曰：'祐者，助也。天之所助者，顺也；人之所助者，信也；履信、思乎顺，又以尚贤也。是以"自天祐之，吉无不利"也。'"

王安石受到《周易》人才观的影响，非常注重人才的作用，也非常重视人才的培养和任用。对于人才应该具备的品质，王安石有他自己的认识。在《致一论》一文中，王安石则发挥《周易》的"致一"之理，对人才的品质进行了探讨，强调所谓君子必须是注重安身、崇德、致用的一致性的人。他说：

夫身安德崇，而又能致用于天下，则事业可谓备也。事业备而神有未穷者，则又当学以穷神焉。能穷神，则知微知彰，知柔知刚。夫于微彰、刚柔之际皆有以知之，则道何以复加哉？圣人知道，至于是而已也。且以颜子之贤而未知足以及之，则岂非道之至乎？圣人之学至于此，则其视天下之理，皆致乎一矣。天下之理皆致乎一，则莫能以惑其心也。故孔子取《损》之辞，以明致一之道曰："三人行，则损一人；一人行，则得其友也。"夫危以动，惧以语者，岂有他哉，不能致一以精天下之理故也。故孔子举《益》之辞以戒曰："立心勿恒，凶。"勿恒者，盖不一也。[①]

此外在杨倩描先生整理的《荆公易解钩沉》中列举了许多王安石提出的君子如何修养和处世的原则。例如，

《蹇·彖》曰：蹇，难也，险在前也。见险而能止，至矣哉！蹇利西南，往得中也；不利东北，其道穷也。利见大人，往有功也。当位贞吉，以正邦也。蹇之时大矣哉！

王安石释曰：见险而止，未必能安而乐之，智者之所及也。困之材则险以说。困而不失其所，亨能安而乐之也。故曰：其为君子乎？君子则具仁智也。

《否·彖》曰：否之匪人，不利君子贞。大往小来，则是天地不交而万物不通也，上下不交而天下无邦也。内阴而外阳，内柔而外刚，内小人而外君子，小人道长，君子道消也。

王安石释曰：否之者，匪人也，天也。故君子遇此则俭德避难而不忧也，乐天而已矣。孔子曰："道之将废也与？命也。"孟子曰："予之不遇鲁侯，天也。"与否之象合矣。匪人非为致否，言为君子遇否者言也。[②]

① 王安石：《王文公文集》卷二十九《致一论》，上海人民出版社 1974 年，第 340~341 页。

② 杨倩描：《王安石易学研究》，河北大学出版社 2006 年，第 189~190 页。

这些解说，都是王安石结合宋代政治和自己对政治的体悟有感而发。但是王安石对人才观的阐发并不仅限于此。王安石极其重视人才的作用，在《兴贤》一文中，他指出："国以任贤使能而兴，弃贤专己而衰。此二者也，必然之势。古今之通义，流俗所共知耳。"[①]嘉祐三年(1058)，王安石入京出任主管经济事务的三司度支判官，不久，便向宋仁宗上疏了《上皇帝万言书》，王安石在《上皇帝万言书》中，以振聋发聩之势，系统地提出了自己的改革主张，这些举措都可以在其早期的易学作品中找到理论的解释。王安石在《上皇帝万言书》中就如何改革国家的人才机制提出了自己的见解。他提出了"教之""养之""取之""任之"的任官之道，要求科举考试时重管理能力的考核，轻诗赋章句之学；用"高薪养廉"的办法，使官吏尽忠；用考察才干的办法选拔官员并使之有用武之地，发挥官员的专长。王安石认为，"教之""养之""取之""任之"这四个步骤缺一不可，他说："夫教之、养之、取之、任之，有一非其道，则足以败乱天下之人才，又况兼此四者而有之？则在位不才、苟简、贪鄙之人，至于不可胜数，而草野闾巷之间，亦少可任之才，固不足怪。诗曰：'国虽靡止，或圣或否。民虽靡膴，或哲或谋，或肃或艾。如彼泉流，无沦胥以败。'此之谓也。"[②]

王安石具体分析了当时的社会问题的症结就是任官无道。他和其他朝臣众口一词要求去冗官、节费用的见解不同，认为国家的财政困难，"殆以理财未得其道"。他说："因天下之力以生天下之财，取天下之财以供天下之费，自古治世未尝以不足为天下之公患也。患在治财无其道耳。"[③]为什么理财无道呢？王安石的回答是官吏不得人，患在不知法度。他认为："方今之急，在于人才而已"，如果能选贤能、任其才，"变更天下之弊法"，则可成"治世"。

---

① 王安石：《王文公文集》卷三十二《兴贤》，上海人民出版社1974年，第376页。

② 王安石：《王文公文集》卷一《上皇帝万言书》，上海人民出版社1974年，第12页。

③ 同上，第9页。

“教之之道”其实就是王安石的教育措施和方针。教育是造就人才的基本途径和手段，而学校就是培养人才的基地。王安石特别强调学校教育对人才培养的重要作用，他把人才的培养与教育密切联系在一起，认为首先必须通过创办学校，来培养支持有志于变法的优秀人才。他分析了当时学校存在的弊病，指出虽然州县都设有学校，但实际上却是名存实亡；虽然太学也有进行教导的官员，却不是通过严格筛选而得来的；虽然教学内容是“教之以课试之文章”，但只是“讲说章句而已”，不涉及社会政治、经济、军事的实际管理和改革等内容，没有实际用处。王安石认为，这种培养人才的方式，根本就不是在育才，而是在毁才。因此王安石打破常规，提出教之之道，实行了一系列新的学习内容和学校管理制度。在变法期间，王安石大力改革科举，整顿学校，扩充学生名额，制定了严格的升迁制度，为国家培养了许多优秀的人才。

“养之之道”指的是如何培养人才的思想品质。“养之之道”包括互相联系的三个方面，即“饶之以财，约之以礼，裁之以法”[①]。其中“饶之以财”就是通过增加官员的俸禄，使官员有足够的收入维持生活。王安石认为官员之所以贪鄙苟得、无所不至，就在于财用不足，为此必须增加官员的俸禄。王安石制定“饶”的基本原则就是官升一级，俸禄也应该相应地增加，做到“养廉耻而离于贪鄙之行”。“约之以礼”就是对官员制度的约束和礼仪的教育。“裁之以法”指的是对那些贪污腐化、为非作歹，违犯国家的制度和法令的官员进行制裁。总之，“养之之道” 就是通过德治与法治相结合，防止官员违犯国家法令的一系列积极措施。

“取之之道”指的是选拔人才的方针政策。王安石认为，首先要选拔人才首先要善于发掘人才，其次必须改革落后的选官制度，最后必须改革科举制度。王安石在选拔人才时坚持考察“德、行、才、言”四个方面。他说：

① 王安石：《王文公文集》卷一《上皇帝万言书》，上海人民出版社 1974 年，第 12 页。

"欲审知其德,问以行;欲审知其才,问以言。得其言行,则试之以事。所谓察之者,试之以事是也。"[①]意思就是说,选拔人才不仅要看言行还要看实际的工作能力,要任人唯贤,唯才是举。

"任之之道"就是王安石使用人才的方针。王安石认为人才分为不同的类型和层次,要使用恰当,使其能行其意,显其能。他说:"人之才德,高下厚薄不同,其所任有宜有不宜。先王知其如此,故知农者以为后稷,知工者以为共工。其德厚而才高者以为之长,德薄而才下者以为之佐属。"[②]意思就是说,要按照每个人德才的高低,分配不同的职位,德才高的做主管官,德才小的做从属官。此外王安石还认为官员在职的时间要相对稳定,不能频繁调动。只有这样,官员才能有充足的时间熟悉自己的工作,从而做出成绩。即"又以久于其职,则上狃习而知其事,下服驯而安其教,贤者则其功可以至于成,不肖者则其罪可以至于著,故久其任而待之以考绩之法"[③]。

然而,王安石的这封《上皇帝万言书》并没有引起暮气沉沉的宋仁宗及当政大臣们的注意,而是如石沉大海一般,没能产生任何的政治反响。这对王安石的打击无疑是巨大的。正如上文所说,王安石深受易学思想影响,于是,他在解释《井卦·九三》时说:"《井》之道无求也,以不求求之而已。"这个"而已"表达了他无可奈何的惆怅之感,也表明了他的一种反思:只要君王有强烈的改革意愿,即使有主持改革才能的人不去求他,他也会主动重用这种臣子。正是因为有了这样的思想,所以王安石在进献《上皇帝万言书》之后,直到神宗即位的七年间,在政治上一直保持低调。尽管如此,《上皇帝万言书》仍标志着王安石改革路线的形成,其为整顿官僚体制而提出的人才培养模式也适应了之后的变法要求。

---

① 王安石:《王文公文集》卷一《上皇帝万言书》,上海人民出版社 1974 年,第 5 页。

② 王安石:《王文公文集》卷一《上皇帝万言书》,上海人民出版社 1974 年,第 12 页。

③ 同上。

第三节 《易》与二程洛学

程颢，字伯淳，生于宋仁宗明道元年(1032)，卒于宋神宗元丰八年(1085)，世称明道先生；程颐，字正叔，生于宋仁宗明道二年(1033)，卒于宋徽宗大观元年(1107)，世称伊川先生。程颢、程颐并称“二程”，由于他们长时间在洛阳讲学，故传统上称其学派为“洛学”。作为“理学”的创始人，二程兄弟思想体系博大精深，基本涉及了当时知识分子所关注的任何一个领域，对宋代乃至整个古代思想文化都产生了巨大的影响。在流传至今的二程语录及其各类著述中，相当大的一部分关乎易学。而且，二程与彼时一流易学名家间“以《易》会友”的事例亦屡见不鲜。如，“横渠昔在京师，坐虎皮说《周易》，听从甚众。一夕，二程先生至，论《易》。次日，横渠撤去虎皮，曰：吾平日为诸生说者皆乱道，有二程近到，深明易道，吾所弗及，汝辈可师之。横渠乃归陕西。”[①]此事发生在仁宗嘉祐元年(1056)，是年程颢25岁，程颐24岁，张载的评价或许有夸大之嫌，但其本质上透露出了洛学与关学以易学为途径所展开的交流。又如，“尧夫《易》数甚精。……明道闻说甚熟，一日因监试无事，以其说推算之，皆合，出谓尧夫曰：‘尧夫之数，只是加一倍法，以此知《太玄》都不济事。’尧夫惊抚其背，曰：‘大哥你恁聪明！’伊川谓尧夫：‘知《易》数为知天？知《易》理为知天？’尧夫云：‘须还知《易》理为知天。’因说今年雷起甚处。伊川云：‘尧夫怎知某便知？’又问甚处起？伊川云：‘起处起。’尧夫愕然。他日，伊川问明道曰：‘加倍之数如何？’曰：‘都忘之矣。’因叹其心无偏系如此。”[②]邵雍的象数易学历来“能

① 程颢、程颐：《河南程氏外书》卷十二《和靖语录》，《二程集》，中华书局2004年，第436~437页。

② 同上，第428页。

明其理者甚鲜,故世人卒莫穷其作用之所以然”,但二程兄弟却深知其道,并以自己的学派宗旨提出不同的看法。可以说,易学是二程嘤鸣于士林之间的一个重要手段。不仅如此,在洛学谱系中,重视易学更为一以贯之的内容,“北宋易学的流行,当归功于程门弟子及其后学。程门大弟子游酢、尹焞、郭忠孝及其子郭雍等,皆以传程氏易闻名于当时”①。故所谓“先生以《易传》授门人”②,虽是程颐之举,但无疑却是全面探究洛学精神、信仰与知识的不二法门。此外,需要强调一点,虽说程氏兄弟二人的思想间存在一定差距,学者也认为其在一定程度上开启了日后理学、心学二途,但在其自身以及弟子眼中,“大程子”与“小程子”间并无旨趣上的差别,今语录中数量众多的“二先生语”,其本质上即反映出了程颢、程颐思想之“同”大于思想之“异”的情况。故下文是从一个统一的视角论述《周易》与洛学的关系。

一、易学与二程的天人之学

众所周知,《周易》一书原为卜筮之用,其宗教巫术的色彩甚浓。但春秋末年,在孔子以及诸国史官的努力下,《周易》开始成为宣扬道德训教和阐释天道规律的工具,易学开始向着抽象化与哲理化的方向迅速发展。而战国中后期,“著名的《易传》诸篇陆续问世,从而建立起一个以阴阳学说为主要内容,以《易经》的框架结构为外在形式的思想体系”③。《易传》诸篇的先后问世,不仅使《周易》的面貌有了脱胎换骨的改变,更进一步奠定了此后易学研究的基调,即不管是象数派还是义理派,其最终目的都是希望建立一个贯通天、地、人“三才”之道的思辨体系,为现实政治生活服务。即

① 朱伯崑:《易学哲学史》(中册),北京大学出版社 1988 年,第 326 页。

② 程颢、程颐:《河南程氏遗书》附录《祭文》,《二程集》,中华书局 2004 年,第 348 页。

③ 张涛:《秦汉易学思想研究》,中华书局 2005 年,第 1 页。

使是强调《周易》本为卜筮之书的朱熹，其易学研究也是在此目的上展开的。他说道："先天下而开其物，后天下而成其务。是故极其数以定天下之象，著其象以定天下之吉凶。六十四卦、三百八十四爻，皆所以顺性命之理，尽变化之道也。"[①]与《易传》的观点相比，程颐最大的不同在于他以其理学思想体系中的理本论为出发点，对传统易学中的天人之学作出了新的诠释。形象地说，这是一个往旧瓶中装新酒的过程。二程承继的是由《易传》所开启的思维方式和价值理念，而增添的是在理学背景下具有丰富内涵的概念范畴。具体而言，《周易》十分提倡把"天道""地道""人道"视为一体的做法，并认为由此而得出的经验教训不但是现实生活的真实反映，更可以直接指导人们的社会生活实践。二程对此观点无疑是赞同的，如程颐在解释《乾卦·彖传》"大明终始，六位时成，时乘六龙以御天"时说："天道运行，生育万物也。大明天道之终始，则见卦之六位，各以时成。卦之初终，乃天道终始。乘此六爻之时，乃天运也。以御天，谓以当天运。"[②]明确将《乾》卦之六爻视为天道规律之表现。之后，在对《乾卦·文言传》"时乘六龙，以御天也。云行雨施，天下平也"进行解释时又说："乘六爻之时以当天运，则天之功用著矣。故见云行雨施，阴阳溥畅，天下和平之道也。"[③]也就是说，践履六爻之道，仿效天道之功用，就可以实现"云行雨施，阴阳溥畅，天下和平"的盛况。此外，他更进一步，在天、地、人之道上加了一个最高范畴，那就是"理"。众所周知，在程颐与其兄程颢所创立的思想体系中，"理"这一概念范畴不仅占据着至关重要的地位，也是其理论思想有别于他者的基本特征。将"理"视为易学的终极范畴并由此解读《周易》、探寻易道，是程颐《易传》的最大特点。他曾说："易是个甚？易又不只是这一部书，是

① 朱熹：《序》，《周易本义》，中华书局2009年，第1页。

② 程颢、程颐：《周易程氏传》卷一《周易上·经上·乾》，《二程集》，中华书局2004年，第697页。

③ 同上，第704页。

易之道也。不要将易又是一个事，即事尽天理，便是易也。”[①]即所谓“尽天理，斯谓之《易》”[②]。作为宋学的代表人物，二程对汉儒所惯用的训诂之法一直持批评的态度。他更看重的是义理的发挥，关注的是如何以易之“理”（易之“道”）在现实生活中维持儒家名教的运行。皮锡瑞就曾评论说：“程子于《易》颇推王弼，然其说理非弼所及，且不杂以老氏之旨，尤为醇正。顾炎武谓见《易》说数十家，未见有过于程《传》者，以其说理为最精也。”[③]因此，四库馆臣将其归为义理派易学中的“儒理宗”甚为恰当。在理学家程氏兄弟的眼中，易之理是一个至为广大、无所不包的东西，对天道规律的探寻自然也应当在探寻“理”的基础上进行。

如上所言，《周易》对中国古代的天人理论影响甚大，在漫长的历史过程中逐渐形成了一个庞杂的思想体系。其中，何为“天”是必须首先考虑的问题。对此，不同时期的易学家往往有着不同的解释。就二程而言，作为当时一流的思想家，其思想无疑具有相当大的独创性，所谓“自予兄弟倡明道学，世方惊疑”[④]，这在对天道的阐发上也是如此。在对《乾》卦“元，亨，利，贞”的解释中，程颐就何为“天”作了一番十分详细的论述。他说：“夫天，专言之则道也，天且弗违是也；分而言之，则以形体谓之天，以主宰谓之帝，以功用谓之鬼神，以妙用谓之神，以性情谓之乾。”[⑤]在这里，程颐没有延续汉儒的理论，把“天”描绘成人格化的上帝，当然也没有将“天”看作独立于人类社会之外的客观自然物，而是将其视为“道”的一个组成部分，即“形体”。从易学史上看，此观点并不始于程颐。《周易正义》对此就讨论过：“此既象天，何不谓之天，而谓之‘乾’者？天者定体之名，‘乾’者体用之称。

---

① 程颢、程颐：《河南程氏遗书》卷二上《二先生语二》，《二程集》，中华书局2004年，第31页。

② 程颢、程颐：《河南程氏粹言》卷一《论书篇》，《二程集》，中华书局2004年，第1207页。

③ 皮锡瑞：《易经》卷十七《论宋人图书之学亦出于汉人而不足据》，《经学通论》，中华书局2015年，第160页。

④ 程颢、程颐：《河南程氏文集》卷十一《祭李端伯文》，《二程集》，中华书局2004年，第643页。

⑤ 程颢、程颐：《周易程氏传》卷一《周易上·经上·乾》，《二程集》，中华书局2004年，第695页。

故《说卦》云：'乾，健也。'言天之体，以健为用。圣人作《易》本以教人，欲使人法天之用，不法天之体，故名'乾'，不名天也。"[①]程颐的老师胡瑗又更进一步说："且天之形，象人之体魄也；天之用，象人之精神也。使寒暑以成，日月以明，万物以生，此天之健用也。若人之有耳、目、口、鼻、四体，是其形也，其口言、鼻嗅、目视、耳听、手足四体之运，此其用也。"[②]如果只从表面看，程颐在此问题上是接续了孔颖达、胡瑗等人的思路，将"天""乾"这两个概念加以区分，从不同的角度予以解释。但前文说过，程颐不但是易学大师，而且是程朱理学的重要奠基人，其易学思想有着理学的鲜明印迹。回到程颐此论，我们可以发现在这短短的几句之中，出现了"天""道""帝""鬼神""乾"等诸多易学范畴，这些范畴的理解对认识天道规律起着重要作用，但它们彼此并不是平行的关系，正所谓"专言之"为"道"，"分而言之"才为"天""帝""鬼神""乾"。很显然，想要把握天道规律，"天"不再是一个关键范畴，"道"才是核心之所在。而这"道"，也就是"理"。固然，在理学体系中，"道"与"理"有时并不是完全一致的概念，"道与理大概只是一件物，然析为二字，亦须有分别。道是就人所通行上立字。与理对说，则道字较宽，理字较实，理有确然不易底意。故万古通行者，道也；万古不易者，理也"[③]。但就《易传》中的内容而论，"道""理"二字可视为同一范畴，程颐往往将其用于对"天"的解释之中。如他说："天之法则谓天道也。"[④]又说："理当然者天也。"[⑤]天道规律是从属于"理"或者"道"的，而"理"或"道"具体到《周易》这部经典之中，就是所谓的"易"。在传统易学中，"易"是一个十分重要的概念，何为"易"是任何一部易学著作都无法回避的问题。自然，为

① 阮元校刻：《周易正义》卷一《乾》，《十三经注疏》，中华书局1980年影印本，第13页。

② 胡瑗：《周易口义》卷一《乾》，《十八名家解〈周易〉》(第5辑)，长春出版社2009年，第264页。

③ 陈淳：《北溪字义》卷下《道、理》，中华书局1983年，第41~42页。

④ 程颢、程颐：《周易程氏传》卷一《周易上·经上·乾》，《二程集》，中华书局2004年，第703页。

⑤ 同上，第757页。

此提出的解释也是五花八门。其中最著名的莫过于《易纬·乾凿度》中那句精彩的论述:“《易》一名而含三义,所谓易也,变易也,不易也。”但这仅是就“易”不同的特性而论,并不是从本体论或宇宙论的角度展开的。在程颐之前,王弼、孔颖达诸人都曾对此问题进行过形而上的解释,王弼解《易》以无为本,将易道纳入玄学的思想体系中;孔颖达试图修正王弼之说,提出“盖《易》之三义,唯在于有,然有从无出,理则包无”[①]的观点,但就整体思想体系而言,终究没能摆脱王弼易学的影响。而程颐在撰写《易传》时,其理学思想已初步形成,所以将“理”视为其易学的最高范畴,探寻何为“易”就是探寻何为“理”。虽然作为一部解经之作,程颐《易传》无法离开文本做毫无根据的阐发,但这并不妨碍其在撰写《易传》的过程中,以“理”解“易”,以“道”释“易”。

二、易学与二程的工夫论

程颢说:

学者须先识仁。仁者,浑然与物同体。义、礼、知、信皆仁也。识得此理,以诚敬存之而已,不须防检,不须穷索。若心懈则有防,心苟不懈,何防之有?理有未得,故须穷索。存久自明,安待穷索?此道与物无对,大不足以名之,天地之用皆我之用。孟子言《万物皆备于我》,须反身而诚,乃为大乐。若反身未诚,则犹是二物有对,以己合彼,终未有之,又安得乐?《订顽》意思,乃备言此体。以此意存之,更有何事?“必有事焉而勿正,心勿忘,勿助长”,未尝致纤毫之力,此其存之之道。若存得,便合有得。盖良知良能元不丧失,以昔日习心未除,却须

① 阮元校刻:《周易正义》卷首《论三易之名》,《十三经注疏》,中华书局1980年影印本,第8页。

存习此心，久则可夺旧习。此理至约，惟患不能守。既能体之而乐，亦不患不能守也。[①]

此段即为宋明理学家所津津乐道的《识仁篇》。程颢于此除了提出心体不分内外、不论物我的观点外，也提出了以“诚”“敬”为涵养之手段。在理学思想中，“诚”“敬”是两个不同层面上的概念，所谓“诚字与忠信字极相近”，“诚与敬字不相关，恭与敬字却相关”。[②]钱穆先生对此曾说过：“惟依字面看，诚字偏于体段方面者多，敬字偏于工夫方面者多。故程门言存心工夫，尤多用敬字。”[③]前文说过，程颐由“中”致“和”的心灵和谐理念是建立在工夫论的视角之上的，故其所述所论莫不偏重具体实践，虽然“敬”也是有着丰富内涵的一个范畴，但其终究没有上升为一个形而上的哲学理论，要了解程颐《易传》的心灵和谐之法，首先应当由“敬”字入手。

“敬”是程氏兄弟理学思想的一个重要组成部分，学界对此所论甚多。如陈来先生曾对二程“敬”的思想进行了比较，他说：“大体说来，程颢以诚与敬并提，他说的敬接近于诚的意义，同时他十分强调敬的修养必须把握一个限度，不应伤害心境的自在和乐。程颐则不遗余力地强调敬，他所谓敬的主要内容是整齐严肃与主一无适，要求人在外在的容貌举止与内在的思虑情感两方面同时约束自己。”[④]其实，诚如陈淳在《北溪字义》中所说的那样：“敬字本是个虚字，与畏惧等字相似，今把做实工夫，主意重了，似个实物事一般。”因此，与其说“敬”是一个抽象性的概念，倒不如说是一个以实践为主要目的的方法论。《周易·坤卦·文言传》中说：“君子敬以直内，义以方外，敬义立而德不孤。”程颐对此的解释是：“君子主敬以直其内，守

① 程颢、程颐：《河南程氏遗书》卷二上《二先生语二》，《二程集》，中华书局2004年，第16~17页。

② 陈淳：《北溪字义》卷上《诚敬》，中华书局1983年，第32~35页。

③ 钱穆：《中国学术思想史论丛》（五），生活·读书·新知三联书店2009年，第121页。

④ 陈来：《宋明理学》（第二版），华东师范大学出版社2004年，第81页。

义以方其外。敬立而内直，义形而外方。义形于外，非在外也。敬义既立，其德盛矣，不期大而大矣，德不孤也。”[①]此处的“不期大而大矣”与程颐在解释《谦卦》时所说的“中心所自得也，非勉为之也”应为同一思路，即倡导一种率性而为、不加矫饰的精神状态，只不过在阐释《坤卦·文言传》时程颐进一步提出了具体的方法，概而言之就是“主敬以直其内，守义以方其外”。单纯从易学的角度来看，程颐《易传》对“敬以直内，义以方外”的阐发基本上延续了孔颖达、胡瑗等人之论。孔颖达对此的解释是：“‘君子敬以直内’者，覆释‘直其正’也。言君子用敬以直内，内谓心也，用此恭敬以直内理。‘义以方外’者，用此义事，以方正外物，言君子法地正直而生万物，皆得所宜，各以方正，然即前云‘直其正也，方其义也’。”[②]

胡瑗的解释则更加详细，他说：“‘君子敬以直内’者，凡人有忿怒之气，皆出于心之不敬，故君子之人既执于内，则必济之以恭敬也。以之事君而能恭敬其颜色，内有执直不回之心，则反复之间皆合于道也。‘义以方外’者，夫君子外有廉隅方正而立，则邪不能入，然而所行又能合其宜，则于事无不通济也。夫直而不敬则伤于讦，方正而不得其宜则伤于愎，故君子直则必敬于内，方则必合于外也。”[③]作为义理派易学的三部代表作，《周易正义》《周易口义》、程氏《易传》之间有着较为清晰的承继关系。就“敬以直内，义以方外”而论，程颐的解释似乎并没有超出孔、胡二人所论之范围。如果考虑到程颐理学奠基人的身份，就会发现其所论较孔颖达与胡瑗要深刻得多。具体而言，程颐认为《坤卦·文言传》此句是在总结一种内心涵养之法，因此不管是“主敬”，还是“守义”，都是主观之事，其落脚点并不在于客观的外部世界，故程颐说“义形于外，非在外也”。此外，更为重要的是“主敬”与“守义”二者之间相辅相成的关系。上文提到，陈来先生将程颐

① 程颢、程颐：《周易程氏传》卷一《周易上·经上·坤》，《二程集》，中华书局2004年，第712页。

② 阮元校刻：《周易正义》卷一《坤·文言》，《十三经注疏》，中华书局1980年影印本，第19页。

③ 胡瑗：《周易口义》卷一《坤》，《十八名家解〈周易〉》（第5辑），长春出版社2009年，第280页。

“敬”的思想概括为“整齐严肃”与“主一无适”两大方面。其实,这两个方面的内容都可以在程颐对“敬以直内,义以方外”的解释中找出端倪。从“主一无适”来看。程颐说:“所谓敬者,主一之谓敬。所谓一者,无适之谓一。”[①]又说:“《易》所谓‘敬以直内,义以方外’,须是直内,乃是主一之义。”[②]这就是说,敬字的基本精神可以精炼为“主一无适”,同样此也是《坤卦·文言传》中“敬以直内”所要表达的含义。就形式而论,程颐所说的“主一无适”也是心理层面的一种涵养实践,这与佛教尤其是禅宗的修习方法非常近似。程颐认为后学会产生这种疑惑是对敬字内涵的误解,尤其是与“静”字的混淆,因此当有人问:“敬莫是静否?”时,程颐回答道:“才说静便入于释氏之说也。不用静字,只用敬字。才说静字,便是忘也。”[③]可见敬字的“主一无适”是不同于佛家的空虚寂灭的,因为“敬”首先是一个儒家的理论,其逻辑起点是历代儒生勇于经世的价值观,对此程颐所论甚详:

(苏季明)曰:“静时自有一般气象,及至接事时又自别,何也?”曰:“善观者不如此,却于喜怒哀乐已发之际观之。贤且说静时如何?”曰:“谓之无物则不可,然自有知觉处。”曰:“既有知觉,却是动也,怎生言静?人说‘复其见天地之心’,皆以谓至静能见天地之心,非也。《复》之卦下面一画,便是动也,安得谓之静?自古儒者皆言静见天地之心,唯某言动而见天地之心。”或曰:“莫是于动上求静否?”曰:“固是,然最难。释氏多言定,圣人便言止。且如物之好,须道是好;物之恶,须道是恶。物自好恶,关我这里甚事?若说道我只是定,更无所为,然物之好恶,亦自在里。故圣人只言止。所谓止,如人君止于仁,人臣止于敬之类是也。《易》之《艮》言止之义曰:‘艮其止,止其所也。’言随

① 程颢、程颐:《河南程氏遗书》卷十五《入门语录》,《二程集》,中华书局2004年,第169页。
② 同上。
③ 程颢、程颐:《河南程氏遗书》卷十八《刘元承手编》,《二程集》,中华书局2004年,第189页。

其所止而止之，人多不能止。盖人万物皆备，遇事时各因其心之所重者，更互而出，才见得这事重，便有这事出。若能物各付物，便自不出来也。”或曰：“先生于喜怒哀乐未发之前下动字，下静字？”曰：“谓之静则可，然静中须有物始得，这里便是难处。学者莫若且先理会得敬，能敬则自知此矣。”①

此处有两点值得注意：一是程颐对《复卦》的解释。《周易·复卦·彖传》中说：“复，其见天地之心乎！”荀爽的解释是：“《复》者，冬至之卦。阳起初九，为‘天地心’，万物所始，吉凶之先，故曰‘见天地之心’矣。”②清代李道平进一步分析道：“《乾坤彖传》曰‘大哉《乾》元’，‘至哉《坤》元’，‘《乾》元’即‘《坤》元’，‘天心’即‘地心’也。冬至之时，阴气已极，一阳复生，天心动于地中，故云‘阳起初九，为天地心’。‘天地之心’即天地之元，‘万物资始’于《乾》元，故云‘万物所始’。震为‘动’，‘几者动之微，吉之先见者也’，故云‘吉凶之先’。盖在《乾》《坤》则为元，在天地则为心。而其端倪，实于《复》之初阳见之，故曰‘见天地之心’。”③程颐与汉儒不同，他并没有从阴阳二气的生长消息处着眼，而是将其归结到本体论思想下的动静关系问题上，胡自逢先生认为程颐此论是对《周易》变化之道与生生之义的升华，此种思想到王夫之那里就发展为宇宙唯动的观点。④所以，程颐“主一无适”之论并不是在说一种不行不做、非思非虑的状态，而是说事无小大，都要抱有全神贯注之态度，此即为“敬”字的基本精神，所谓“主敬以直其内”，程颐的内心和谐之法即在于此。

---

① 程颢、程颐：《河南程氏遗书》卷十八《刘元承手编》，《二程集》，中华书局2004年，第201~202页。

② 李道平：《周易集解纂疏诸家说易》卷四《复》，《周易集解纂疏》，中华书局1994年，第263页。

③ 同上，第264页。

④ 胡自逢：《程伊川易学述评》，文史哲出版社1995年，第93~99页。

除此之外，还有一点值得关注，那就是程颐对理事问题的看法。程颐认为佛家言“定”，圣人言“止”，佛教否定现实归于虚幻，而儒家肯定现实，要求世人在具体生活中由亲身之实践达到“随其所止而止之”的境界。程颐曾说：“至显者莫如事，至微者莫如理，而事理一致，微显一源。古之君子所谓善学者，以其能通于此而已。”[①]显然，这是用“体用一源，显微无间”理论对理、事二者所作的具体分析。朱伯崑先生对程氏此论评价很高，说：“此种理事合一说，是对玄学和佛学的世界观的一种否定。韩康伯以玄学观点解易，以理事为有无关系，贵无而贱有……程氏认为没有虚无的世界，到处都是理，有理则有事，人类的生活，非清净无为，不做什么事情。”“程氏的理事合一说，也是针对二氏学说提出的。其易学哲学成了道学家批判二家的武器。”[②]这种理事合一的思想延伸到工夫论领域，就表现为在日常生活中对具体涵养实践的重视。因为程颐认为，单纯以“敬”字为指导，单纯遵循“主一无适”之道，也并不一定能达到圣人的境界。“问：‘人敬以直内，气便能充塞天地否？’曰：‘气须是养，集义所生。积集既久，方能生浩然气象。人但看所养如何，养得一分，便有一分；养得二分，便有二分。只将敬，安能便到充塞天地处，且气自是气，体所充，自是一件事，敬自是敬，怎生便合得？’”[③]本章第一部分说过，程颐在《易传》中所表述的心灵和谐思想，源自其对圣人境界的思考，具体表现为一种由中致和的理念。因此，心灵和谐就是要在工夫论领域学习仿效圣人。而所行之法简单来说就是《周易·坤卦·文言传》中所说的“敬以直内，义以方外”。其中“敬以直内”就是实行“敬”之道，实现“主一无适”的目标，“义以方外”并不是单纯地以外部之规律约束主观之行为，所谓“义形于外，非在外也”，而是自内而外，通过对“义”的践履使敬有所主。要实现此目标，不仅有陈来先生提到的以

① 程颢、程颐：《河南程氏遗书》卷二十五《畅潜道录》，《二程集》，中华书局2004年，第323页。

② 朱伯崑：《易学哲学史》（中册），北京大学出版社1988年，第225~227页。

③ 程颢、程颐：《河南程氏遗书》卷十八《杨遵道录》，《二程集》，中华书局2004年，第207页。

"整齐严肃"的标准约束日常生活外,还有一点就是人生哲理与经验的积累与领悟。换句话说,就是"义"的积累。

在宋明理学史上,"居敬"与"集义"并举一直是程颐思想的特点之一。从逻辑上看,此论直接导致了程朱学派对格物致知论的重视。程颐说:"涵养须用敬,进学则在致知。"[①]蔡仁厚先生曾分析过程颐此论,认为:"伊川虽说'涵养久、则天理自然明',但他不说心即理,不从先天的本心说,只从后天的敬心说;如此而发出的道德力量不能沛然莫之能御,没有必然的强度性与普遍的稳固性。故继'涵养须用敬'之后,又曰'进学则在致知'。"[②]格物致知是理学家从《大学》中提炼出的一种认识论,但其目的并不是单纯地积累知识、认识世界,所谓"物","是一个普遍的、抽象的概念,既包括一切自然和社会现象,也包括心理现象和道德行为规范。""'格物'不要被一草木、器用所蔽,而主旨是穷天理明人伦等。"[③]在众多理学家中,程朱一派是比较重视个人撰述的。程颐的《易传》、朱熹的《四书章句集注》,都是理学的代表性著作。如果从他们格物致知论的角度考虑,这种现象并不是偶然的。对程颐而言,他撰写《春秋传》《中庸解》乃至《易传》并不是象牙塔里的学术研究,而是有着极强的现实性。他曾说:"今农夫祁寒暑雨,深耕易耨,播种五谷,吾得而食之。今百工技艺作为器用,吾得而用之。甲胄之士披坚执锐以守土宇,吾得而安之。却如此闲过了日月,即是天地间一蠹也。功泽又不及民,别事又做不得,惟有补缉圣人遗书,庶几有补尔。"[④]此段文字是程颐在回顾自己一系列经学撰述时有感而发的,应当说这是其经学理念的一种体现。换言之,他将经学诠释工作视为"格物致知"的一项重要手段,就像蔡仁厚先生所说的,程颐的思想体系中并没有的陆九渊、

① 程颢、程颐:《河南程氏遗书》卷十八《刘元承手编》,《二程集》,中华书局2004年,第188页。

② 蔡仁厚:《宋明理学·北宋篇》,吉林出版集团有限责任公司2009年,第322页。

③ 张立文:《宋明理学研究》,人民出版社2002年,第58页。

④ 程颢、程颐:《河南程氏遗书》卷十七《无名篇》,《二程集》,中华书局2004年,第175页。

王阳明等人“心即理”的观点，因此若没有格物致知这一个“集义”的过程，内心之涵养就会缺少“必然的强度性与普遍的稳固性”，同样也就无所谓心灵之和谐了。故在程颐《易传》之中，有很多从保持内心健康和谐的角度出发，对个人修养所作的论述，而这无疑符合程颐“居敬”与“集义”并重的心灵和谐之道。如《周易·乾卦·象传》中说：“天行健，君子以自强不息。”《坤卦·象传》又说：“地势坤，君子以厚德载物。”此二句论述的不仅是天与地的象征意义，更列举了两种看似彼此相对的行为准则。对前一句，程颐的解释是：“乾道覆育之象至大，非圣人莫能体，欲人皆可取法也，故取其行健而已，至健固足以见天道也。君子以自强不息，法天行之健也。”[①]对后一句，程颐的解释是：“坤道之大犹乾也，非圣人孰能体之？地厚而其势顺倾，故取其顺厚之象，而云地势坤也。君子观坤厚之象，以深厚之德，容载庶物。”[②]可见，人生应当既像上天一样自强不息，又像大地一般宽广深厚，任何有所偏废的做法都不利于维持和谐健康心理状态。纵观历史，我国古代的思想家们都非常重视人生观的建构，而受《周易》影响的易学家和思想家亦是如此。“与天地合其德，与日月合其明，与四时合其序，与鬼神合其吉凶，先天而天弗违，后天而奉天时。”《周易·乾卦·文言传》中的这段话是对《周易》思维方式的详细论述。自然万物本身是生生不已、健动不息的，故人在生活中也应当积极进取、兢兢业业，面对艰难险阻不气馁、不放弃，始终保持一种及时立功的人生态度和开拓精神，在此基础上内心才能实现真正的和谐。一味地刚猛精进与消极避世同样都不能促使心灵的和谐。再如《谦卦》九三爻《象传》说：“劳谦君子，万民服也。”对此，程颐说：

能劳谦之君子，万民所尊服也。系辞云：“劳而不伐，有功而不德，

① 程颢、程颐：《周易程氏传》卷一《周易上·经上·乾》，《二程集》，中华书局2004年，第698页。

② 同上，第708页。

厚之至也。语以其功下人者也。德言盛，礼言恭。谦也者，致恭以存其位者也。”有劳而不自矜伐，有功而不自以为德，是其德弘厚之至也。言以其功劳而自谦，以下于人也。德言盛，礼言恭。以其德言之，则至盛，以其自处之礼言之，则至恭，此所谓谦也。夫谦也者，谓致恭以存其位者也。存，守也。致其恭巽以守其位，故高而不危，满而不溢，是以能终吉也。夫君子履谦，乃其常行，非为保其位而为之也。而言存其位者，盖能致恭所以能存其位，言谦之道如此。如言为善有令名而为善也哉？亦言其令名者，为善之故。[①]

可见，程颐反对单纯把“谦”道视作“存其位”的工具。他认为《谦》卦于此所述之理是要求人们以“恭巽”的态度修养其心，当内心真的能做到平静祥和、率真而为时，自然会对外界之得失持一种谦让的态度，以此行事则能“高而不危，满而不溢”，相反如果本末倒置、违心而行的话，自然不会有好的结果。整部《易传》里，像这样的论述还有很多。高怀民先生就总结道：“读小程子《易传》，给我们的深刻感受是他的深入见解多在道德修为方面，有其修为之功，乃有其深刻独到之文。”[②]尽管有关道德修养、心灵和谐的论述并不是程颐《易传》的全部，如果忽视此种倾向，同样会对程颐的《易传》产生认识上的偏差，也就无法全面客观地评价其在易学史和理学史中的地位。

第四节　《易》与涑水之学

司马光（1019—1086），字君实，陕州夏县（今属山西）人。仁宗宝元元

① 程颢、程颐：《周易程氏传》卷二《周易上·经下·谦》，《二程集》，中华书局2004年，第776页。
② 高怀民：《宋元明易学史》，广西师范大学出版社2007年，第43页。

年(1038)20岁时进士及第,以奉礼郎任华州判官,累迁官至天章阁待制兼侍讲、知谏院。英宗时任龙图阁直学士、右谏议大夫兼侍讲。神宗时为翰林学士,兼侍读学士,右谏议大夫、知制诰,曾九辞枢密副使不受诏。哲宗时位至尚书左仆射、门下侍郎。历仕四朝,经历了庆历新政、熙宁变法、元丰改制、元祐更化等政治运动,卒赠太师、温国公,谥文正。北宋名臣中,只有王曾、范仲淹和司马光三人在逝后获得文正这一最高的谥号。欧阳修对司马光十分看重,他在荐举司马光时说:

> 臣伏见龙图阁直学士司马光,德性淳正,学术通明。自列侍从,久司谏诤,谠言嘉话,著在两朝。自仁宗至和服药之后,群臣便以皇嗣为言,五六年间,言者虽多,而未有定议。最后光以谏官,极论其事,敷陈激切,感动主听。仁宗豁然开悟,遂决不疑。由是先帝选自宗藩,入为皇子。曾未逾年,仁宗奄弃万国,先帝入承大统,盖以人心先定,故得天下帖然。今以圣继圣,遂传陛下。由是言之,光于国有功为不浅矣,可谓社稷之臣也。而其识虑深远,性尤慎密。光既不自言,故人亦无知者。臣以忝在政府,因得备闻其事,臣而不言,是谓蔽贤掩善。《诗》云:"无言不酬,无德不报。"光今虽在侍从,日承眷待,而其忠国大节,隐而未彰。臣既详知,不敢不奏。[①]

司马光的易学与史学相互贯通、交相辉映,易学思想也是他的政治思想的主要载体,易学、史学和政治思想三者互相发明,相须为用,密切联系国家之兴衰,政治之得失,社稷之成败,生民之休戚,而皆归本于一元太极之易道,有体有用,体用结合,富有鲜明的特色。

① 欧阳修:《奏议》卷十八《荐司马光札子》,《欧阳修全集》卷一百一十四,中华书局2001年,第1730页。

一、“究天人之际”，引史证易

司马光以史学名家，但也潜心易学。他的史学成就集中体现在史学巨著《资治通鉴》中，其易学成就则体现在《温公易说》中。余敦康先生认为，就学术思想而言，司马光的史学和易学是“彼此互通，结为一体，相得益彰，不可分割的。如果说他的史学研究主要着眼于‘通古今之变’，易学研究则主要着眼于‘究天人之际’。‘究天人’是为了使自己能站在哲学的高度从整体上去更好地‘通古今’，‘通古今’是为了具体地考见‘国家之兴衰’，‘生民之休戚’，切实地把握天人之学的思想精髓和价值理想”[①]。司马光的这种学术思想是自觉地继承司马迁所开创的史学传统发展而来的，与司马迁的学术体系同样是易学和史学相结合的产物。这个体系“鉴前世之兴衰，考当今之得失，嘉善矜恶，取是舍非”，既能“推见至隐”，也能“本隐之以显”，虚实结合，有隐有显，贯穿了一条历史与逻辑、事实与价值相统一的思想线索。

司马光治易，“故愿先从事于《玄》，以渐而进于《易》，庶几乎其可跂而望也”[②]。把《太玄》看作赞《易》之作，是学《易》的阶梯。他留心扬雄的《太玄》三十年，曾作《太玄注》，后来又仿效《太玄》作《潜虚》。“《玄》以准《易》，《虚》以拟《玄》”[③]张敦实在《潜虚发微论》中指出：“以温公平生著述论之：其考前古兴衰之作，为《通鉴》，自《潜虚》视之，则笔学也。留心《太玄》三十年，既集诸说而为注，又作《潜虚》之书，自《通鉴》视之，则心学也。今世于笔力之所及者，家传人诵。至于心思之所及，则见者不传，传者不习。道极

① 余敦康：《汉宋易学解读》，华夏出版社 2006 年，第 165 页。

② 司马光著，李之亮笺注：《司马温公集编年笺注》卷六十八《说玄》，巴蜀书社 2009 年，第 245 页。

③ 司马光著，李之亮笺注：《司马温公集编年笺注》附录卷三《潜虚·后序》，巴蜀书社 2009 年，第 179 页。

于微妙，而不见于日用之间，亦何贵乎道哉！"[①]将《潜虚》与《资治通鉴》等而视之，看作易学史和史学史上一对杰出著作。然而，对这部拟《太玄》而作的《潜虚》，《四库全书总目》却将其列入"术数类"，称之为"易外别传"。而对《温公易说》，四库馆臣却极为推重，"光传家集中有《答韩秉国书》，谓王辅嗣以老庄解《易》，非《易》之本旨，不足为据。盖其意在深辟虚无玄渺之说。故于古今事物之情状，无不贯彻疏通，推阐深至。如解《同人》之《象》曰：'君子乐与人同，小人乐与人异。君子同其远，小人同其近。'《坎》之《大象》曰：'水之流也，习而不止，以成大川。人之学也，习而不止，以成大贤。'《咸》之九四曰：'心苟倾焉，则物以其类应之。故喜则不见其所可怒，怒则不见其所可喜，爱则不见其所可恶，恶则不见其所可爱。'大都不袭先儒旧说，而有德之言，要如布帛菽粟之切于日用。"将其列入"经部易类"，属于易学正宗。余敦康先生认为："在司马光的著述中，《易说》的地位就高于《潜虚》。《易说》为'心学'，《通览》为'笔学'，'心学'着眼于'明体'，'笔学'着眼于'达用'，用不离体，体不离用，会而通之，则司马光所建构的体系，与胡瑗、李觏等人一样，也是一种明体达用之学。"[②]

由于司马光在《资治通鉴》中经常引用易义发论阐述，作为明辨是非、甄别善恶的立论依据，而在《易说》中，司马光也常常引史事以证易义。余敦康先生认为，《四库全书总目》中所论易学"两派六宗"中"参证史事"宗真正的开创者应当是司马光。而司马光的易学主张"义出于数"，独树一帜，并不能将其简单地归结为义理派，可谓是开宗之师。

二、天道与人事并重的易学观

司马光"究天人之际"的易学思想体系是一个综合了宇宙论、方法论

① 黄宗羲：《宋元学案》卷八《涑水学案》，中华书局 1986 年，第 344 页。

② 余敦康：《汉宋易学解读》，华夏出版社 2006 年，第 165 页。

和价值论的统一哲学体系，即易道。他认为《易》是对易道的表征。在《易说》总论中，司马光开宗明义，提纲挈领地阐述了关于易道的四个基本观点：

第一，易道的客观性。“或曰：易者圣人之所作乎？曰：易者先天而生，后天而终，细无不该，大无不容，远无不臻，广无不充，惟圣人能索而知之，逆而推之，使民识其所来，而知其所归。夫易者，自然之道也。子以为伏羲出而后易乃生乎？”①

第二，易道的普遍性。“或曰：敢问易者天事欤？抑人事欤？曰：易者道也，道者万物所由之涂也，孰为天？孰为人？故易者，阴阳之变也，五行之化也，出于天，施于人，被于物，莫不有阴阳五行之道焉。……凡宇宙之间皆易也，乌在其专于天？专于人？二者之论皆弊也。”②

第三，易道的永恒性。“或曰：易道其有亡乎？天地可敝则易可亡。孔子曰：乾坤毁则无以见易，易不可见，则乾坤或几乎息矣。是故人虽甚愚，而易未尝亡也。推而上之，邃古之前而易已生，抑而下之，亿世之后而易无穷。是故易之书或可亡也，若其道则未尝一日而去物之左右也。”③

第四，“义出乎数”，义理象数并重。“圣人之作易也，为数乎？为义乎？曰：皆为之。二者孰急？曰：义急，数亦急。何为乎数急？曰：义出乎数也。义何为出乎数？曰：礼乐刑德，阴阳也。仁义礼智信，五行也。义不出于数乎！故君子知义而不知数，虽善无所统之。夫水无源则竭，木无本则蹶，是以圣人抉其本源以示人，使人识其所来，则益固矣。易曰：君子居则观其象而玩其辞，动则观其变而玩其占，明二者之不可偏废也。”④

以上也是司马光易学的基本观点。余敦康先生认为，司马光强调易道的客观性和普遍性，站在哲学的高度进行探讨，力图为李觏、欧阳修所主

① 司马光：《温公易说·易总论》，《十八名家解〈周易〉》（第4辑），长春出版社2009年，第4页。
② 同上。
③ 同上。
④ 同上。

张的急于人事之用的易学确立一个坚实的理论基础，这个思想是十分卓越的。从客观性方面来看，司马光认为，易虽为圣人所作，但非圣人所生，易是存在于天地万物所遵循的客观规律，圣人所作之易只不过是对此客观规律之易的一种主观上的认识和理解而已。从普遍性方面来看，司马光认为，易道广大，无所不包，宇宙之间，万事万物，莫不受此易道的支配。“凡宇宙之间皆易”，易就是“阴阳之变”，“五行之化”，不可强行割裂，一分而为二，使之拘于一隅，或专于天，或专于人事。因此，易道与天地相终始，“易之书或可亡也，若其道则未尝一日而去物之左右”，这也正是易道的永恒性。司马光易学的特点就在于天道与人事并重，反省王弼的玄理易学，不赞同王弼以老庄解易，并且主张义急数亦急，而义出于数，象数为义理之本，兼重象数与义理，构造出一套新的象数系统，重新以儒家义理充实易学，将天道与人道、自然规律与政治社会伦理结合起来，合理化人道伦理与天道规律的关系，自成一家之言。

司马光认为天道与人事、自然与社会各有其不同的性质和功能作用。如他释《泰》卦象传说：“象曰：后以财成天地之道，辅相天地之宜。何也？夫万物，生之者天也，成之者地也，天地能生成之而不能治也。君者所以治人而成天地之功也，非后则天地何以得通乎！《太玄》曰：天之所贵曰生，物之所尊曰人，人之大伦曰治，治之所因曰辟。崇天普地，分群偶物，使不失其统者，莫若乎辟。天辟乎上，地辟乎下，君辟乎中。此之谓也。”释《蛊》卦说：“天以阴阳终始万物，君子以仁义修身，以德刑治国，各有其事也。”释《蒙》卦说：“夫锻砺者工也，犀利者金也，植艺者圃也，坚实者木也，则工虽巧不能持土以为兵，圃虽良不能植谷而生梓也。故才者天也，不教则弃。教者人也，不才则悖。故人者受才于天，而受教于师。师者决其滞，发其蔽，抑其过，引其不及，以养进其天才而已。系辞曰：苟非其人，道不虚行，此之谓也。”[①]

① 司马光：《温公易说》卷一《蒙》，《十八名家解〈周易〉》（第4辑），长春出版社2009年，第9页。

他在《迂书》中说："天力之所不及者，人也，故有耕耘敛藏。人力之所不及者，天也，故有水旱螟蝗。""天之所不能为而人能之者，人也。人之所不能为而天能之者，天也。稼穑，人也。丰歉，天也。"[①]以上都是论天人之分。然而，司马光立足于其天人合一的易道观，遵循"推天道以明人事"的原则，并重天人，对天人之间分中见合，合中见分，把天人关系看成一个受"一阴一阳之谓道"支配的有机统一的体系，实现了自然主义（天生）与人文主义（人成）的完美结合。他对"天地高位，圣人成能"解释说："天地能示人法象而不能教也，能生成万物而不能治也，圣人教而治之，以成天地之能。"释"继之者善也"说："易指吉凶以示人，人当从善以去恶，就吉而避凶，乃能继成其道。"司马光依据"苟非其人，道不虚行"进行发挥，认为天与人共同受到易道的支配，同以易之阴阳为本体，但由于人具有主观能动性，有智识高下之分，贤愚善恶之别，因而其行为也有正邪对错得失。因此人们只有遵循易道处世行事，养进德才，及时调整自己的行为，才能无咎寡过，成就大业。同样，政治改革也必须以得其人为前提，涵养人才为首务。

司马光易学可以说是介于义理派与象数派两大易学潮流之间，开创了一条象数与义理两派合流的趋势。司马光的易学思想质朴，充满以人道模拟于天道的教化理念，在北宋易学史上，有其独特的地位和价值。

三、"易道一元"与"易道中正"的治学理路

司马光强调易道的客观性和普遍性，并且极力从本源和本体两个方面进行论证，把天与人、自然与社会归于一元。司马光认为，太极是宇宙的本源，太极即一，一为数之母，阴阳五行天地万物皆由此一而来，故"义出乎数"。他释"易有太极"说："易有太极，极者中也，至也，一也。凡物之未

① 司马光著，李之亮笺注：《司马温公集编年笺注》卷七十四《史剡·迂书》，巴蜀书社2009年，第452页。

分，混而为一者，皆为太极。太极者何？阴阳混一，化之本原也。太极者一也，物之合也，数之元也，引而伸之，触类而长之，则算不能胜也，书不能尽也，口不能宣也，心不能穷也。掊而聚之归诸一，析而散之万有一千五百二十，未始有极也。易有太极，一之谓也。一者数之母也，数者一之子也。母为之主，子为之用。”他进一步论证，太极分而为阴阳，“阴阳者易之本体，万物之所聚”。他释“是生两仪”说：

两仪，仪，匹也，分而为二，相为匹敌。四象，阴阳复分老少而为匹，相为匹敌。两仪者何？阴阳判也。四象者何，老少分也。七九八六，卦之端也。八卦既形，吉凶全也。万物皆备，大业成也。[①]

他释“乾坤其易之门”说：

易之门，易由此出。乾坤合德而刚柔有体，交错而成众卦，然其刚柔各自为体，撰故也。乾阳物，坤阴物。凡万物之阳者皆为乾，阴者皆为坤。乾坤相杂而成六子，六子者非他也，乾坤之杂也。夫乾不专于天也，坤不专于地也。凡事物之健者皆乾也，顺者皆坤也，动者皆震也，入者皆巽也，陷者皆坎也，丽者皆离也，止者皆艮也，说者皆兑也。夫八卦者，事之津，物之衢也，所以贯三极而体万物也。[②]

由上可见，司马光是以太极为宇宙的本源，以阴阳为宇宙的本体，“天下之理，不能出乾坤之外。”天文地理，皆不能离开阴阳五行。因此，“易道

① 司马光：《温公易说》卷五《系辞上》，《十八名家解〈周易〉》（第 4 辑），长春出版社 2009 年，第 45 页。

② 司马光：《温公易说》卷六《系辞下》，《十八名家解〈周易〉》（第 4 辑），长春出版社 2009 年，第 51 页。

始于天地，终于人事”，既非专于天，亦非专于人，而是作为一种至极之道，统贯天人，形成了一个一元论的完整体系。司马光由此确立了一个一元论的易学体系，着眼于天人之合，援引天道来论证人道，又按照人道来塑造天道，天道观中蕴含着人文（人道）的价值思想，人道蕴含着自然法则（天道）的客观依据，天人合一，相互渗透，一而归本于一元之易道。这一运思理路既是司马光易学思想的基本思路，也是他从事社会历史研究的理论基础和基本指导思想。

司马光在其《易说》中经常使用中正这一范畴来表述他的价值理想和政治主张，认为中则不过，正则不邪，中着眼于阴阳之合，正着眼于阴阳之分。易以道阴阳，阴阳有分有合，中正仁和，最好地体现了易道的本质。如他释《需》卦九五说：

> 九五以中正而受尊位，天之所佑，人之所助也。然则福禄既充矣，而又何需焉？曰：中正者，所以待天下之治也。《书》曰：允执其中。又曰：以万民惟正之供。夫中正者，足以尽天下之治也，舍乎中正而能享天之福禄者，寡矣！①

释《离》卦彖辞曰：

> 离，丽也，丽者不可以不正也。夫明者常失于察，察之甚者，或入于邪。是以圣人重明以丽乎正，乃能化成天下。柔者失于弱而不立，故柔丽乎中正，然后乃亨。夫太明则察，太昧则蔽，二以明德而用中正，是以获元吉也。②

① 司马光：《温公易说》卷一《需》，《十八名家解〈周易〉》（第4辑），长春出版社2009年，第10页。

② 司马光：《温公易说》卷二《离》，《十八名家解〈周易〉》（第4辑），长春出版社2009年，第23页。

释《遯》卦九五曰：

中正，德之嘉也。君子邦有道则见，邦无道则隐，可以进而进，可以退而退，不失其时，以中正为心者也。故曰嘉遯，贞吉。[①]

释《艮》卦六五曰：

凡刚柔当位，正之象也。孔子赞乾之九二龙德而正中，艮之六五曰以中正，何也？曰艮六五，文之误也，当云以正中也。正中者，正得其中，非既正又中也。然则二爻其为不正乎？曰：非谓其然也。中正者，道之贯也，相须而行，相辅而成者也。[②]

释"易有太极"曰：

阴阳相违，非太极则不成，刚柔相戾，非中正则不行。故天下之德诚众矣，而萃于刚柔，天下之道诚多矣，而会于中正。刚柔者德之府，中正者道之津。是故有刚而无中正，则暴以亡。有柔而无中正，则邪以消。呜呼！中正之于人也，其厚矣哉！刚者抑之，柔者掖之，不虑而成，不思而行，不卜而中，不筮而吉，天下同归而殊途，一致而百虑，非中正而何！《书》曰：沈潜刚克，高明柔克。以中正也。孔子曰：中庸之为德也，其至矣乎！又曰：《诗》三百，一言以蔽之，曰思无邪。易之卦六十有四，其爻三百八十有四，得之则吉，失之则凶者，其惟中正乎！[③]

① 司马光：《温公易说》卷三《遯》，《十八名家解〈周易〉》（第4辑），长春出版社2009年，第24页。

② 司马光：《温公易说》卷四《艮》，《十八名家解〈周易〉》（第4辑），长春出版社2009年，第32页。

③ 司马光：《温公易说》卷五《系辞上》，《十八名家解〈周易〉》（第4辑），长春出版社2009年，第45页。

四、易道亦治道，通鉴以资治

司马光提出易道也是治道，并且以这个易道作为指导思想“通古今之变”，从事社会历史的研究，做成鸿篇巨著《资治通鉴》。司马光认为，易道从普遍性而言，囊括天人，从永恒性而言，贯通古今。“古之天地有以异于今乎？古之万物有以异于今乎？古之性情有以异于今乎？天地不易也，日月无变也，万物自若也，性情如故也，道何为而独变哉！……孝慈仁义忠信礼乐，自生民以来谈之至今矣，安得不庸哉！如余者惧不能庸而已矣，庸何病也。”[①]这种“天不变道亦不变”的观点，主要是强调以孝慈仁义忠信礼乐为核心内容的文化价值理想贯通古今，永恒无变。然而司马光又说：“自有天地以来，君子小人相与并生于世，各居其半，一消一息，一否一泰，纷然杂糅，固非一日。非君子之道多于古而鲜于今，古则可为而今不可为也；小人之道鲜于古而多于今，古不可为而今则可为也。顾人之取舍何如尔，奚古今之异而有易有难哉！”[②]这是用以说明古今历代政治因君子之道与小人之道的消息盈虚，有治有乱，有否有泰，循环往复，变化不断。

变化的是现象，不变的是本体，这个本体作为一种应然的价值理想，在总体上支配着历史的进程。人类历史是一个不以人的意志为转移的自然史的过程，是一个围绕着价值本体的人的自由选择的过程，“治乱之原，古今同体，载在方册”，善足可法，恶足为戒，观今宜鉴古，鉴古可知今。司马光作《资治通鉴》的目的也是循着这一历史规律，总结古今历代治乱兴衰之迹，嘉善矜恶，取是舍非，使后世君主“鉴于往事，有资于治道”。司马

① 司马光著，李之亮笺注：《司马温公集编年笺注》卷七十四《史剡·迂书》，巴蜀书社 2009 年，第 447 页。

② 司马光著，李之亮笺注：《司马温公集编年笺注》卷六十《答齐州司法张秘校正彦书》，巴蜀书社 2009 年，第 572 页。

光所说的这个治道，也就是他提出的易道，是易道的价值理想在社会历史领域中具体运作的表现。“把易道看作是一种治道，这个观点不仅是司马光的史学思想的核心，也是他的政治思想的根本的出发点。”①

司马光基于这一思想提出了一系列政治主张，并毕生坚持之。如他释《坤》卦六三“含章可贞”说：“阳非阴则不成，阴非阳则不生，阴阳之道，表里相承。……六三者，于律为应钟，于历为建亥之月。百谷敛藏，万物备成，阴功小终。体执乎柔而志存乎刚，故曰含章。柔不泥于下，刚不疑乎上，故曰可贞。王者尊之极也，为臣之荣，从王役也。不敢专成，下之职也。承事之终，臣之力也。物以阳生得阴而成。令由君出，得臣而行。故阳而不阴，则万物伤矣。君而不臣，则百职旷矣。阴阳同功，君臣同体，天之经也，人之纪也。”

在这里，司马光把易道作为治道，认为易道是“天之经”“人之纪”，适用于这个天人合一的整体，是支配天地自然与人类社会的普遍规律。这个作为普遍规律的易道是由两个基本原则构成的，一个是阴阳之分，一个是阴阳之合。一方面，司马光重视阴阳之分，认为阳尊阴卑，阳主创始，阴主作成，阳为主导，阴为从属，自然界的天地万物与社会领域的君臣上下一样，都应依此阴阳有分的原则组成一个井然有序的等级系统。合乎这一原则的情形为正，就是正常的秩序，反之则为邪，是混乱败坏的秩序。司马光对这种秩序极为重视，称之为“纲纪”“典礼”“法度”。他认为：“合其法度则吉，违之则凶。”另一方面，司马光又十分重视阴阳之合，认为“阴阳之间，必有中和”，阴阳只有表里相承，相辅相成，才能产生济物成务之功。否则，就会“阳而不阴则万物伤”，“君而不臣则百职旷”，整个世界和社会的秩序就会趋于毁灭。这两个阴阳分合的原则相互为用，不可或缺，构成了易道的本质。由此，司马光进一步提出其关于社会政治改革的主张，认为君子

① 余敦康：《汉宋易学解读》，华夏出版社2006年，第175页。

根据对易道本质的认识理解和切实把握，在屯难之世，存亡之际，勇于担当，设纲布纪，治理天下，就可以拨乱反正，扶危救乱，变无序为有序，使社会重新回到中和状态。他释《屯》卦象辞说："屯者何？草木之始生也，贯地而出，屯然其难也。象曰君子以经纶。经纶者何？犹云纲纪也。屯者结之不解者也。结而不解则乱，乱而不缉则穷。是以君子设纲布纪，以缉其乱，解其结，然后物得其分，事得其序，治屯之道也。"司马光对这一思想又作了进一步的发挥，在此基础上阐述他的社会变革观。他说：

> 光闻一阴一阳之谓道，然变而通之，未始不由乎中和也。阴阳之道，在天为寒燠雨旸，在国为礼乐赏刑，在心为刚柔缓急，在身为饥饱寒热，此皆天人之所以存，日用而不可免者也。然稍过其分，未尝不为灾。是故过寒则为春霜夏雹，过燠则为秋华冬雷，过雨则为霪潦，过旸则为旱暵，礼胜则离，乐胜则流，赏僭则人骄溢，刑滥则人乖叛，太刚则暴，太柔则懦，太缓则泥，太急则轻，饥甚则气虚竭，饱甚则气留滞，寒甚则气沉濡，热甚则气浮躁，此皆执一而不变者也。善为之者，损其有余，益其不足，抑其太过，举其不及，大要归诸中和而已矣。故阴阳者，弓矢也；中和者，质的也。弓矢不可偏废，而质的不可远离。《中庸》曰："中也者，天下之大本也，和者，天下之达道也。致中和，天地位焉，万物育焉。"由是言之，中和岂可须臾离哉！①

司马光认为社会发展是需要变革的，不能"执一而不变"，然而变革是要讲求时机和方法的，要合乎中和之道，"然变而通之，未始不由乎中和也"。司马光明确提出了他所认为适宜的社会改良方法，"善为之者，损其有余，益其不足，抑其太过，举其不及"。他把阴阳比为弓矢，就是把客观的

① 司马光著，李之亮笺注：《司马温公集编年笺注》卷六十一《答李大卿孝基书》，巴蜀书社2009年，第3页。

易道看作主观的手段和方法，把中和比为质的，就是把事物本然的状态作为应然的价值准则和理想目标。手段与目的，方法和价值，有机地结合在一起，“归诸中和”。余敦康先生认为，司马光的这一政治思想实现了“宇宙论、方法论、价值论三者的统一，是一个完整的明体达用之学”。[①]

元丰八年（1085），司马光在上哲宗《进修心治国之要札子状》中说：

> 昔仁宗皇帝擢臣知谏院，臣初上殿，即言人君之德三，曰仁，曰明，曰武；致治之道三，曰任官，曰信赏，曰必罚。英宗皇帝时，臣曾进《历年图》，其后序言人君之道一，其德有三，其志亦犹所以事仁宗也。大行皇帝陛下（神宗）新即位，擢臣为御史中丞，臣初上殿，言人君修心治国之要，其志亦犹所以事英宗也。今上天降灾，大行皇帝奄弃天下，皇帝陛下（哲宗）新承大统，太皇太后（高太后）同听万机，不知臣愚，猥蒙访落，臣且愧且惧，无以塞责，谨以人君修心治国之要为献，其志亦犹所以事大行皇帝也。所以然者，臣历观古今之行事，竭尽平生之思虑，质诸圣贤之格言，治乱安危存亡之道，举在于是，不可移易，是以区区首为累朝言之，不知臣者以臣为进迂阔陈熟之语，知臣者以臣为识天下之本源也。夫治乱安危存亡之本源，皆在人君之心。仁、明、武，所出于内者也。用人、赏功、罚罪，所施于外者也。出于内者虽有厚有薄，有多有寡，禀之自天然，好学则知所宜从，力行则光美日新矣。施于外者，施之当则保其治，保其安，保其存，不当则至于乱，至于危，至于亡，行之由己者也。[②]

司马光认为仁、明、武是作为君主必须具备的三种品德。“三者兼备则

① 余敦康：《汉宋易学解读》，华夏出版社 2006 年，第 179 页。

② 司马光著，李之亮笺注：《司马温公集编年笺注》卷四十六《进修心治国之要札子状》，巴蜀书社 2009 年，第 138 页。

国治强，阙一焉则衰，阙二焉则危，三者无一焉则亡，自生民以来，未之或改也。”[1]并且将此作为自己的“平生力学所得，至精至要，尽在于是”。司马光站在易道的高度，用中正原则对此三德作了进一步的界定。他释《师》卦卦辞说：“师，贞，丈人吉，无咎。何也？曰：难之也。夫治众，天下之大事也，非圣人则不能。夫众之所服者武也，所从者智也，所亲者仁也，三者不备而能用其众，未之有也。然或得之小，或得之大，或用之邪，或用之正，邪正大小之道，其得失吉凶，相去远矣。彼小人者，以矫矫为武，瞲瞲为智，煦煦为仁，众人亦有悦而从之者，所谓小也。圣人者，以正人为武，安人为智，利人为仁，天下皆悦而从之，所谓大也。夫小人之得众也，以为上则暴，以为下则乱，故谓之邪。圣人之得众也，所以禁暴而止乱也，故谓之正。夫众，非小人之所用也，小人用之以为不正，咎孰大焉！”释其彖辞说：“《彖》曰：师，众也；贞，正也。能以众正，可以王矣。刚中而应，行险而顺，以此毒天下，而民从之，吉又何咎矣！王者何？大人之谓也。刚中而应，行险而顺者。治众而不以刚，则慢而不振；用刚而不获中，则暴而无亲；上无应于君，下无应于民，则身危而功不成；所施不在于顺，则众怒而民不从。四者非所以吉而无咎也。吉而无咎，则惟刚中而应，行险而顺者乎！”对此君主之三德，必须遵循中正原则，用之正者为圣人，用之邪者为小人。如刚虽为阳德，但若“刚而不获中，则暴而无亲”，无以治众，甚至会造成“众怒而民不从”的后果。

司马光的这种政治主张既有历代治乱兴衰之史迹的确实证明，又有易道中和的哲学理论为基础，其指导思想是围绕易道中正所蕴含的阴阳分合这两个原则展开的。治乱安危存亡之本源，在于最高决策权的君主是否以中正为原则运用其治权。正者着眼于阴阳之分，重礼制，尚名分，强调尊卑贵贱的等级秩序不可紊乱。中者着眼于阴阳之合，强调刚柔并济，阴阳协调，“上下交相爱而天下和”。这两个原则相反相成，相须为用。只有使

---

① 司马光著，李之亮笺注：《司马温公集编年笺注》卷十八《三德》，巴蜀书社 2009 年，第 51页。

阴阳之分与合形成一种有机的结合，分中有合，合中有分，分合有度，各得其所，才能举措得宜，万事妥当，天下得治。司马光一生的政治思想和朝政运作，都是遵循了这两个原则的。他的著述中对此尚多有阐发。如他在《谨习疏》中强调阴阳之分，引用《履》卦的卦义以说明应严守君臣上下之分以明礼之纲纪，阐述了其礼为纲纪的政治思想。[①]又在《乞开言路札子》中强调阴阳之合，援引易义阐发君臣共治的思想。曰："臣闻《周易》：'天地交则为泰，不交则为否。'君父，天也；臣民，地也。是故君降心以访问，臣竭诚以献替，则庶政修治，邦家乂安。君恶逆耳之言，臣便身之计，则下情壅蔽，众心离叛。自生民以来，未有不由斯道者也。" [②]这也就是天子"与士大夫共治天下"的思想。

第五节 《易》与朱子之学

朱熹（1130—1200），字元晦，号晦庵，南宋时期著名理学家，宋代理学的集大成式人物。其为学广博，在文学、史学、哲学，以及政治、经济、教育等方面，都取得了极大的成就。在其庞大的学术体系中，易学无疑是一个重要的组成部分。

据记载，朱子幼年便对《周易》颇感兴趣，五岁时即有"以沙列八卦象，详观侧玩"[③]之事。此记载或有夸张之嫌，但至迟在青少年时期，朱子已致力于对《周易》的研究，这是可以肯定的。据《南宋馆阁续录》记载，绍兴十

① 司马光著，李之亮笺注：《司马温公集编年笺注》卷二十二《谨习疏》，巴蜀书社 2009 年，第 163 页。

② 司马光著，李之亮笺注：《司马温公集编年笺注》卷四十六《乞开言路札子》，巴蜀书社 2009 年，第 137 页。

③ 李方子、束景南：《朱熹年谱长编》，华东师范大学出版社 2001 年，第 1511 页。

八年(1148),朱子登进士第,所治之经即为《易经》,[①]是年朱子方十九岁,有学者据此推断:"在参加科举考试之前的数年间,《周易》当是他学习的焦点。"[②]当得其实。朱子早年师从刘勉之、胡宪、刘子翚,三人均为二程后学而深于《易》,朱子从其所传者大致为程子之易学。此后又钻研周敦颐之《太极图说》《通书》,以及邵雍先后天之学,并在与张栻、吕祖谦、陆九渊、蔡元定、袁枢、林栗等人的易学交流与辩论中,逐渐形成并完善了自己富有特色的易学体系。朱子晚年时撰述并反复修改《易本义》《易学启蒙》两部著作,集中阐述了自己的易学思想,直至去世前五日,尚为门人讲授《太极图》。可以说,治《易》之活动贯穿了朱子的一生。

一、朱子易学主要内容

朱子治《易》时间既长,易学著述亦多。流传至今者,主要有《易本义》《易学启蒙》《蓍卦考误》《周易参同契考异》《太极图说解》《通书解》等,除此之外,尚有大量论说易义的文章、序跋、书信,保存在其文集中。南宋淳祐年间,朱子之孙朱鉴搜集朱子之易说,编为《朱文公易说》;咸淳年间,黎靖德所编定的《朱子语类》,其中卷六十五至卷七十七均为论《易》之语录。这些著述构成了朱子易学的主体部分,但并非全部内容,实际上,朱子的其余许多著作都包含有易理,或能与其易学思想相印证。易学作为一门专学,已融入了朱子的学术之中,与朱子之学合为一体、圆融无碍,可以说在朱子之学中随处可见易学的影子。

概括而言之,朱子的易学,主要包括以下三方面内容:

第一,在象数易学方面,承认象数存在的必要性,并推崇图书之学。在

① 佚名:《南宋馆阁续录》,中华书局1998年,第381页。

② 王峰:《朱熹易学研究》,中国社会科学院2004年博士学位论文,第44页。

朱子看来,《易》中的象数都是确实存在的。他对王弼的"爻苟合顺,何必坤乃为牛;义苟应健,何必乾乃为马"之说大不以为然,认为"《易》之有象,其取之有所从,其推之有所用,非苟为寓言也"[①],治《易》者必须通过易象,方能推得易理,这实际上相当于赋予了象数之学一个易学中必不可少的地位。在此精神的指引下,朱子本人在解《易》的时候,不仅多用易象,也在一定程度上应用了卦变、互体、卦气等象数方法。而对于象数之学中的图书之学,朱子更是大力推崇,在其主要易学著作之一的《易本义》卷首,朱子列出了九幅易图,认为这些易图"最宜深玩,可见作《易》本原精微之意"[②]。其余《易学启蒙》及《太极图说解》等著作,也都体现出据图说《易》的特点。如当今学者所总结的那样,朱熹对图书之学的态度是"重视图书对《易》的形成和发展所起的重要作用,以图书为象数之源,图书中蕴涵着易理"[③]。由此可以看出,象数之学在朱子的易学体系中占据了很大分量,因此有学者认为,朱子的整体易学取向是"倾向于取象一派"[④],是"把北宋以来新创的象数学看作是易学的基本要义"[⑤],此看法确有一定道理。

第二,在义理易学方面,提出"《易》只是一阴一阳"与"推其本则太极生阴阳"。朱子认为,一阴一阳之理是作《易》之本源,同时构成《易》书的象、数、辞亦无不有阴阳,《易》中变易、交易之理,也是借阴阳的变化表现出来,朱子阐述这一观点说:"圣人作《易》之初,盖是仰观俯察,见得盈乎天地之间,无非一阴一阳之理。"[⑥]又说:"如奇耦、刚柔,便只是阴阳做了《易》。"[⑦]此即所谓"《易》只是一阴一阳"。但这是从阴阳之理与阴阳之气合

① 朱熹:《晦庵先生朱文公文集》卷六十七《易象说》,《朱子全书》第23册,上海古籍出版社、安徽教育出版社2002年,第3255页。

② 朱熹:《图目》,《周易本义》,中华书局2009年,第28页。

③ 蔡方鹿:《朱熹经学与中国经学》,人民出版社2004年,第322页。

④ 王铁:《宋代易学》,上海古籍出版社2005年,第216页。

⑤ 同上,第220页。

⑥ 黎靖德:《朱子语类》卷六十七,中华书局1986年,第1646页。

⑦ 黎靖德:《朱子语类》卷六十五,中华书局1986年,第1605页。

一的角度出发而得出的结论，若从本末的角度而言，则理本而气末，理能生气。此理气关系，朱子即借《易》中太极两仪之说来加以表述说：“《易》者阴阳之变，太极者其理也。”[①]又说：“《易》有太极，便有个阴阳出来，阴阳便是两仪。”[②]此处朱子将阴阳之理称作“太极”，将阴阳之物称为“阴阳”，二者的关系即所谓“推其本则太极生阴阳”。朱子的义理易学，即在此两个基本观点的基础上展开，在认识论、心性论、道德论等方面皆有论述，并进而以此阐述“天人一物，内外一理”的天人合一论，力图将天道与人道统一于易理。

第三，在易学史观方面，提出“《易》本卜筮之书”与“分别四圣之《易》”的观点。所谓“《易》本卜筮之书”，其含义大致是“以卦爻辞为占筮之辞，不以其为讲哲理的文字”[③]，如朱子自己所说的那样：“圣人因做《易》，教他占，吉则为，凶则否。”[④]而《易》虽为卜筮而设，却并非止于卜筮，其中亦有义理。此理固非圣人作《易》之本意，却自然寓于《易》占之中，决定《易》占的吉凶，亦即朱子所说的“《易》以卜筮用，道理便在里面”[⑤]。而所谓“分别四圣之《易》”，则是说，按照朱子的看法，《周易》的形成经历了四个阶段：伏羲画卦、文王作卦辞、周公卦爻辞、孔子作十篇《易传》。四圣之《易》虽然前后相因，但各有差别，如文王周公之《易》便不同于伏羲之《易》，而是“文王周公自说他一般道理”[⑥]；至于孔子，所说又有不同，又非文王之《易》。因此，后人在读《易》的时候，应将其分而观之，正如朱子所说的那样：“今人读《易》，当分为三等，伏羲自是伏羲之《易》，文王自是文王之《易》，孔子自

① 朱熹：《周易本义》卷三《系辞上传》，中华书局2009年，第240页。

② 黎靖德：《朱子语类》卷七十五，中华书局1986年，第1929页。

③ 朱伯崑：《易学哲学史》（中册），北京大学出版社1988年，第420页。

④ 黎靖德：《朱子语类》卷六十六，中华书局1986年，第1620页。

⑤ 同上，第1635页。

⑥ 黎靖德：《朱子语类》卷六十六，中华书局1986年，第1629页。

是孔子之《易》。”[1]这种分别四圣之《易》的观点，落实在注《易》活动上的最明显的表现便是，主张经传分离，以恢复《周易》的本来面貌。在撰写其主要易学著作《易本义》时，朱子没有采用经传合一的王弼本，而是使用了吕祖谦所定的《古周易》之本，将《周易》分为《上经》《下经》《彖上》《彖下》《象上》《象下》《系辞上》《系辞下》《文言》《序卦》《说卦》《杂卦》共十二个部分，其中上、下经的部分为“伏羲之画，文王、周公之辞”[2]，其余十篇则为孔子之传，可以说以自己的行动实践了其分别四圣之《易》的观点。

二、朱子易学特色

作为我国易学史上著名的易学家，朱子的易学有着许多不同于前人的显著特点，约略而言之，可以总结为以下三个方面：

第一，提出了许多富有新意的观点。以上所论述的朱子易学的三方面内容，大都在前人论述的基础上，又有较大创新。如关于“《易》本卜筮之书”的论述，有学者认为，这种说法本身并不能算是新发现。宋代时期的学者对《周易》多持此种看法，但朱子却赋予了此命题新的内涵，将其作为一种解《易》的“占学方法”。正因为如此，朱子后学多称朱子易学为“象占之学”[3]。又如分别《周易》经传的举动，在宋代可以说极为流行，据学者统计，两宋时期各种类型的“古易”性质的著作，有二十余种之多，在朱子之前及与朱子同时期的，也有十余种，[4]因此，朱子的主张亦不能称作创见。值得注意的是，朱子倡导的分别经传，并非简单地追求复原《周易》古本，而是要借此区分四圣之《易》，从而更好地理解《周易》之本义。以此而言，此主

① 黎靖德：《朱子语类》卷六十六，中华书局1986年，第1629页。

② 同上。

③ 王峰：《朱熹易学研究》，中国社会科学院2004年博士学位论文。

④ 许维萍：《宋元易学的复古运动》，东吴大学中文研究所2001年博士学位论文。

张意义之深刻，便显然超越了前人。在朱子以后，由其提出的这些新观点，为易学界所广泛接受，在易学史上产生了深远的影响。

第二，折中象数、义理二派，构建了规模庞大、结构精密的新型易学体系。朱子之易学，并不专注于前代某家某派，而是将各家之说兼容并包，吸收了汉易的象数之学、宋代刘牧以来的图书之学、周敦颐的太极图、邵雍的先后天之学，以及以程颐为代表的理气心性的论述。这些前代之说原本自成体系，互相不能融通，有些甚至相互对立，但朱子却以“体用一源”的理论为契机，较为完满地解决了各家之间的冲突，从而最大程度地整合了前人的成就。朱子这一易学体系出现之后，易学的发展就基本告别了象数、义理两派分道扬镳的局面，而进入了“象数义理派”的时代。此后即便是专主象数之易学著作，亦多以理气本末之说为其理论基础；同样，专谈义理的著作，也大多不废易图、卦变等象数之说。从这一点来讲，朱子的易学体系无疑奠定了此后易学发展的基本格局。同时，由于朱子的易学体系较为开放，既能容纳象数之学，又能容纳义理之学，因此后世治《易》者，无论从象数还是从义理立论，大都愿意从朱子易学出发，援朱子之说为据。朱子易学在其后数百年间流行不衰，可以说在一定程度上是得益于此。

第三，易学与理学紧密结合，圆融无间。朱子之易学，与朱子的理学思想并非相互隔绝，而是密切地联系在一起。如上文所述，朱子的整体易学结构，就是建立在“体用一源”的理学命题之上。具体而言之，其易学体系中大量象数之说的存在，是基于其象数与义理不可分离、学者当由象数以求理的思想，亦即朱子所说的“有是理则有是象，有是象则其数便自在这里”[1]，“就他那象上推求道理”[2]。而这种思想，实际上又是来源于其理学中

① 黎靖德：《朱子语类》卷六十七，中华书局 1986 年，第 1646 页。

② 黎靖德：《朱子语类》卷六十六，中华书局 1986 年，第 1641 页。

“有是理即有是气”[①]的理气论，以及“就那形而下之器上便寻那形而上之道”[②]的认识论。义理易学中对太极阴阳关系的阐述，对“阴阳”含义的分析，所讨论的实际上都是理学命题。即便是在其分别四圣之《易》的问题上，也能窥出理学的内涵。有学者即认为，朱子将伏羲《易》置于四圣之易之首，实际上相当于建立了一个以伏羲为首的新道统传承系统，其意义在于“朱熹一旦置伏羲和《周易》于道统之首，其理学便如人身有首一样了”[③]。同时，从另一个角度而言，也可以说朱子的理学根源于易学，如朱伯崑先生所论述的那样：“朱熹哲学所依据的思想资料是《四书》和《周易》经传。其哲学体系的核心即本体论，是通过对《周易》经传的解释和阐发而建立起来的。朱熹哲学中的重要问题，如理气问题、理事问题、人性问题、动静问题，都是从其易学命题中引申出来的。朱熹哲学中的最高范畴太极，也是通过对筮法的解释而提出的。朱熹关于世界发展规律的学说更是从其易学中推衍出来的。”[④]由此可见，朱子的易学与理学，在某种程度上可以说是一而二、二而一的关系。

三、朱子易学在朱子学术中的地位

朱子易学既有以上三个方面的显著特点，其在朱子整体学术中，亦占据了极为显要的地位。此前有学者基于朱子大力提倡四书学的事实，认为在朱子的学术体系中，四书要重于《周易》。这种看法未见得符合实际情况。固然，朱子说过“《易》非学者之急务也，某平生也费了些精神，理会

① 朱熹：《晦庵先生朱文公文集》卷三十七《答程可久》，《朱子全书》第21册，上海古籍出版社，安徽教育出版社2002年，第1643页。

② 黎靖德：《朱子语类》卷六十二，中华书局1986年，第1498页。

③ 王风：《朱熹新道统说之形成及与易学之关系》，《哲学研究》2004年第11期，第38页。

④ 朱伯崑：《易学哲学史》（中册），北京大学出版社1988年，第437页。

《易》与《诗》,然其得力则未若《语》、《孟》之多也,《易》与《诗》中所得,如鸡肋焉”[①]一类的话,但此说实际上是儒家经典的难易程度与为学之序,而不是重要程度。对此问题,朱子曾自己论述说:“河南程夫子之教人,必先使之用力乎《大学》、《论语》、《中庸》、《孟子》之言,然后及乎六经。盖其难易、远近、大小之序,固如此而不可乱也。”[②]其含义是说,《四书》易而“六经”难,学者当由《四书》入手以求六经。由此可见,《四书》只是“六经之阶梯”,“六经”的重要性显然要在《四书》之上。而在“六经”之中,则又以《易》之地位为最高,如朱子所说的那样:“上古之书莫尊于《易》”[③],“是圣人事,非学者可及也”[④]。而其之所以如此,是因为《易》中包含了天地万物无穷之理,如朱子言:“《易》不比《诗》、《书》,它是说尽天下后世无穷无尽地道理。”[⑤]其他经典虽然也说理,但都滞于固定的一物一事,而不能大通;《易》则“不黏著物上”[⑥],不拘泥于物,因而能包无穷之事,其他经典所说之理,当然亦能包含在其中。可以说,在朱子的心目中,《易》能总摄其余一切经典,在朱子学术中实际上居于一种总领性、纲要性的地位。

第六节　史事易学的发展与演变

“宋明理学史,亦即一部经典解释史,其中的问题都是内在地来自《周

① 黎靖德:《朱子语类》卷一百四十,中华书局 1986 年,第 2614 页。

② 朱熹:《晦庵先生朱文公文集》卷八十二《书临漳所刊四子后》,《朱子全书》第 24 册,上海古籍出版社,安徽教育出版社 2002 年,第 3895 页。

③ 黎靖德:《朱子语类》卷六十七,中华书局 1986 年,第 1659 页。

④ 同上,第 1658 页。

⑤ 同上,第 1659 页。

⑥ 同上,第 1647 页。

易》等元典。”[①]而在宋代众多《周易》注本中，引史证《易》在宋易中表现非常突出，并成为一时之趋，究其原因，它既是宋代儒学复兴的表现，也是宋代史学迅猛发展的体现。宋代易学成为史学家论历史兴亡、说历史因革的哲理依据，而史事也为易学的阐释提供了历史的借鉴，因此宋代易学与史学有致密的联系，而史事易学集中反映了两者之间的关系。

一、北宋史事易学的发展

北宋儒学复兴，激发了士大夫们的政治理想，而在儒家经典中，《周易》因其具有的天人之道而成为他们施展其远大抱负的文献载体。“北宋初年统治者由于缺乏治国经验，所以在处理国事的过程中常常如履薄冰。为了不出差错，当时大如兴师征伐，小如日常琐事，在做出决断之前，只要有条件，都要征诸典籍，以求最善。”[②]宋太宗曾谓近臣曰：“王者虽以武功克定，终须用文德致治。朕每退朝，不废观书，意欲酌前世成败而行之，以尽损益也。”[③]统治者在经典中寻求历史的经验，“在治理国家的过程中，全面借鉴历史是北宋初期建国运动中的重要特点”[④]。北宋儒者也借助儒家经典，表达着自己的见解，也为统治者提供着历史的经验，《周易》的义理内涵，遂与历史人物的荣衰进退，历史朝代的兴亡更迭紧密联系，因此对儒家经典《周易》的阐释在这一时期加入了更多的历史经验教训。

宋学三先生之一的胡瑗著有《周易口义》。他继承了王弼的以理说《易》，强调明体达用。胡瑗解《易》不重注疏，重人事，认为《周易》中的卦爻是明白人事之理。他说：“圣人仰以观于天文，俯以察于地理，于是画为八

① 陈来：《宋明理学》（第二版），华东师范大学出版社2004年，第1页。

② 李峰：《北宋史学思想流变研究》，人民出版社2013年，第49页。

③ 李焘：《续资治通鉴长编》卷二十三《太平兴国七年》，中华书局2004年，第528页。

④ 李峰：《北宋史学思想流变研究》，人民出版社2013年，第52页。

卦以类万物之情，以尽天地之道，人事之理。”[①]“文王囚于羑里，极天地之渊蕴，明人事之终始，是以取伏羲所画之八卦，因其数而重为六十四卦，分为三百八十四爻，以尽天地之赜，人事之理。”[②]因此，他在《周易口义》中援引史事达八十余处，对尧舜之事与汉唐故事引用尤多，足见其对尧舜之世的推崇与汉唐之事的警醒。

他解释《乾》卦初九：“后汉光武不任功臣以吏事，深得其道，不然若用小人，必乱其邦，所以韩、彭、英、卢立功受地，不旋踵而就戮也。”[③]用东汉光武帝不用功臣及西汉韩信、彭越、英布、卢绾立功收地却被杀之事生动地说明了“勿用”之义。解释《乾》卦九二的“利见大人”时曰：“利见大人者何？盖凡有大人之德，必须利见有大才大德之君，然后可以行己之道，若舜之得尧，禹之得舜，伊尹之得成汤，傅说之得高宗，吕尚之得周文是也。”[④]他认为，卦爻辞指明的是人间的得失，其所具有的借鉴意义才是《周易》的实际之用，所以他说：“天地卑高既定，则人事万物之情皆在其中。”[⑤]胡瑗的阐释虽然是出于儒理的解释，但是在儒理中却又重视历史的经验，在北宋初年的《周易》阐释中他的用史还是较为突出的。

胡瑗弟子程颐被列为安定门人之首，“程颐就学胡瑗时，胡瑗当时已是六十岁的老人，学问基本定型，其在《周易口义》及《洪范口义》中特重形上学的理路是很有可能影响程颐的，更为重要的是，如前所述，他特重‘理’概念，认为有‘有理未形’之时，对于‘理’概念的抽象提升无疑是有其

① 胡瑗：《周易口义》卷十《系辞上》，《十八名家解〈周易〉》（第5辑），长春出版社2009年，第422页。

② 同上，第455页。

③ 胡瑗：《周易口义》卷一《乾》，《十八名家解〈周易〉》（第5辑），长春出版社2009年，第265页。

④ 同上，第266页。

⑤ 胡瑗：《周易口义》卷十《系辞上》，《十八名家解〈周易〉》（第5辑），长春出版社2009年，第422页。

贡献的”[①]。程颐的易学思想在其师影响之下，沿着以理解《易》的道路前行，在他的《易传》中，仍然将史事作为以理说《易》的方法之一，多处援引史事以揭《易》旨。“在程颐、程颢的理学体系中，史学处于一个紧要的位置。”[②]程颐认为凡读史，不只是记事迹，更重要的是要认识其中的治乱安危兴废存亡的道理，他将理与史结合，在其解《易》中有鲜明的体现，他的“‘考古今’以求‘理’，不过是以历史事实验证‘天理’的永恒性”[③]。如《蒙》卦上九爻辞“击蒙，不利为寇，利御寇”释曰：

> 九居蒙之终，是当蒙极之时。人之愚蒙既极，如苗民之不率，为寇为乱者，当击伐之。然九居上，刚极而不中，故戒不利为寇。治人之蒙，乃御寇也。肆为刚暴，乃为寇也。若舜之征有苗，周公之诛三监，御寇也；秦皇、汉武穷兵诛伐，为寇也。[④]

程颐以舜之征有苗，周公之诛三监，说明治人之蒙的御寇之理，以秦始皇、汉武帝穷兵黩武解释刚暴的为寇之意。

又如《谦》卦九三爻辞“劳谦”一词，程颐解释如下：

> 三以阳刚之德而居下体，为众阴所宗，履得其位，为下之上，是上为君所任，下为众所从，有功劳而持谦德者也，故曰“劳谦”。古之人有当之者，周公是也。身当天下之大任，上奉幼弱之主，谦恭自牧，夔夔如畏然，可谓有劳而能谦矣。[⑤]

① 张义生：《宋初三先生研究》，山东人民出版社 2012 年，第 157 页。

② 吴怀祺：《中国史学思想通史》，黄山书社 2002 年，第 89 页。

③ 同上，第 93 页。

④ 程颢、程颐：《周易程氏传》卷一《周易上·经上·蒙》，《二程集》，中华书局 2004 年，第 723页。

⑤ 同上，第 775页。

程颐引用周公身担朝廷大臣，扶持幼主，谦恭勤劳的史事以参证，将“劳谦”之象赋予周公之身，至为深刻。

北宋欧阳修在其《易童子问》中怀疑易传非圣人所作，因此对其中的哲理很少探究，而是重视对人事的阐发，他在《张令注周易序》中说：

> 《易》之为书，无所不备，故为其说者，亦无所不之。盖滞者执于象数以为用，通者流于变化而无穷，语精微者务极于幽深，喜夸诞者不胜其广大，苟非其正，则失而皆入于贼。若其推天地之理以明人事之始终，而不失其正，则王氏超然远出于前人。[①]

他对王弼重人事的易学思想给予了肯定，认为《周易》并不只是一部卜筮之书，“文王无孔子，《易》其沦于卜筮乎！”[②]在其易著中，一以贯之的是其推崇的易学的人事之理。他强调：“盖圣人取象所以明卦也。故曰‘天行健。’《乾》而嫌其执于象也，则又以人事言之，故曰‘君子以自强不息。’六十四卦皆然也。”[③]正是对于《周易》明人事，重现实的理解，他在《易童子问》中倡言先王之道。在回答童子所问《师》卦中“敢问可以王矣，孰能当之？”时说：“汤、武是已。彼二王者以臣伐主，其为毒也甚矣。然其以本于顺民之欲而除其害，犹毒药瞑眩以去疾也，故其《彖》又曰：‘行险而顺，以此毒天下，而民从之。’”[④]用汤武解释师能领众之意。在《革》卦中引尧舜禹，在《困》卦中引文王、箕子之事，以汤武革命解《鼎》卦。

苏轼为欧阳修的门生，他论古今治乱，不为空言，在《东坡易传》的卦爻辞中也阐释着古今之理，所以引史为证也成为其释《易》的方法之一。在

---

① 欧阳修：《张令注周易序》，《欧阳修全集》，中华书局 2001 年，第 949 页。

② 欧阳修：《易或问三首》，《欧阳修全集》，中华书局 2001 年，第 303 页。

③ 欧阳修：《易童子问》，《欧阳修全集》，中华书局 2001 年，第 1107 页。

④ 同上，第 1108 页。

《乾》卦中曰："夫不可得而消者，尧、舜不能加焉，桀、纣不能亡焉。是岂非性也哉？君子之至于是，用是为道，则去圣不远矣。"[①]用尧舜和桀纣来说明《周易》中的"贞"为"正"的含义。《系辞传下》说："《易》之兴也，其当殷世之末，周之盛德邪？当文王与纣之事邪？是故其辞危。危者使平，易者使倾，其道甚大，百物不废。惧以终始，其要无咎，此之谓《易》之道也。"[②]用人事明《易》道述说着历史也表达着世间之理，从而提供了治国的经验与教训。

司马光的《资治通鉴》"止欲叙国家之兴衰，著生民之休戚"[③]，他的《温公易说》与其史著思想一致，四库馆臣说："盖其意在深辟虚无元渺之说，故于古今事物之情状，无不贯彻疏通，推阐深至。……大都不袭先儒旧说，而有德之言，要如布帛菽粟之切于日常。"[④]其在引史时尤重对历史盛衰的资鉴和对治世之道的论述。他在《蒙》卦六五中说："童蒙者，何以吉也？得人而信使之也。昔齐桓公、卫灵公之行犬彘之所不为也，然而大则霸诸侯，小则有一国，其故何哉？有管仲、仲叔圉、祝鮀、王孙贾为之辅也，二君者天下之不肖君也，得贤人而信使之，犹且安其身而收其功，况明哲之君用忠良之臣者乎？"[⑤]以齐桓公、卫灵公善用管仲、仲叔圉、祝鮀、王孙贾而霸天下之例说明君子得贤人并信使之，解释童蒙而吉之理。又如在解释《同人》卦时说："何谓君子乐与人同？请借鲁事以言之。夫季孟异室而皆出于桓，鲁卫异国而皆出于姬，姬姜异姓而皆为中国，夷夏异俗而皆列于会，此君子之乐与人同也。"[⑥]

北宋易学诠释在用史事时，将之看作是理的表现方式，是遵天理而行

---

① 苏轼：《东坡易传》卷八，《东坡文集编年笺注附录五》，巴蜀书社2011年，第114页。

② 同上，第279页。

③ 司马光：《资治通鉴》卷六十九《黄初二年》，中华书局1956年，第2187页。

④ 永瑢等：《温公易说》，《四库全书总目》卷二，中华书局1965年影印本，第5~6页。

⑤ 司马光：《温公易说》卷一《蒙》，《十八名家解〈周易〉》（第4辑），长春出版社2009年，第9页。

⑥ 司马光：《温公易说》卷二《同人》，《十八名家解〈周易〉》（第4辑），长春出版社2009年，第14页。

人事的具体证明，也是《周易》“以人事明天道”的体现。“历史是对人类过去活动的记载和总结，具体的史事能够体现一般规律特征，解《易》中列举的历史事实，……使得借助《周易》建构的理学和所讲的道理不再显得空泛，而是非常具体和实在，使本质的理有了外在现象事实的呼应，自然加强道德说教的效果。”[①]历史在《周易》中出现，既使《周易》变得更加可信，又使天理在人间变得更近人事，这是北宋理学勃兴下的《周易》诠释方式，但也说明北宋易家在运用历史事实时是重在述人事、明实践的易学思想。

这些都为南宋援史证《易》的兴盛打下了坚实的基础，南宋涌现出大量的史事易学著作，它们的解释已成系统、成规模，“几达于卦卦引经，爻爻援史之境矣！”[②]史事易于此时蔚为一宗。

二、南宋史事易学的演变

南宋，由于南北分割，士人们的责任感和使命感急剧增加，当务之急不是变革社会，而是对抗外族的侵扰，“从北宋末到南宋初，是阶级矛盾、民族矛盾交织发展，而以民族矛盾为社会主要矛盾的历史时期”[③]。面对主要矛盾的改变，有识之士急于从历史中寻找经验教训，为恢复统一提供良药，于是将史事引入《周易》，援史证《易》的方式集中出现。他们几乎卦卦有史的证《易》方式开启了易学发展史上的“史事宗”，影响深远。“随着南宋社会日益羸弱，重实事实功的思想渐渐抬头，一些有识之士联系时局，起而批判理学‘义理’、‘心性’的空疏、无用。”[④]李焘“《长编》一书用力四十

---

① 姜海军：《程颐〈易〉学思想研究——思想史视野下的经学诠释》，北京师范大学出版社2010年，第139页。

② 黄忠天：《史事宗易学研究方法析论》，《周易研究》2007年第5期，第43页。

③ 漆侠：《宋学的发展和演变》，河北人民出版社2011年，第30页。

④ 张涛、任利伟：《疑经变古思潮中的宋代易学考辨》，《古籍整理学刊》2009年第2期，第8页。

年”[①]，在书中全力表达了对时代的感慨，用尽平生精力详说其对现实的忧患，从而想唤起世人的觉醒。

南宋援史证《易》的易学家主要有李光、杨万里、胡宏等，他们用史事或历史人物阐释《周易》，将《周易》看成一部对政治、治国有用之书，目的是为当朝提供统治经验。“纵观整个南宋除了权相秦桧执政时期，总的来说，文禁不密，士大夫熟识本朝政治和本朝故事，对国家和民族有很强的责任感，不少人希望借助于史学研究，总结历史上的经验教训，以供统治集团作参考。”[②]

杨万里虽以“诚斋体”闻名于世，他的易学著作《诚斋易传》是南宋援史证《易》的代表作之一。杨万里在注释《周易》的过程中，大量引用史事，看似在证明《周易》卦爻辞，实则是阐述自己的理想，也为人们提供经验教训。他说：“夫易之于人，如水之于鱼也。鱼不可离水，人不可远于易。君臣父子，无非易也。视听言动，无非易也。治乱安危，无非易也。取舍进退，无非易也。”[③]认为人不应远离《周易》，因为它是一部指导实践的有用之书。“自《易》既作，有忧患者，可以处，可以忘；无忧患者，可以备，可以消。”[④]《周易》更是一部“遇忧患而自明，遇世故而自达”[⑤]的忧患之世的处世之书。

杨万里解释《乾》卦时说：“故亡汉不以成、哀而以孝元，亡唐不以穆、敬而以文宗，皆不刚健之过也。”[⑥]以史为鉴、古为今用，充分考虑治乱得失交替的法则。《屯》卦卦辞用“汉高帝平秦项之乱，除秦苛法，为义帝发丧”之事阐明《屯》之“利贞”，用“不王之关中而王之蜀汉，隐忍就国而不敢校”说明《屯》之“勿用，有攸往”，又用“会固陵而诸侯不至，亟捐齐、梁以王信、

① 脱脱等：《宋史》卷三百八十八，中华书局1985年，第11919页。

② 何俊、范立舟：《南宋思想史》，上海古籍出版社2008年，第37页。

③ 杨万里：《诚斋易传》卷十八，九州出版社2008年，第274页。

④ 同上，第273页。

⑤ 同上，第275页。

⑥ 杨万里：《诚斋易传》卷一，九州出版社2008年，第1页。

越"来解释《屯》之"利建侯",[1]整个卦辞用汉高帝之事来解释,以便表达他的意图从史事中寻求经验的解《易》思想。全书中几乎每一爻都用史事来解释,虽然其中不免有牵强附会的地方,却表现出了作者强烈的使命感和责任感。

钱大昕对于《诚斋易传》曾评价道:"其说长于以史证经,谈古今治乱安危贤奸消长之故,反复寓意,有概乎言之。……南渡之君臣,优柔寡断,有君子而不用,有小人而不去,朝纲不正,国耻不雪,日复一日,而沦胥以亡。识者谓惟刚健足以救之。诚斋此传,其有所感而作与!"[2]杨万里作为南渡之臣,企图在忧患中救亡图存,重整朝纲,雪洗国耻,于是他的《诚斋易传》成为许多历史故事的集合体,也成为一部忧患之作、警醒之著。

李光作为南宋四名臣之一,力主抗金,后被贬琼州,在荒凉的岭海研读《周易》,写成《读易详说》。他在给好友胡铨的信中说:"处忧患之际,则当安之若命,胸中浩然之气,未尝不自若也。邦衡岂俟鄙言,仲尼作《易》亦专论此事。《困》,刚掩也,险以说,《困》而不失其所亨,其惟君子乎!《剥》必有《复》,《否》终则倾,邦衡素明此道。"[3]他将《周易》定位为在忧患之际的生存之书,用《困》卦、《剥》卦、《复》卦、《否》卦说明否闭之道终将倾覆的道理。书中尽用历史人物或历史事件证明卦爻辞,而且特别重视君臣之道。他在解释《乾》卦九五"飞龙在天"时说:"有尧舜之君则有皋、夔、稷、契之臣,有汤武之师则有伊尹、太公之佐,故二五两爻皆曰利见大人,以见上下之相须也。"《履》卦初六说:"秦二世专任赵高,卒,有望夷之祸。"《兑》卦九五:"以唐太宗之明且不能去宇文士及之佞,然其所尊信者房杜王魏之流,故小人不得行其志耳。"

① 杨万里:《诚斋易传》卷二,九州出版社 2008 年,第 17 页。

② 钱大昕:《潜研堂文集·跋诚斋先生易传》,《嘉定钱大昕全集》,江苏古籍出版社 1997 年,第 267 页。

③ 李光:《庄简集》卷十五《与胡邦衡书》,《景印文渊阁四库全书》第 1128 册,台湾商务印书馆 1986 年影印本,第 600 页。

李光在论述《比》卦时，引当朝史事一例，足见其用心之处。

靖康之祸，金人长驱如入无人之境，诸路守臣奔窜迎降之不暇，其间能仗节死难者，不过数人，何补于治乱哉？然则众建诸侯，或大封同姓，以复唐虞三代之制，岂非今日之先务哉！[①]

他认为，金人长驱直入，是因为没有出现誓死抵抗的将领，最重要的是建国后没有分封同姓，建诸侯，这种观点不免失之偏颇，但敢于引用当朝的事例来证实，其强烈的用世之心可见一斑。

胡宏的易学著作为《易外传》，现收录于《胡宏集》中，虽有诸多散佚，但从保存下来的卦爻辞解释中依然可以清晰地梳理其以史证《易》的思路。《四库全书总目提要》说："其《易外传》皆以史证经。"[②]胡宏认为："史之有经，犹身之支体有脉络也。《易》、《诗》、《书》、《春秋》，所谓经也。经之有史，犹身之脉络有支体也。支体具，脉络存，孰能得其生乎？"[③]史为支体，经为脉络，互相依存，缺一不可。他在《周易成书》中明确指出了他写《易外传》的缘由："夫《诗》、《书》、《春秋》，后人犹多引以正心断事，至于《易》，则希矣。吁！士大夫之负先圣可胜之道哉。"[④]《周易》本也是正心断事之书，但没有发挥其本来的功能，他的《易外传》将之实现为断事之书，因此书中引用史事，以之为鉴。

如《屯》卦六二解释为："天子者，天下之首；蛮夷者，天下之足。中国盛强，蛮夷屈服，天下之常经也。而汉之时，匈奴暴桀，抗衡中夏。其为足也，

① 李光：《读易详说·比卦》，《景印文渊阁四库全书》第10册，台湾商务印书馆1986年影印本，第293页。

② 永瑢等：《五峰集》，《四库全书总目》卷一百五十八，中华书局1965年影印本，第1360页。

③ 胡宏：《皇王大纪序》，《胡宏集》，中华书局1987年，第165页。

④ 胡宏：《周易成书》，《胡宏集》，中华书局1987年，第278页。

犹初；其僭乱也，犹九。”[①]以汉代匈奴为例，主张应严格区分华夷，认为华为主，夷为辅，蛮夷必须对天子屈服，这才是正常的礼仪之道。他提出蛮夷的侵犯属于僭越之乱，希望天下豪士替天行道，镇压蛮夷。《蒙》卦六五说："汉昭所以委任霍光者，冲幼未明习国家事耳。非天资愚蒙，乃童蒙也。以其童蒙而天性聪明，故能上顺先帝之志，下任霍光之贤，而燕王之谋不成，篡弑之祸不作，故为吉也。”[②]以汉昭帝用霍光事为喻，解释童蒙乃聪明的含义，从而论述任人唯贤乃大吉的治国道理，显现了胡宏内心对当时南宋朝廷攻打金政权的渴望及盼望。《剥》卦初六解释为："汉和帝以郑众诛窦宪有功，遂得与闻政事，阉宦擅权，侵害正人，自此始矣。小人得志，君子道消，其凶必矣。"这是以东汉宦官郑众的恶行表示其痛恨小人得志，奸臣当道，扰乱政事以致国家凶险的内心感受，并坚决认为只有消除小人与奸臣，国家才有复兴的希望，是在总结历史教训中告诫时人，以期引起当朝者的重视。

马宗霍认为："南渡而后，国势不振，士大夫愤夷祸之日亟，痛恢复之难期，情殷中兴，念切雪耻，无以寄志，退而著书，则垂戒莫显乎《易》象，复仇莫大乎《春秋》，趋治二经，殆亦有不获已者焉。”[③]南宋士人往往依托《易》象，在历史中寻找中兴的希望，在史事中探寻垂戒的教训，以此形成卦卦有史的易学现象。

三、宋代史事易学与儒家政治理想

史事易学从北宋胡瑗的引史证《易》到南宋杨万里的卦卦有史，呈现了一个动态的发展过程。正如四库馆臣所言："王弼尽黜象数，说以老庄，

① 胡宏：《易外传》，《胡宏集》，中华书局 1987 年，第 284 页。

② 同上，第 288 页。

③ 马宗霍：《中国经学史》，上海书店 1984 年，第 34 页。

一变而胡瑗、程子,始阐明儒理;再变而李光、杨万里又参证史事。"这两种变化恰恰在北宋和南宋完成,北宋承袭《易传》中偶引史事以解《易》,只是将之作为以理释《易》的一种方式,还没有形成主要的阐释方法,而南宋的引史解《易》则变为完全参证历史,以至形成了卦卦有史的易学阐释方法。

以史解《易》古已有之,《明夷》卦的《彖传》已有用文王拘羑里蒙难,箕子被囚守正来释卦辞,汉代的马融"以人道政治议卦爻"[①],将史事作为义理的方式之一。如他在释《革》卦九五时说:"大人虎变,虎变威德折冲万里,望风而信,以喻舜舞干羽而有苗自服,周公修文德,越裳献雉,故曰'未占有孚矣。"[②]东汉郑玄融合象数义理,依然在其释《易》中用到了史事,在注《乾》卦上九"亢龙有悔"时曰:"尧之末年,四凶在朝,是以有悔,未大凶也。"[③]三国的宋衷也用史事阐明《易》理,其对《师》卦的上六"开国承家"解释"开国"为:"谓析土地以封诸侯,如武王封周公七百里地也。"[④]东晋的干宝更是多以殷周时期的历史作注释。例如他在解释《师》卦上六的"大君有命"时说:"上六为宗庙,武王以文王行,故正开国之辞于宗庙之爻。明己之受命,文王之德也,故《泰誓》曰'予克纣,非予武,惟朕文考无罪'。"[⑤]张惠言曾评价干宝易学:"仅存者三十卦,而又不完,然其言文武革纣、周公摄成王者十之八焉。"[⑥]唐代孔颖达在做《周易正义》时用王弼、韩康伯注本,他认为象数易与义理易在注释《周易》时应当兼有,而其在疏导时也会引史事来说《易》理。他在疏导《乾》卦的《文言》"飞龙在天,利见大人"时说:"'飞龙在天'者,言天能广感众物,众物应之,所以'利见大人'。……若周

① 徐世昌:《清儒学案》卷一百一十七《易义别录·序·马氏》,中华书局2008年,第4657页。

② 李道平:《周易集解纂疏》卷六《下经第六·革》,中华书局1994年,第442页。

③ 王应麟:《乾》,《周易郑康成注》,中华书局2012年,第13页。

④ 李道平:《周易集解纂疏诸家说易》卷二《师》,《周易集解纂疏》,中华书局1994年,第137页。

⑤ 同上,第136页。

⑥ 徐世昌:《清儒学案》卷一百一十七《易义别录·序·干氏》,中华书局2008年,第4656页。

时获麟，乃为汉高之应；汉时黄星，后为曹公之兆。感应之事广，非片言可悉。今意在释理，故略举大纲而已。”[①]用史说明天人感应众物的《易》理。《周易正义》作为汉易以来的易学总结，用史释《易》时出发点是“释理”，也说明汉唐易学中以史解《易》仅被看作以理释《易》的方式之一。

宋朝建立后，由于中央集权的统治，在文化上大力提倡儒学，随之在思想领域也掀起了复兴儒学的思潮，“宋代易学的发展是和儒学复兴运动紧密联系在一起的。这种儒学复兴的主要目的，一方面在于排斥佛老，承接道统，站在理论的高度来统证儒家的仁义礼乐的文化理想，建立一个取代佛老特别是佛教的新儒家哲学，另一方面在于力图从这种哲学中引申出一套经世之学和心性之学，以配合当时的改革事业，培养一批以天下为己任的人才”[②]。易学也承担了排斥佛老、经世致用的责任，他们从阐释《周易》中表达着对人世兴衰、社会治乱的巨大关心，从而对历史的借鉴功能逐渐重视，相较之前的汉唐义理易学的解释方式，北宋则较多地并有意识地运用史事来释《易》。

但是纵观北宋的以史释《易》，更多的依然将其作为理解《易》的一部分，并没有形成唯一的方式，而南宋则用史事释《易》达到了卦卦有史，这与南宋史学发展有着密切的关系。“宋代，尤其是南宋，是中国史学兴盛的时期。”[③]北宋的盛衰给南宋史家们留下了深刻的印象。他们面对现实，迫切希望在历史中汲取借鉴，找到治乱兴衰的关键，从而为现实提供经验，史家的忧患意识和经世意识也受到理学家的重视。他们借助《周易》的阐释，将历史加入，史事与易理结合，抒发了强烈的用世之心，“他们只有将理学和史学问题结合起来加以探讨，才可能使理学思想受到帝王的青

① 阮元校刻：《周易正义》卷一《乾·文言》，《十三经注疏》，中华书局1980年影印本，第16页。

② 余敦康：《汉宋易学解读》，中华书局2017年，第133页。

③ 李建军：《宋代〈春秋〉学与宋型文化》，中国社会科学出版社2008年，第54页。

眛”[①]。易史结合成为时代所趋，以史释《易》从义理中突出表现出来，达到了爻爻有史的境地。

“宋之南渡，君臣多讲《易》义，高宗召荆门朱震论《易》殿中，称旨，除祠部员外郎，迁秘书少监，赐以告词，敷及《否》、《泰》之义。右相张浚入朝，亦书《否》、《泰》二卦赐焉。于是浚及宰相李纲、李光、沈该皆著《易传》，而林儵、李授之、刘翔、郭伸、王义朝、都洁、彭与、王大宝、吴适、宋大明均以《易》义经进，或令秘书看详，或令有司给札，或与堂除，或补上州文学。”[②]可见，南宋君臣重视《周易》，能讲《易》义成为仕途向上的台阶，《周易》被当作经世致用之书，其中历史的阐释发挥了极大的作用。

南宋史事易家亦多有北宋易学的师承。李光之师为刘安世，“刘安世居南京，光以师礼见之。安世告以所闻于温公者曰：‘学当自无妄中入。’光欣然领会”[③]。董真卿曰：“先生之学本元城，元城学于司马公。”元城即刘安世，是涑水弟子，“刘安世字器之，大名人。父太仆卿仲通与温公为同年契，故遣师事之。熙宁初举进士，不就选，径归洛。温公曰：‘何为不仕？’先生以漆雕开‘吾斯之未能信’对。复从学者数年，一旦避席问尽心行己之要，可以终身行之者。温公曰：‘其诚乎！吾生平力行之，未尝须臾离也。’先生问其目，温公曰：‘自不妄语始。’自此力行七年，而后言行一致，表里相应。”[④]刘安世之师为司马光，李光作为刘安世之徒，在解《易》中与司马光多有相通之处，应该说，他的易学思想间接承袭于司马光。

杨万里易学对程颐易学思想多有继承。他说：“易之为言变也，易者圣人通变之书也。”[⑤]程颐说《周易》的卦爻是“随时变易以从道”，还认为事物

① 燕永成：《南宋史学研究》，甘肃人民出版社2007年，第202页。

② 朱彝尊：《易璇玑序》，《曝书亭集》（中），商务印书馆1935年，第564页。

③ 脱脱等：《宋史》卷三百六十三，中华书局1985年，第11335页。

④ 黄宗羲：《宋元学案》卷二十《元城学案》，中华书局1986年，第821页。

⑤ 杨万里：《杨万里集笺校》卷八十《易外传·序》，九州出版社2007年，第3253页。

的变化是遵循一定的规律，而杨万里则进一步将规律用历史阐发。他说："乾、坤开辟之世乎，屯、蒙鸿荒之世乎，讼、师阪泉逐鹿之世乎，畜、履书契大法之世乎，泰通尧舜雍熙之世乎。过是而后泰而否，否而泰，一治一乱，治少乱多，泰岂可复哉！"[①]用卦序的排列体现出历史发展的规律。程颐在《易传》中注重人事，有多处用史解《易》，杨万里继承这一方法，对卦爻皆引历史事件或历史人物，在其易传中多有"程子曰"之语，因此杨万里易学在很大程度上继承并发展了程颐易学，四库馆臣说："是书大旨本程氏，而多引史传以证之。初名《易外传》，后乃改定今名。宋代书肆曾与程传并刊以行，谓之《程杨易传》。"[②]

胡宏《易外传》中皆用史事，而溯其学术渊源，二程之学对其影响至深。张南轩《胡子知言序》中称其师："自幼志于大道，尝见杨中立先生于京师，又从侯师圣先生于荆门，而卒传文定公之学。"[③]从中可知，胡宏师为杨中立、侯师圣及其父胡安国。

杨中立即杨时，程门著名弟子，程颢在杨时南归时曾感慨"吾道南矣"。侯师圣即侯仲良，是程门弟子，也是二程的外甥，其"讲论经术，贯通不穷，议论时势也纤维皆察，准确无误"[④]。胡安国是"程门私淑弟子"，[⑤]对二程之学非常推崇。他说："孔孟之道不传久矣，自颐兄弟始发明之，而后其道可学。今使学者师孔孟而禁从颐学，是入室而不由户也。"[⑥]他深受二程弟子的影响，与程门弟子谢良佐交情甚深，并与谢良佐弟子曾恬共同整理了《上蔡语录》。

---

① 杨万里：《诚斋易传》，九州出版社 2008 年，第 45 页。

② 永瑢等：《诚斋易传》，《四库全书总目》卷三，中华书局 1965 年影印本，第 14页。

③ 胡宏：《宋张栻胡子知言序》，《胡宏集》，中华书局 1987 年，第 338 页。

④ 王立新：《从胡文定到王船山——理学在湖南地区的奠立与开展》，中国社会科学出版社 2014 年，第 101 页。

⑤ 同上，第 80 页。

⑥ 李心传：《建炎以来系年要录》卷一百〇八，中华书局 2013 年，第 1755 页。

南宋史事易学家继承了北宋儒理易学阐释，依然立足于宋代儒学思想的复兴，由于南宋士人的政治理想及南宋史学的发展，使得南宋对历史尤其重视，而表现在《周易》阐释中则是史事的大量引用，因此四库馆臣将之总结为义理派的“史事宗”，实非虚言。

由于宋代对历史经验教训的重视，宋代的史事易学从宋代义理易学中异军突起，并表现为从北宋的援引史事以注《易》到南宋的卦卦有史的转变。它在宋代完成了自己的嬗变轨迹，而大量引用历史进入《周易》也只有在南宋才能完成。因为它既有学术思想的传承也有社会政治的变化，既有君民的共同努力，也有士人的担当与责任。完全用历史诠释《周易》，在南宋成为一种成熟的解《易》方式，其在《周易》诠释史上价值重大，影响深远。

第三章　元明的易学阐释与思想新风

元代立国不足百年，在易学发展史上直接继承了南宋由朱熹开创的义理之学与象数之学合流的倾向，而自成一完整的发展阶段。蒙古入主中原，南方程朱之学也在北方得到广泛的传播，由于周（敦颐）、邵（雍）、程（颐）、张（载）、朱（熹）的传道系统被确认和朱子易学正统地位被确立，朱子易学受到治宋学的各派学者的充分重视。因而兼综程朱的易学家往往以朱阐程，从义理的角度发挥朱熹易学中的象数内容，同时也从象数的角度说明义理推衍的基础。元人标榜"以程朱为宗"往往兼义理象数而言之或务持二家之平，这种学术态度和立场实际上接近朱熹，而不符程颐。朱子易学富于综合性和调和精神，在反复推阐《易》为卜筮之书的同时，又以为先儒旧说皆不可废，如互体、飞伏、纳甲之类，强调应由象数而及致思。

明代学术虽有因循承袭的一面，但绝非主流。从属于经学形态的易学在明代有丰富的内涵，亦随世变而有相应的发展，是中国传统易学发展进程中的一个重要阶段。《周易》及易学思想在很大程度上为明代社会、政治、学术等领域的思想发展提供了强有力的理论支撑。随着经济的发展及社会的渐趋转型，明代中叶的学术文化层面也逐步发生着变化，突出的表现就是，程朱理学不再独尊，阳明心学悄然勃兴。学术文化思潮的这一转向、嬗变对易学亦有着深刻的影响。

第一节　元代国家、社会之世相流转与经学演变

元代是中国历史上首次由少数民族建立的大一统王朝。忽必烈即位后，取《易经》“大哉乾元”之意改国号为“大元”。公元1279年，元军攻陷南宋都城临安，统一全国，结束了唐末以来分裂割据的局面。而中国的政治和社会也随之发生急剧的变化。蒙古统治者征服地区横跨欧亚大陆，然而在军事上如此强势的王朝，其寿命却不足一个世纪，这与元朝的统治有着密切的关系。

元代的前身是成吉思汗所建立的“大蒙古国”。蒙古族的直系祖先是与鲜卑族、契丹人同属一种语系的室韦各部落。到12世纪时，蒙古部落仍然过着以狩猎游牧为主的生活，只有少数部落经营农业。13世纪初，铁木真统一了蒙古各部，被各部推举为“成吉思汗”，建立政权。此后通过不断的战争，其势力范围不断扩大，先后灭西辽、西夏、金、大理、南宋等。然而扩张的同时，内部也出现了分裂，正如钱穆先生所言：“因蒙古未有早定储位之制度，帝位相续，均由诸王大臣拥戴，故屡起纷争。且蒙古恃其武力之优越，其未入主中国以前，已有本部及四大汗国，疆土跨亚、欧两洲。故其来中国，特惊羡其民物财富之殷阜，而并不重视其文治。故元之诸帝，多不习汉文，甚至所用官吏，有一行省之大而无人通文墨者。因此其政治情态，乃与中国历来传统政治，判然决异。”[①]蒙古统治者入主中原采取了判然决异的统治措施：

首先，实行民族歧视的政策。蒙古统治者为了保障蒙古贵族的特权，采取民族压迫的政策，并把全国各民族分为四等：蒙古人、色目人、汉人、

① 钱穆：《国史大纲》，商务印书馆2012年，第637~638页。

南人。这四等人在政治、经济、文化等方面都有着明显的优劣不同的待遇。据《元史·百官志》记载，“其长则蒙古人为之，而汉人、南人贰焉”。丞相等高级行政长官都由蒙古或色目贵族担任，而汉人和南人只能担任一些相对低级的官职。故而有学者指出：“他们的进入，打乱了汉人社会的正常运转和发展，拉着汉人社会后退。他们发展起来奴隶制，也发展起来依附制或农奴制，他们把这些落后的制度掺杂到汉人社会中来。”[①]

蒙古的这种歧视政策对汉人社会产生了一定的消极影响，尽管如此，面对中原先进的文化，蒙古统治者也采取了相对宽容的政策。正如马克思的著名论断：“野蛮的征服者总是被那些他们所征服的民族的较高文明所征服。”[②]蒙古统治者虽然采取了人分四等的民族歧视政策，在一定程度上为了自身的统治，也不得不采取如注意笼络汉族势力，启用一批汉族学者等措施，甚至在元仁宗皇庆年间，规定了科举考试以朱熹注为标准，使得程朱理学官方化。

其次，在用人方面仍然保持游牧民族重视实用的观念。元代选官保持了族群差别等级的“根脚”制度和承荫制度，使得一些世勋贵族一直保持着特权。虽然元仁宗时重开科举，但科举出身者仅占官员总额的百分之四，导致大部分汉族士人在政治中被边缘化。尽管如此，元代统治者并不严格控制思想领域，在文化政策方面相对比较宽松，汉族的文人儒士虽不得重用，但没有失去文化和文学领域的话语权，使得元代文化呈现出不同的特点。

最后，元代在文化方面相对宽容。元代文化多元，在文化政策上也相对宽松，正如清代学者所评价的：

---

① 何兹全：《中国社会发展中的元代社会》，《北京师范大学学报》1992 年第 5 期，第 39 页。

② 马克思、恩格斯：《马克思恩格斯全集》卷九《不列颠在印度统治的未来结果》，人民出版社 1956 年，第 247 页。

> 元代屡罢科举，又有汉人、南人之分，金地为汉人，宋地为南人，汉人至中书平章，而不得为丞相，南人无入中书省、枢密院、御史台者。顾尊崇前代圣贤，及宋儒周、邵而下，皆加封赠。文学之士，亦多加优礼。其待当世之儒，若许、吴两文正，征聘之虔，有过于汉世之待樊英，所谓筑坛设席，犹待神明者。故其一朝，文章风气，最为陵弱，而稍知翰墨者，无不立致重名。上者回翔台阁，王公俱敬礼引重，无敢猜害；次亦为行省行台州郡所邀致；贵家富人，倾筐倒屣，得其一吟一句以为荣。终元世百年，内难屡作。大臣往往致死，而文臣无敢加陷害者。其一朝独无文字之狱，非后世所可及也。①

由此可见，元代统治者不仅在意识形态的控制方面尤其是对文人士大夫的态度，相对于明清时期的文化专制而言，较为宽松，而且对于一些有名的文人儒士也非常重视，虽然其社会政治地位无法与宋朝相比。

也正是因为处在这样的社会环境之下，元代在文化和思想领域呈现出另一番景象。正如有学者所言："今天我们来看元代文人的这种生活和创作，恰恰从中看到了很珍贵的东西，看到了过去数千年中国文人精神中所缺少的东西，看到元代文人可贵的独立的人生价值追求——不依附于政治的独立人生价值意识。他们不以'治国平天下'为实现生活价值唯一的途径，甚至也不以道显于后世为人生价值的实现，而认为有文有才即有价值。他们以才学抗衡富贵，追求文人独立的生活方式——不同于世俗、不同于官场的生活方式。"②

① 李慈明：《周秦以后史书·元史类编》，《越缦堂读书记》，中华书局2006年，第348页。

② 查洪德：《元代诗学通论》，北京大学出版社2014年，第23页。

第二节　元代朱子易学的风貌

元代易学上承宋代易学之余绪，对宋代易学有继承，也有发展。南宋理学的集大成者朱熹，同时也是易学大家，其易学代表作有《周易本义》和《易学启蒙》。朱熹学说后来成为明清科举考试的标准，其易学思想对后世也同样产生了深远的影响。

一、朱子易学著作与易学观点的研究

朱熹的学说在元朝被推崇为官方学说之后，其易学思想也呈现出官学化的倾向，按照元朝政府的规定，科举考试内容中的《易》以程、朱之义为主，同时可以兼用古注疏。“但从目前留存下来的一些科举程文和拟文中来看，应举者对朱子易学的关注程度，似乎要在程子易学与古注疏之上。”[①]不仅如此，除了朱门后来专门从事对朱子易学的传授，还出现了一批研究朱子易学的学者，对元代易学的发展起了重要作用。

首先在朱子易学著作方面研究成果颇丰。有的是对朱子易学的直接注释，代表作有胡一桂的《周易本义附录纂注》，是对朱熹《周易本义》的阐发，从整体来说，在编撰体例上继承了朱熹《周易本义》经、传相分的诠释方式，并在朱子易学的基础上又有自己的见解和看法。除此之外，还有张清子的《周易本义附录集注》，作为朱门后学，张清子继承了朱子《周易本义》的注释体例，从义理的角度兼收各家之说，不仅对朱子易学进行了阐发，而且对朱子《周易本义》的注解有一定的拓展。熊良辅的《周易本义集

① 谢辉：《简论朱子易学在元代发展的基本面貌》，《周易研究》2010年第6期，第55页。

成》也属于对《周易本义》的注释，其叙录中有："以朱子《本义》为主，取诸家之说与《本义》意合者录之，或与《本义》不合而得其旨者，备录以相发明，末折衷已意，名曰《集成》。"有的是对朱子易学著作的阐发，如熊禾《勿轩易学启蒙图传通义》，从形式上来看，此书与朱子《易学启蒙》存有一致之处，但从内容来看，熊禾的《勿轩易学启蒙图传通义》中加入了大量自作的易图与自己的解说。此外，还有胡一桂的《周易本义启蒙翼传》，既有对朱子所提及的"天地自然之易"、伏羲易、文王易、周公易、孔子易的阐明，又有关于周末至宋代易学的传授及易学传注的叙述。熊禾的《勿轩易学启蒙图传通义》，虽然记录了朱熹《易学启蒙》中的部分易图，但其中更多地加入了自己所创作的易图和解说，是在《易学启蒙》基础上的阐发。

有的著作不仅有关于朱子著作的研究，还有对朱子易学观点的研究，如许衡的《揲蓍说》，主要是用数学的方法，通过演算各卦的概率来解释朱子筮法，尤其是朱子筮法中的阴阳体用的含义。此外，张理的《易象图说》"从朱子之说出发，进而寻找河图洛书之源，并最终将河洛图式的源头推到了陈抟《易龙图》"[①]。

除了对朱子易学观点的阐发之外，还有一些学者对朱子易学的观点持质疑的态度，如王申子、俞琰、李简、陈应润等。王申子对朱子的"《易》本卜筮之书"提出疑问，认为卜筮是《周易》之一个流派。俞琰则不同意朱子的卦变之法，对朱子易学多有指责。李简不同意朱子提出的河洛图式，陈应润则直接批评朱子所传的周敦颐的《太极图》乃道家之学。

无论是对朱子著作的研究，还是对朱子易学观点的阐发，抑或对朱子易学观点的质疑，都体现了元代朱子易学的研究的成果，对朱子易学的发展起了重要的作用。

① 谢辉：《简论朱子易学在元代发展的基本面貌》，《周易研究》2010年第6期，第59页。

二、折衷程朱易学

除了对朱子著作和朱子易学观点的研究之外，还有一些学者致力于对程朱易学的调和，既有在易学著作方面的调和，又有易学观点方面的调和。在易学著作方面，如赵采的《周易程朱传义折衷》，据《四库全书总目提要》载："节录程子《易传》、朱子《本义》之说，益以《语录》诸书，列之于前，而各以己说附于后，所谓'折衷'也。"因此有学者指出："赵氏之书，其体例为在《周易》经传的编次上沿用经传混排之旧本，每句经文之下，先引程子《易传》，再引朱子《本义》或《语录》中有关部分，最后再系以己说。"[①]再如董真卿的《周易会通》，《四库全书总目提要》云："其程子《经》说、朱子《语录》各续于《传》之后，是为《附录》。又取一桂纂疏而增以诸说，是为《纂注》。其后定名《会通》者，则以程《传》用王弼本，《本义》用吕祖谦本，次第既不同，而或主义理，或主象占，本旨复殊。"采取了不同于赵采的编撰体例，以在《彖传》《象传》《文言传》等易传之后，分附于程子《经》说和朱子《语录》，并采用元代胡一桂及各家的"纂疏"附于其后。力图通过汇编程朱易著这种形式上的折衷，来实现二家思想上的折衷。

再如对程朱易学观点的调和，代表有梁寅《周易参义》。在其《自序》中，梁氏明确阐述了其对程朱易说的看法："程子论天人以明《易》之理，朱子推象占以明《易》之用，非故为异也。其详略相因，精粗相贯，固待乎学者之自得也。"[②]正是在这一看法的指引下，梁氏才撰成《周易参义》，其所谓"参义"者，实际上就是参用程、朱二家易义，亦即其所谓的"参酌二家，旁采诸说，僭附己意"[③]。正如《四库全书总目提要》云："其大旨以程《传》主

① 谢辉：《简论朱子易学在元代发展的基本面貌》，《周易研究》2010年第6期，第60页。

② 梁寅：《周易参义序》，《通志堂经解》，江苏古籍出版社1996年，第381页。

③ 同上。

理,《本义》主象,稍有异同,因融会参酌,合以为一,又旁采诸儒之说以阐发之。其分《上、下经》《十翼》,一依古《易》篇次,即朱子所用吕祖谦本。其诠释经义,平易近人,言理而不涉虚无,言象而不涉附会。”

综上所述,无论是对朱子易学著作和观点的研究,还是对程朱易学的调和,都体现了元代易学对宋代易学尤其是程朱易学的继承和发展,在易学发展史上具有重要的地位。

第三节　许衡的易学阐发

许衡是元代著名的理学家,《宋元学案》中有:“河北之学,传自江汉先生,曰姚枢,曰窦默,曰郝经,而鲁斋其大宗也,元时实赖之。”鲁斋即许衡。元代曾有“北有许衡,南有吴澄”之说,对许衡、吴澄易学思想的研究,有利于我们分析易学在从宋代向明代过渡时期,元代易学所起到的重要作用。

一、许衡及其易学著作

许衡(1209—1281),字仲平,号鲁斋先生,祖籍怀庆河内(今河南省沁阳市)人。虽然许衡生于动荡的社会环境中,但从小“初有异秉”[①],“七岁入学,授章句”[②]。有“异质”,“凡更三师”[③]。据《元史》本传记载:

> 既逃难徂徕山,始得《易》王辅嗣说。时兵乱中,衡夜思昼诵,身体而力践之,言动必揆诸义而后发。……往来河洛间,从柳城姚枢得伊

① 苏天爵:《元朝名臣事略》,《丛书集成初编》,商务印书馆1936年,第133页。

② 宋濂:《元史》卷一百五十八《许衡列传》,中华书局1976年,第3716页。

③ 同上。

洛程氏及新安朱氏书，益大有得。寻居苏门，与枢及窦默相讲习。凡经传、子史、礼乐、名物、星历、兵刑、食货、水利之类，无所不讲，而慨然以道为己任。[①]

由上述材料可知，许衡最初是学习王弼易学，这在耶律有尚《许文正公考岁略续》中也有类似的记载。《宋元学案·鲁斋学案》中则记载："访姚枢于苏门，得伊洛、新安遗书，乃还谓其徒曰：昔者授受，殊孟浪也，今始闻进学之序。若必欲相从，当率弃前日所学，从事小学之洒扫应对，以为进德之基。众皆曰：唯。遂相与讲诵，诸生出入惟谨。"许衡于苏门结识了姚枢、窦默，认识到自己之前所学的不足，乃"率弃前日所学"，转向程朱之学，并与姚枢、窦默一起相互讲习经传子史等，换而言之，许衡思想的转变，"不仅仅是对程朱理学的一个继承和延续，他沿着当时的学术发展轨迹，在和会朱陆的问题上做出了自己的努力"[②]。

许衡不仅对于理学的传播和朱子之学官学化起着重要的推动作用，而且对元代政治、教育等都有着重要的影响。《元史》本传中有："衡善教，其言煦煦，虽与童子语，如恐伤之。故所至，无贵贱贤不肖皆乐从之，随其才昏明大小皆有所得，可以为世用。"[③]有学者指出，许衡"一生中最重要的活动，就是宣扬和传播程朱理学"[④]。明儒薛瑄更是称许衡为"朱子之后一人"。由此可见，许衡的最大贡献就是致力于教授、传播中原传统文化。

作为理学的传承者，许衡"于《书》于《易》尤多致力"[⑤]。如前所述，许衡最初学的是王弼易学，后又学习程朱理学，其易学著作有：《揲蓍说》《读易

---

① 宋濂：《元史》卷一百五十八《许衡列传》，中华书局1976年，第3716~3717页。

② 马倩倩：《许衡理学思想研究》，山东大学2010年硕士学位论文，第6页。

③ 宋濂：《元史》卷一百五十八《许衡列传》，中华书局1976年，第3729页。

④ 陈高华、张帆、刘晓：《元代文化史》，广州教育出版社2009年，第235页。

⑤ 耶律有尚：《许文正公考岁略续》（清乾隆五十五年刻本），《北京图书馆藏珍本年谱丛刊》第35册，北京图书馆出版社1999年，第571页。

私言》《阴阳消长》等。其中《揲蓍说》又称《读文献公揲蓍说》,著于四十岁之时,对传统筮法中的静爻和动爻的概率,运用数学的方法进行详细的推演,并用体用的关系来解释筮法,体现了许衡对于宋代理学的继承。

关于《读易私言》,《宋元学案·鲁斋学案》则认为是"五十后所作"[①]。此书从一卦六爻之才、位、时的关系入手,通过论述,对传统的才、位、时三者的关系进行了阐发。

除此之外,许衡还继承和发展了朱熹的阴阳观念,并著有《阴阳消长》一书,据考证,此书著于其五十八岁之时[②]。许衡在朱熹阴阳观念的基础上,以《周易》卦象为依据,阐述自己的阴阳观念:"自始少而至长极,凡八消,则始消而至消尽,凡八长。盖消之中复有长焉,长之中复有消焉,长中之消,其消也渐微,消中之长,其长也亦渐微。"[③]

许衡不仅在思想方面继承和发展了宋代理学,而且在道德品格方面也继承了宋代理学所强调的社会责任感和历史使命感,凸显出许衡高尚的道德品质,正如《宋元学案》所云:"先生尝曰,纲常不可亡于天下,苟在上者无以任之,则在下之任也,故乱离之中,毅然以为己任。"

二、许衡的易学思想

关于许衡的易学思想,学界研究者甚少,其易学思想集中体现在《揲蓍说》《读易私言》和《阴阳消长》等论述中,而从其论述可知,其易学思想涉及筮法的解释、"才、位、时"的关系及阴阳消长等方面。

---

① 黄宗羲:《宋元学案》卷九十《鲁斋学案》,中华书局 1986 年,第 3001 页。

② 耶律有尚:《许文正公考岁略续》(清乾隆五十五年刻本),《北京图书馆藏珍本年谱丛刊》第 35 册,北京图书馆出版社 1999 年,第 571 页。

③ 许衡:《许衡集》卷六《阴阳消长》,东方出版社 2007 年,第 165 页。

（一）对筮法的解释

许衡对筮法的解释主要集中在《揲蓍说》中。《揲蓍说》又名《读文献公揲蓍说》。"文献公"即耶律履，精于阴阳方技之说和《周易》象数的推演，许衡对于文献公耶律履的揲蓍说多有质疑，故而有此专论。

传统的筮法，得老阳的概率为六十四分之十二，老阴为六十四分之四，都为四的倍数，而耶律履改良之后的筮法得老阳和老阴的概率则都为六十四分之八，这在许衡看来是有问题的。他指出："如旧说一爻变，究以四齐之，而不合乾坤六子之率，及为自说，乃以八齐之，一法而两其数，其为不同，已甚可怪。况四齐、八齐之后，尤不能见静变往来之实，虽能苟合其率，而不知实不相似也。且初揲必令多少之数均，是分二之后，不挂一而挂二也。既违大传，又悖先儒，其不敢以为然也审矣。"[①]一句"既违大传，又悖先儒"，体现了许衡在筮法方面对于先儒之说的遵从。而这种遵从，更是从其阴阳消长的关系中有着更为明显的体现。

（二）阴阳消长的观念

《周易》中非常重要的一个命题就是"阴阳"观念，宋儒尤其是以朱熹为代表的理学家们，对于阴阳观念进行了深入的研究，并沟通了"理"与"物"的关系，从而使得阴阳观念更有了一定的现实价值。而许衡在此基础上，进一步阐发了阴阳观念与理学之间的关系，将易学和理学有机结合起来。

《易传·系辞》中有："易有太极，是生两仪。两仪生四象，四象生八卦，八卦定吉凶，吉凶生大业。"而在许衡看来，理即太极："天下皆有对，惟一

① 许衡：《许衡集》卷六《揲蓍说》，东方出版社2007年，第166~167页。

理无对。一理，太极也。”[1]理构成了万物：“有是理而后有是物”[2]，而太极中的两仪却与阴阳有着至关重要的关系。

如前所述，许衡在《阴阳消长》一文中开篇即说：“自始少而至长极，凡八消，则始消而至消尽，凡八长。盖消之中复有长焉，长之中复有消焉，长中之消，其消也渐微，消中之长，其长也亦渐微。”[3]明确提出“消中有长，长中有消”，对立事物之间可以相互转化。许衡在此基础上对《周易》各卦的消长关系进行了阐述，如“故一复而至三（益），三复消而为二（震），二长而至四（无妄），四复消而为三（归妹），三长而至五（履），五复消而为三（泰）……四长而不消，遂至于极也。虽然此姑论六画者然也。积而至于久，至于十二，以至于无穷”[4]。在许衡看来，《复》卦为阴阳消长之始，其卦画为（☷上☳下）阳爻处于五阴爻之下当长，五阴处于一阳之下当消，在阴阳的消长之下，形成了《益卦》（上☴下☳），其他卦也是如此，世界的万事万物都是此道理。

此外，许衡通过阴阳消长的关系指出：“是知天下古今，未有无阳之阴，亦未有无阴之阳，此一物各具一太极，一身一乾坤也。孟子谓万物皆备于我是也。”阴阳两面构成了万事万物，又许衡曾说：“天下皆有对。一理，太极也。”换言之，阴阳构成了两极，同时也构成了理，理中也蕴含着阴阳消长。由此可见，许衡不仅继承了理学，也发展了易学，将易学和理学结合了起来。

（三）《读易私言》与才、位、时合一观念

许衡的《读易私言》只有一卷，内容比较少，如前所引，其内容《四库全

---

① 许衡：《许衡集》卷二《语录下》，东方出版社 2007 年，第 29 页。

② 许衡：《许衡集》卷一《语录上》，东方出版社 2007 年，第 2 页。

③ 许衡：《许衡集》卷六《阴阳消长》，东方出版社 2007 年，第 165 页。

④ 同上。

书总目》中有简要介绍：

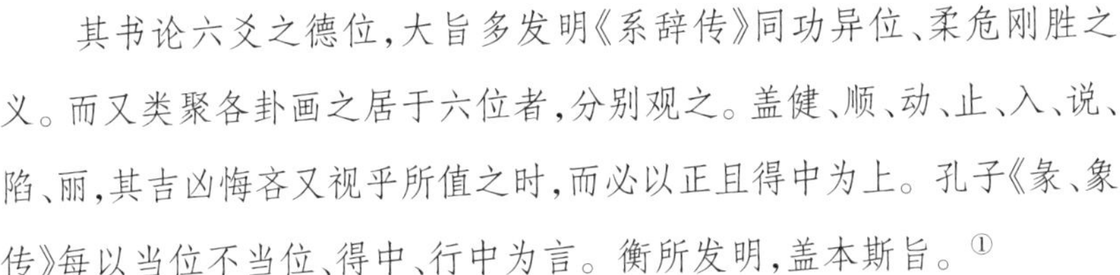

其书论六爻之德位，大旨多发明《系辞传》同功异位、柔危刚胜之义。而又类聚各卦画之居于六位者，分别观之。盖健、顺、动、止、入、说、陷、丽，其吉凶悔吝又视乎所值之时，而必以正且得中为上。孔子《彖、象传》每以当位不当位、得中、行中为言。衡所发明，盖本斯旨。[1]

上述四库馆臣对于《读易私言》的总结具有以下特点：第一，在四库馆臣看来，许衡的《读易私言》重在阐发六爻德位，旨在发明《系辞传》中的同功异位、柔危刚胜之义。第二，对六位卦画进行分析整理，并且分别对爻位及爻位所蕴含的吉凶进行考察。第三，在四库馆臣看来，许衡在《读易私言》中，对孔子所作的《彖传》《象传》中所提到的当位、得中、行中思想作了进一步发挥，集中体现了“才、位、时”之间的关系。

从《读易私言》来看，所谓的“才”是指爻的阴阳属性，“位”指的是卦中的六爻之位，“时”指的是每一卦每一爻合不合时。如在《读易私言》开篇便指出：

初位之下，事之始也。以阳居之，才可以有为矣。或恐其不安于分也，以阴居之，不患其过越矣，或恐其懦弱昏滞，未足以趋时也。四之应否，亦类此义。大抵柔弱则难济，刚健则易性，故诸卦柔弱而致凶者，其数居多。[2]

如前所述，许衡认为，万事万物都是阴阳消长的产物，对于许衡来说，

① 永瑢等：《读易私言》，《四库全书总目》卷四，中华书局1965年影印本，第22页。

② 许衡：《许衡集》卷六《读易私言》，中华书局2019年，第241页。

所谓的才，其实就是指爻的阴阳属性，并由此来决定事物的特征。初爻作为事物的开始，如果以阳爻居之，才可以有为。由于担心阳爻居于初位而不够安分，所以又以阴爻居之，不是担心它们超越，而是担心有懦弱昏滞之象，不足以去把握好的时机。由此可见，阴爻阳爻所处的位置，在一定程度上决定着事物的吉凶。故而许衡接着指出："居初者易贞，居上者难贞。易贞者，由其所适之道多，难贞者，以其所处之位极。故六十四卦，初爻多得免咎，而上每有不可救者，始终之际，其难易之不同尽如此。"[1]无论是阴爻还是阳爻，居于初位则比较容易获得贞祥，居于上位而获得贞祥却比较困苦。这或许是因为万事万物都有其发展的规律，都有一个从最初发展到极盛的阶段。

此外许衡还列举了《坤》卦，指出六二爻的重要性：

> 坤六二，否之时不为穷厄所动，豫之时不为逸欲所牵，非安于义分者莫能也，坤六二居中履正，且又静而顺焉，宜其处此而无败也……此六爻所以贵中正，而中正之中又有随时之义也。[2]

许衡指出，《坤卦》六二爻即居于第二位的阴爻，由于"居中履正"，所以遇到困境时不会因为困厄而有所改变，通达时不会被安逸和欲望所牵绊，因此居坤六二之位，有顺时之义。由此可见，许衡在对《坤》卦六二爻的解释时，将"才""位""时"有机结合起来。

此外，时的概念，许衡也非常重视。在解释其他爻时许衡时常将"中"与"时"并提。如在解释第三爻时，许衡指出："以阴处阳，以柔乘刚，不中不正，悖忤时义，其为凶也切矣。"[3]

---

① 许衡：《许衡集》卷六《读易私言》，中华书局 2019 年，第 241 页。

② 同上，第 3 页。

③ 同上，第 4 页。

不仅重视“才”“位”“时”的关系，许衡还非常注重六爻中所蕴含的君臣之道，如在解说整卦中的第四爻时指出：“四之位，近君多惧之地也，以柔居之，则有顺从之美，以刚居之，则有僭逼之嫌。然又须问居五者阴邪阳邪，以阴承阳，则得于君而势顺，以阳承阴，则得于君而势逆。势顺则无不可也，势逆则尤忌上行。”[①]并列举《离》卦、《震》卦、《夬》卦等进行进一步解说。许衡通过第四爻的爻位阐发了君臣之间的关系，近君之位应以柔顺处之，如此方能趋利避害。这种思想在解释第五爻时也有所反映，第五爻为人君之位，对于君主，即便是不当位，若以柔顺治国，也可谓是个好的君主。他说：“坤六五，坤六居五，虽不当位，然柔顺重厚，合于时中，有君人之度焉。”[②]指出五乃人君之位，虽然坤六五阴居阳位，然而能够做到柔顺，合乎时中，有君主的度量，故而能够趋利避害。

综上所述，许衡的《读易私言》意在通过阐释“才”“位”“时”的关系来阐发时中、君臣之道等义理，虽然只有一卷的内容，但是却继承了《彖传》《象传》解《易》的宗旨，是“六经注我”的典范。

三、许衡的易学阐发模式与特点

作为元代著名的理学大师，许衡继承和发展了宋代理学的特点，不仅其思想在当时产生了重要影响，而且也指导了社会实践。

（一）“揆诸义而后发”的易学阐发模式

“揆诸义而后发”，出自《元史·许衡传》：“既逃难徂徕山，始得《易》王辅嗣说。时兵乱中，衡夜思昼诵，身体而力践之，言动必揆诸义而后发。”如前所述，关于许衡专门的易学专著较少，我们仅能从《读易私言》《阴阳消

① 许衡：《许衡集》卷六《读易私言》，中华书局2019年，第4页。

② 同上，第7页。

长》《揲蓍说》及零散的论述中，来探究其治易的特点。

首先，注重对《周易》义理的阐发。无论是《读易私言》中关于“才”“位”“时”的关系的阐述，还是关于阴阳消长的理论，都体现了许衡对于《周易》所蕴含的义理的阐发。

其次，许衡有《揲蓍说》的专论。他继承了传统的筮法，批评耶律履“不能见静变往来之实”，并对演算之法有着自己的见解。在他看来，“静变往来之实”正是阴阳体用变化的规律使然，而这样规律就像四季的变幻：“阴阳之用，故四时春夏秋生物，而冬不生物，天地东西南可见，人之瞻视亦前与左右可见，而背不可见也。不然则以四十九蓍，虚一分二，卦一揲四，则为奇者二，为偶者二，而老阳得八，老阴得八，少阳得二十四，少阴得二十四，不亦善乎。圣人之智，岂不及此，而其取此不取彼者诚以阴阳之体数常均，用数则阳三而阴一也。观此则虑君之得失可见。”[①]由此可见，即便是《揲蓍说》的专论，其仍然没有超出阴阳体用的关系，而这种关系更是基于理学的体和用，所以他曾说：“天即理也，有则一时有，本无先后。有是理而后有是物，譬如木生，知其诚有是理，而后成木之一物，表里精粗无不到，如成果实相似，如水之流溢出，东西南北皆可。体立而用行，积实于中，发见于外。”[②]在此，许衡继承了宋代理学家的思想，认为理是万事万物的本原，理是体，而物是用。这仍然是在《周易》义理基础上对揲蓍的阐发。

最后，许衡在对经典义理进行阐发的基础上，强调求诸己，“知性尽心”。他曾说：“知其性，是物格。尽其心，是知至也。先知其性然后能尽心，非尽心而后知其性。”[③]在许衡看来，“仁义礼智信”为人之明德，是人性中善的根源：“人禀天命之性，为明德本体，虚灵不昧，具众理而应万事，与尧舜神明为一。”对于圣贤来说，能做到德性用事，浑成不偏：“圣人纯是德性

① 许衡：《许衡集》卷二《语录下》，东方出版社2007年，第35页。

② 同上，第41页。

③ 同上。

用事，只明明德，便自能浑成不偏。”[①]体现了许衡内求于心的思想，主张要修为自身，并指导自身的实践。

（二）《周易》对许衡的影响

面对少数民族建立的政权，作为汉人的许衡打破传统的夷夏之分，并引用《同人》卦来阐述自己的观点：“同人于宗，吝；同人于野，亨；同人于宗，同者几人，则其所失者多矣，所以孤立无援，人要与天下同，何必同宗。”[②]在许衡看来，要实现天下大同，避免孤立无援，就应该打破夷夏观念，为蒙古政权提供依据和减少外在的阻力。

然而入仕的许衡也并非一帆风顺，甚至会有不被重用的苦闷，面对这种苦闷，他曾引用《周易》：“‘坎不盈，祇既平，无咎。’言人到忧患时，如水还未流得满，然后行过去，少间流既满，过去不得，所以要弘毅坚重”[③]，以此来劝慰自己，人都会遇到忧患的状态，因此应该“弘毅坚重”。对于许衡来说，他继承的是宋代理学家的那种强调道德和社会责任感、历史使命感，因此即便不被重用，他也不忘自身的使命，转向了教育，并通过教育的方式来承担起对社会和历史的责任和使命：

> 《临》之象曰：“君子以教思无穷，容保民无疆。”君子之于小人，当知所以教导之，容保之，如父兄之于子弟，子弟虽不善，父兄讵忍弃绝之，必也教导容保之而已。只为君子不能容小人，小人便陷害君子，教思无穷之义大矣。教之亦多术矣，然必先容保之，乃能教之……[④]

① 许衡：《许衡集》卷二《语录下》，东方出版社2007年，第41页。

② 同上，第31页。

③ 同上，第38页。

④ 同上，第33~34页。

许衡通过《临》卦《象传》来阐发教育的方式和意义。在许衡看来，君子应该对小人进行教导、包容和保护，就像父亲对待儿子，兄长对待弟弟一样，儿子或弟弟即使有不好的地方，也不应该放弃，而应该对其给予教导和包容。他指出教育的方式有很多，其前提是要有包容和保护之心，然后再进行教导。

许衡一生屡进屡退，对此他也有自己的理论根据：

> 天下事，大抵只是阴阳刚柔相胜。前人谓，如两人角力相抵，彼胜则此负，此胜则彼负。但胜者，不能止于其分，必过其分然后止。负者必极甚，然后复。各不得其分，所以相报复到今不已。故大易取象，如《大壮》则止，《遯》则退，此君子尚消息盈虚者也，有深意存焉。康节时，此意思甚多。《大壮》时便当知止，《遯》时便当知退，则无过咎矣。《大壮》而不知止，则失其壮。《遯》之时不知退，则凶阴方长。与之力争必凶，且如大风暴雨，得岩龛避祸可也。天怒尚可避，况人恶何不可避。《遯》之时，义大矣哉。[①]

如前所述，许衡易学思想中的一个重要的观念便是阴阳消长之说，在此许衡进一步将阴阳刚柔理论升华到世间万事万物之上。在他看来，天下万事万物无外乎阴阳刚柔之间的较量。而这种阴阳消长的关键便是对“时”的把握：“《大壮》时便当知止，《遯》时便当知退，则无过咎矣。”在许衡看来，应该根据具体的形势来决定进退，这样才可以避免灾祸：“《大壮》而不知止，则失其壮。《遯》之时不知退，则凶阴方长。”这或许正是许衡五次进退的原因。从他的五次进退来看，“他在‘忠君’与‘明道’两大原则间的

① 许衡：《许衡集》卷二《语录下》，东方出版社 2007 年，第 32~33 页。

痛苦徘徊，很难说是权谋心术的表现”[①]。

综上所述，许衡作为元代著名的理学家，继承了宋儒的理学思想，其对《周易》的阐发模式总体而言，也是在理学范畴下进行的，所不同的是，宋代理学家们更侧重于外求道德，而许衡更注重内求，并用包括《周易》在内的经典指导自己的行动。作为一代名家，许衡的阐发模式和行为正是对“六经注我”的最好阐释。

第四节　吴澄的易理诠释

吴澄出生于南宋末年，二十七岁时南宋为元朝所灭，于是躲进深山，潜心著述，后在好友的邀请下，在元朝担任一些官职，对元代文化有着重要的影响。《宋元学案·草庐学案》对吴澄有这样的评价：“有功经术，接武建阳，非北溪诸人可及也。”[②]由此可见，吴澄在元代文化中占有重要地位。

一、吴澄及其易学

吴澄（1249—1333），字幼清，晚称伯清，号草庐，故学者称其为“草庐先生”，抚州崇仁人，先后在元朝担任过国史编修、国子监丞、经筵讲官等职务，虽然任职时间较短，但由于其学识渊博，成为元代最著名的思想家之一，故而当时有“南吴北许”之说，谥号文正。

《元史》本传记载了吴澄这位著名思想家出生的不平凡：“澄生前一

① 张帆：《〈退斋记〉与许衡刘因的出处进退——元代儒士境遇心态之一斑》，《历史研究》2005年第3期，第80页。

② 黄宗羲：《宋元学案》卷九十二《草庐学案》，中华书局1986年，第3037页。

夕，乡父老见异气降其家，邻媪复梦有物蜿蜒降其舍旁池中，旦以告于人，而澄生。”[1]接着《元史》本传记载：

> 三岁，颖悟日发，教之古诗，随口成诵。五岁，日受千余言，夜读书至旦。母忧其过勤，节膏火，不多与，澄候母寝，燃火复诵习。九岁，从群子弟试乡校，每中前列。既长，于《经》、《传》皆习通之，知用力圣贤之学，尝举进士不中。[2]

在良好的家庭教育之下，吴澄自幼不仅聪颖而且勤奋好学，“七岁，《论语》、《孟子》、《五经》皆成诵，能著律赋”[3]。有的文献记载为九岁、十岁，我们且不去考证年龄问题，可以肯定的是，吴澄在年少时期便对经典非常熟识，具有良好的儒学文献的功底。“既长，于《经》、《传》皆习通之，知用力圣贤之学。”

对儒家文献十分精通的吴澄，对《周易》自然也是非常熟谙的。据学者考证，吴澄在十九岁时就曾校定《皇极经世续书》，并对邵雍象数学进行深入研究。[4]不仅如此，十九岁的吴澄还曾利用《周易》中的“元、亨、利、贞”，将道统分为上古、中古和近古三个时期。他说：

> 道之大，原出于天。圣神继之，尧、舜而上，道之元也；尧、舜而下，道之亨也；洙、泗、鲁、邹，其利也；濂、洛、关、闽，其贞也。分而言之，上古则羲皇其元，尧、舜其亨，禹、汤其利，文、武、周公其贞乎！中古之

① 宋濂：《元史》卷一百七十一《吴澄列传》，中华书局1976年，第4011页。

② 同上。

③ 虞集：《故翰林学士资善大夫知制诰同修国史临川先生吴公行状》，李修生主编：《全元文》卷八百六十七，江苏古籍出版社1998年，第169页。

④ 徐志锐：《宋明易学概论》，辽宁古籍出版社1996年，第289页。

统：仲尼其元，颜、曾其亨，子思其利，孟子其贞乎！近古之统：周子其元也，程、张其亨也，朱子其利也，孰为今日之贞乎？[①]

在吴澄看来，“元、亨、利、贞”根据上古、中古、近古三个时期，对道统进行了划分，并作《道统图并叙》，一方面体现了十九岁的吴澄对《周易》的深刻而独到的认识和理解，另一方面也说明十九岁的吴澄对于儒学道统的继承和发展。

由于吴澄的聪颖好学，很早便有了名气，又由于元统治者对于《周易》的重视，于是吴澄作为当时著名的儒学大师，于成宗时期，元贞元年（1295）宪幕长郝文迎吴澄，“请学《易》”[②]。另外，据《元史》本传记载，行省掾元明善“尝问澄《易》《诗》《书》《春秋》奥义”[③]，后遂执弟子礼。此外据《全元文》记载，由于当时吴澄的影响，很多易学著作都请吴澄作序。如曾为郑松的《皇极经世续书》、陈禧的《周易略例补释》、齐履谦的《周易本说》、金溪曾的《周易辑说》、陈景德的《甲子年表图》、杨明夫的《易说纲要》《太玄准易图》等易学著作作序，这些都表明吴澄不仅以经学著称，更是以易学而享名。

吴澄的易学著作主要有《易纂言》和《易纂言外翼》。据《行状》和危素《年谱》所载，延祐三年（1316）吴澄修《易纂言》，至治二年（1322），《易纂言》成。《易纂言外翼》据《行状》完成于天历二年（1329），是年吴澄八十一岁。[④]

关于《易纂言》，卷首有《羲皇易》《连山》《归藏》的内容，以追溯《易》的

① 虞集：《故翰林学士资善大夫知制诰同修国史临川先生吴公行状》，李修生主编：《全元文》卷八百六十七，江苏古籍出版社1998年，第169页。

② 同上，第171页。

③ 宋濂：《元史》卷一百七十一《吴澄列传》，中华书局1976年，第4011页。

④ 王冉冉：《元代易学思想研究》，北京师范大学2021年博士学位论文。

发展与渊源。其次便是对《周易》的解释。关于吴澄对《周易》注释的特点，《四库全书总目提要》作了简要说明：每卦先列卦变主爻，每爻先列变爻，次列象占。"十翼"亦各分章数。其训解各附句下，音释考证则《经》附每卦之末，《传》附每章之末。[①]由此可见吴澄《易纂言》的注释体例。而对于《十翼》的解释，吴澄则是将《周易》经、传分开，继承了朱熹《周易本义》的做法。

《易纂言外翼》共有十二篇：《卦统》《卦对》《卦变》《卦主》《变卦》《互卦》《象例》《占例》《辞例》《变系》《易原》《易流》等。由于此书流传不广，散佚不全，今缺《卦变》《变卦》《互卦》三篇，而《易流》只存半篇。

综上所述，吴澄是元代著名的思想家，尤其是儒家大师，精通易学，并有专门的易学著作《易纂言》和《易纂言外翼》，成为我们了解其易学思想的主要依据。

二、吴澄的易学思想

自元代以后，有关吴澄易学的评价和研究一直在延续。如《宋元学案》称："草庐之所以为自得者，殆其所以为自用也。"强调吴澄易学更侧重于为我所用。而明代焦竑则给予很高的评价："超然卓诣，绝不为两可之词；稽疑抉奥，契于我心者亦何多也。"[②]《四库全书总目·易纂言提要》则评价为："其解释经义，辞简理明，融贯旧闻，亦颇赅洽，在元人说《易》诸家，固终为巨擘焉"，对于吴澄在元代易学中的地位给予高度肯定。时至今日，吴澄易学研究更是取得很多成就，不仅有对吴澄易学义理思想的研究，也有对吴澄易学象数思想的探讨，此外还有对吴澄易学的综合性研究，在此不再一一赘述。

---

① 永瑢等：《易纂言》，《四库全书总目》卷四，中华书局1965年影印本，第22页。

② 焦竑：《澹园续集》卷三《序》，《澹园集》，中华书局1999年，第812页。

(一)吴澄的易学观

所谓易学观,主要指的是在对《周易》经传解读、契会的基础上,所形成的对于《周易》经传的认识和看法。

要了解吴澄的易学观,首先要了解吴澄治易的特点,其弟子虞集曾有这样的评价:

> 其于《易》,学之五十余年,其大旨宗乎周、邵,其义理则本诸程传;其校定,用东莱吕氏之本而修正其缺衍谬误;其纂言,则纂古人今人之言有合于己之所自得者。大概因朱子象占之说而益广其精微。若项安世《玩辞》等说,则因之益致其洁静。①

由上述材料可知:第一,吴澄于《易》用力甚深。第二,吴澄治《易》以周敦颐、邵雍易学为旨归,在义理方面一遵《伊川易传》。第三,吴澄对《周易》进行了校定的工作,其校定依据以吕祖谦的《古周易》为定本,并在此基础上修正其中的缺衍谬误。第四,《易纂言》主要是纂古今之言,凡三十四家有合于己者,可知《易纂言》融合了众多古今易学家的说法。第五,《易纂言》因袭朱熹、项安世的说法之处为多。

吴澄易学是继承了宋代以来的易学,尤其受到邵雍、朱熹的深刻影响。"吴澄吸纳了朱熹主张的三圣之《易》基本易学观,以此将图书、先天、义理之学熔铸为一体。尽管在基本框架上与朱熹之易相同,然而在细节的分殊上吴澄又有许多创见发明之处。"②

吴澄对朱熹易学非常推崇,在易学观方面也是如此,而且对朱熹的易

---

① 李修生主编:《全元文》卷八百六十七《虞集》,江苏古籍出版社 1998 年,第 178 页。

② 马慧:《吴澄易学研究》,山东大学 2019 年博士学位论文,第 4 页。

学观有所发展：

> 昔在羲皇，始画八卦，因而重之，为六十四。当时是，《易》有图而无书也。后圣因之作《连山》、作《归藏》、作《周易》，虽一本诸羲皇之图，而其取用盖各不同焉。三《易》既亡其二，而《周易》独存，世儒诵习，知有《周易》而已，羲皇卦图，鲜或传授，而沦落于方技家，虽其说具见于夫子之《系辞》、《说卦》，而读者莫之察也。至宋邵子，始得而发挥之，于是人乃之有羲皇之《易》，而学《易》者不断自文王、周公始也。[①]

吴澄认为，《易》最初是羲皇所创的八卦和六十四卦，只有图而无文字。后来的圣人在此基础上而创作了《连山》《归藏》和《周易》，后来由于《连山》《归藏》的亡佚，导致只有《周易》得以传习，而羲皇的卦图由于传授者少，使得其沦为方技之家，邵雍对此进行阐发，才使得羲皇之《易》得以传承。

尤其是《周易》经传的问题，吴澄继承了汉唐以来的主流观点，认为《易传》为孔子所作。关于这一点，由于受宋代疑古思潮的影响，一些学者对此持质疑的态度，如欧阳修等就对《易传》中的《系辞》和《文言》为孔子所作产生怀疑。朱熹则对此进行了一番辩驳，并指出："十翼皆夫子所作，不应自著'子曰'字，疑皆后人所加也。"[②]吴澄则在朱熹的基础上对《系辞》中的"子曰"作了深入的研究，并对"子曰"的内容进行了分类，以证明朱熹的观点：

> 旧本有"子曰"者六，先儒以为后人所加，今考之"《易》其至矣

① 王新春、吕颖、周玉凤：《〈易纂言〉导读》，齐鲁书社2006年，第75页。

② 朱熹：《周易本义》卷三《系辞上传》，中华书局2009年，第230页。

乎”、“知变化之道者，其知神之所为乎”皆是前章之结语，后之分章者，欲以此为后章之起。“书不尽言”、“乾、坤，其《易》之门邪”皆是连上文共为一章，后之分章者，欲分截自此别为一章，故四处各加“子曰”字，以别之。“《易》有圣人之道四焉者”，是再提章首起句为结句。“圣人立象以尽意”，是以答语答上文问语，故两处亦各加“子曰”字。今并删去，庶俾读者不致生疑，而妄谓《系辞传》非夫子所作云。[①]

吴澄对《易传》中的“子曰”的内容进行专门的研究和梳理，并根据自身的判断，对《系辞》《文言》中的部分“子曰”的内容进行了删除，以免后世学者对《系辞》乃孔子所作产生怀疑。

除了删掉“子曰”之外，吴澄在《易纂言》中对《周易》的文字版本进行了一番考订。其中不少有对《周易》原典的改正之处，其改正的依据为郑玄、荀爽、虞翻、《子夏传》、王肃、王昭素等汉以来之易家本。通过这些易学版本，来改正当时流行本字句的偏差。如《系辞上》中有“是以自天佑之，吉无不利”之语，吴澄认为是《文言传》解释《大有》上九爻辞，属于错简重出，故而删除。除了删除有关词句之外，也有对《周易》内容增加之处，如《系辞上》中“圣人设卦观象，系辞焉而明吉凶”，在吉凶之后又加“悔吝”二字。再如《比》卦中，“比之匪人”之语，吴澄在此语之后加了个“凶”字。除了增删的内容之外，还有不少对《周易》经传字词修改的内容，如将《师》卦中“丈人吉”改为“大人吉”，将《泰》卦中九二爻辞中的“包荒”改为“包肓”等。另外，吴澄还将《系辞》中所引卦爻辞并入《文言传》。据学者研究指出，吴澄改动经文之处共计五十余处，其中虽然大部持之有据，但也有十余处是出于己意。[②]

① 王新春、吕颖、周玉凤：《〈易纂言〉导读》，齐鲁书社 2006 年，第 490 页。

② 徐志锐：《宋明易学概论》，辽宁古籍出版社 1996 年，第 291 页。

关于吴澄在《易纂言》中的这一修改，历来都有认同和反对两种截然不同的意见，但无论是认同还是反对，我们还是应该从吴澄的修改本意出发去理解，面对宋朝以来的疑古思潮，吴澄的这种行为或许正是对这种思潮的回应，正如吴澄自己所云："今并删去，庶俾读者不致生疑，而妄谓《系辞传》非夫子所作云。"[①]删除"子曰"，或许正是吴澄尊崇儒经的一个重要体现。

（二）吴澄的易学著作与易学思想

吴澄的易学著作主要有《易纂言》和《易纂言外翼》，是我们探讨其易学思想的重要依据。

吴澄首先继承了《周易》传统的阴阳观念，并用阴阳变易之道来解释《周易》：

> 易者，阴阳相变易也。上古包羲氏见天地万物之性情、形体，一阳一阴而已。于是作一奇画以象阳，作一偶画以象阴，见一阳一阴之互相易也。故自一奇一偶相易而为四象八卦，极于六十四卦。[②]

吴澄认为，阴阳变化是天地万物都具有的特性，而《周易》中六十四卦更是根据事物的阴阳变化而形成的，换言之，阴阳变化是《周易》产生的根本。然而用阴阳变化来解释《周易》并非吴澄的创新，早在《庄子》中就有"《易》以道阴阳"之说，在传统认识的基础上，吴澄认为：

> 来教又谓：易之为道有体有用。理，易之体也，阴阳变易，易之用

① 王新春、吕颖、周玉凤：《〈易纂言〉导读》，齐鲁书社2006年，第490页。

② 王新春、吕颖、周玉凤：《〈易纂言〉导读》，齐鲁书社2006年，第71页。

也。此言至当,然理无形象,变易者,阴阳之气也。阴阳之所以能变易者,理也。非是阴阳变易之外别有一物为理而为易之体也。[①]

在吴澄看来,“易之道”有体有用,而阴阳变易便是易之用。而阴阳之间的变易,就构成了“理”,和许衡一样,将阴阳观念与理学统一起来。

吴澄在解读《周易》中的“一阴一阳之谓道”时指出:“‘阴阳’,气也;‘道’,理也。”[②]正是对朱熹理学思想的继承:“天地之间有理有气。理也者,形而上之道也,生物之本也。气也者,形而下之器也,生物之具也。”强调理与气构成了世间的万事万物。在此基础上,吴澄进一步指出:

自未有天地之前至既有天地之后,只是阴阳二气而已。本只是一气,分而言之曰阴阳,又就阴阳中细分之则为五行,五气即二气,二气即一气。之所以能如此者何也?以理为之主宰也。理者,非别有一物在其中,只是为气之主宰者即是。无理外之气,亦无气外之理。[③]

在吴澄看来,气分阴阳,阴阳又分为五行,五行就是阴阳构成,阴阳就是气,而理便是气的主宰。由此可见,吴澄并非照搬朱熹的理气论,而是在集成朱熹理气论的基础上,进一步将五行、阴阳、气与理有机结合起来,形成了构成万事万物的整体系统。

基于这样的认识,吴澄通过对理气关系的探讨,还诠释了人性的问题。他指出:“人得天地之气而成形,有此气即有此理,所有之理谓之性。此理在天地则元亨利贞是也。其在人而为性则仁义礼智是也。”[④]在吴澄看

① 吴澄:《答问·答田副使第二书》,《吴澄集》卷三,中国社会科学出版社 2021 年,第 77 页。

② 王新春、吕颖、周玉凤:《〈易纂言〉导读》,齐鲁书社 2006 年,第 449 页。

③ 吴澄:《答问·答人问性理》,《吴澄集》卷三,中国社会科学出版社 2021 年,第 50~51 页。

④ 同上,第 51 页。

来，人就是由天地之气而生，既然气与理有机结合，故而便会有人之理、人之性，而人之性便体现在仁义礼智方面。

既然人是由天地之间的气生成，那么天地之道和人之道便有相通之处：

> 性之理谓人之道也，命之理谓天地之道也。立者，两相对之谓。天地人之道，无独而有对。故天之气有阴与阳，地之质有柔与刚，人之德有仁与义，皆两者相对而立道，则主宰其气质而为是德者也。[①]

在吴澄看来，天地人之间都有相对立的两面，天之气有阴阳，地之质有柔刚，人之德有仁义。在此吴澄将“性之理”“命之理”与天、地、人三才之道结合起来，天地之道与人之道融为一体。

吴澄对于《周易》义理的阐发，在当时有着重要的影响，《四库全书总目提要》评价说：“其解释经义，词简理明，融贯旧闻，亦颇赅洽”，故而才会认为在元代治《易》者中，“固终为巨擘焉”[②]。

《易纂言》完成之后，吴澄认为此书不少内容只是粗略具备一些梗概，没有详细论述，尤其是在象数方面，所述略显不足，于是便作《易纂言外翼》。

在《易纂言外翼》自序中，吴澄指出：“牺皇所画之卦谓之象，文王所名之卦名谓之象，彖辞卦辞泛取所有之物亦谓之象。”在此，吴澄强调了象的重要性，指出《周易》的内容取决于象。取象义例是《易纂言外翼》的重要内容，吴澄对此进行了系统的阐述。有学者指出，《易纂言外翼》的“基本内容在于紧扣经文推考易象，并将易象划分成九大类，提出了数象、时日之象、方位之象等新论，揭示了象辞之间全面的、广泛的联系”。[③]另外，《易纂言

① 王新春、吕颖、周玉凤：《〈易纂言〉导读》，齐鲁书社 2006 年，第 516 页。

② 永瑢等：《易纂言》，《四库全书总目》卷四，中华书局 1965 年影印本，第 22 页。

③ 张国洪：《吴澄的象数义理之学》，山东大学 2006 年博士学位论文，第 17 页。

外翼》有专门的《象例》篇，由此更可以看出吴澄对于易象的重视。

吴澄首先对“象”进行了界定，他说：“‘象’，兽名，象其形而为字，因假借其字为物形肖似之称。凡虎、兕、鹿、兔、马、羊、犬等字，皆象其形也，而肖似之义，独于‘象’字取之者，象为南极之兽，中土所无，惟观图画而想见其形，由是，图写物形之肖似，谓之‘象’。羲皇八卦之画，象天地八物，则谓八卦之画为‘象’，文王重卦之名，象上下二体，则谓重卦之名为‘象’。”[①]吴澄从字源的角度出发，认为“象”与虎、兕、鹿、兔、马、羊、犬等字一样，都是对动物的形象描绘，但由于“象”的特殊性，只有通过观察图画而想象实物，伏羲画八卦，就是对天地八物的形象描述。

此外，吴澄通过对《周易》经传和卦爻辞的研究，将卦爻辞分为九类“象”的来源。象之取于天者：天、日、月、斗、沫、雨、云、霜、冰等；象之取于地者：地、田、渊、川、河、谷、井、泉、山、石、巷、庭、屋、庙等；象之取于人者：人、大人、君子、天子、公、侯、父母、夫妻、敌人、仇人、尸、鬼、身体部位等；象之取于动物者：龙、马、羊、牛、鸟、虎、鱼等；象之取于植物者：木、杨、杞、果、瓜、茅等；象之取于服物者：帛、簪、繻、衣、袂、裳等；象之取于食物者：酒、食、肉等；象之取于用物者：鼎、鬯、簋、尊、瓶、床、车、斧、圭、玉等；象之取于彩色、方位、时日、名数者：玄、黄、朱、赤、白、东、西、南、北、上、下、左、右、大、小、一、二、三等。吴澄认为卦爻辞中所涉及的易象都囊括其中，这种做法，“从根本上而言，仍旧是为了圆融地揭示《周易》中的象辞关系问题”[②]。

四库馆臣对《易纂言外翼》给予很高的评价：

自唐定《正义》，《易》遂以王弼为宗，象数之学，久置不讲。澄为

① 王新春、吕颖、周玉凤：《〈易纂言〉导读》，齐鲁书社2006年，第361页。

② 马慧：《吴澄易学研究》，山东大学2019年博士学位论文，第56页。

《纂言》,一决于象。史谓其能尽破传注之穿凿,故言《易》者多宗之。是编类聚区分,以求其理之会通。如《卦统》、《卦对》二篇,言经之所以厘为上下,乃程、朱所未及。《象例》诸篇,阐明古义,尤非元明诸儒空谈妙悟者可比。①

由上述四库馆臣的评价来看,吴澄的《易纂言外翼》似乎对复兴象数之学有着非常重要的作用,其对象数的解说也能做到不牵强附会,故而为学《易》者所推崇。《易纂言外翼》是一部象数学的专著,故而有人评价其书一决于象,不过其犹能"沿汉易于不坠"②。

综上所述,吴澄易学继承了前代易学的特点,推崇周敦颐、邵雍、程颐、朱熹等,尤其是朱熹易学,兼采诸家易说而又有自己的看法。作为元代大儒,吴澄易学所取得的重要成就对于易学的传承和发展具有重要的贡献。

三、吴澄的易学阐发模式及特点

正是在继承前代大儒的基础上，吴澄形成了自己特有的易学阐发模式,确立了自己在易学史上的地位。

(一)"究乎精微之蕴"的治经模式

《周易》作为群经之首,历代知识分子都有自己的理解。到了宋代,儒学家们更是吸收了佛、道的思想来阐发新儒学,各自形成自己的哲学理论和经学模式。吴澄在宋儒的影响下,形成了自己的易学观和治经模式。而从他所进行的教育改革中,我们可以看出他的基本的治经思路。

至大元年(1308)吴澄被任命为从仕郎、国子丞。上任之后,他对许衡

① 永瑢等:《易纂言》,《四库全书总目》卷四,中华书局1965年影印本,第23页。

② 徐芹庭:《易经源流——中国易经学史》,中国书店2008年,第705页。

的教育进行了改革，对诸生“使其刻意研穷，以究乎精微之蕴，反身克治，以践乎进修之实”①，其弟子虞集一语道出吴澄的治经模式：探究精微的义理，并用以修为自身。

首先，他在尊儒崇经的基础上，为避免世人对《周易》经传的质疑，对《周易》的部分内容进行了删改，这是他的第一个特点。关于此问题，前面有所论述。在此，我们从其治经模式的角度来进行分析。吴澄对于《周易》内容的修改既有增删也有修改，这一方面说明吴澄对于《周易》原典的内容有着自己的看法，并且是在自身研究的基础上对《周易》内容进行修改；另一方面也说明吴澄非常重视《周易》文本在儒家思想中的作用。也正因如此，站在吴澄的角度，我们完全可以去理解作为世代为儒家庭出身的吴澄，其修改《周易》文本的初心。而从其修改的内容来看，正是他注重“究乎精微之蕴”的表现。

虽然吴澄的这种做法被后人很有指摘，但正如有的学者所言：“置身历史长河中的解读者是无限的，其对文本的解读、理解也是无限的，文本的意蕴相应地也就一直处在开放的、无止境的生成状态或生成过程之中。换言之，文本意蕴的发现，乃是一个永远不会终结的过程。因而，文本在历史长河中所呈现出的一切，远要丰富于其创作者原本所欲表达的一切。以此为参照来审视以往的经学史，我们不难发现，事实上，不是所谓经典本意一代又一代不同程度的反复重现，而是以述为作（寓作于述，即述即做）、融旧铸新、化腐朽为神奇，另开新突破与返原归本交融为一而难分彼此，以继往开来的中国式哲学诠释学进路下经典意蕴开放式代代相继的无限生生日新，才是经学演进的真实历史轨迹，也是经学常葆其旺盛鲜活生命力而各擅其胜场的理境的真正症结之所在。”②

其次，“一决于象”的治易特色。如前所述，吴澄不仅对“象”有一定的

① 李修生主编：《全元文》卷八百六十七《虞集》，江苏古籍出版社 1998 年，第 173 页。

② 王新春、吕颖、周玉凤：《〈易纂言〉导读》，齐鲁书社 2006 年，第 15 页。

界定，而且还将卦爻辞中所涉及的易象分为九类，如《乾卦》诸爻辞以“龙”之象来立言；再如《渐卦》各爻辞以“鸿”之象立言等，再从物象的角度，从初爻到第五爻，来描述所处不同阶段的境遇。吴澄在深入研究易象的基础上，形成了自己的系统见解，正如他所言：“吾于《易》书用功至久，下语尤精。其象例，皆自得于心，亦庶乎文王、周公系辞之意。”[①]仅从吴澄具体所分的九类易象中，我们也可以看出吴澄对于《周易》的探究。

由此可见，吴澄治易的模式和特点是“极尽精微”，用力甚深，正如明代焦竑在《易纂言序》中曰：“超然卓诣，绝不为两可之词；稽疑抉奥，契于我心者亦何多也！学者执是以求之，则可以见羲、文之心。见羲、文之心，则能见天地之心矣。羲、文之心，即天地之心；而天地之心，即吾心，则见《易》矣。噫！非极深研几者，其孰能知之！”[②]

（二）吴澄与《周易》传承

作为出身于世代为儒家庭的吴澄，其入仕历程也是有起有落，而在他起起落落的人生里，《周易》几乎成为他的案上必备之书：

> 澄酒肉俱绝，而无所于费也；中馈久虚，而无所于奉也。二三儿躯干健壮，写字读书之余，各务耕桑，自营衣食于家，可以不饥不寒，而无俟于其父之遗也。萧然一身，二竖给使，令纸帐布衾如道寮禅榻，随所寓而安。案上古《易》一卷，香一炷，冬一褐，夏一绤，朝夕饭一盂，蔬一盘；所至有学徒给之，无求也，而无不足。[③]

《周易》不仅成为案上之书，而且吴澄还用于指导自己的实践，面对坎

① 王新春、吕颖、周玉凤：《〈易纂言〉导读》，齐鲁书社2006年，第34页。

② 焦竑：《澹园续集》卷三《序》，《澹园集》，中华书局1999年，第812页。

③ 李修生主编：《全元文》卷四百七十四《答姜教授书》，江苏古籍出版社1998年，第24页。

坷的仕途，他曾借用《周易》来开解自己："稽诸《周易》，大畜之蛊曰'有厉利已'；大畜之泰曰'何天之衢，亨。'夫畜之初则厉，畜之极则亨，固理势之自然。圣人之辞，示人变变之道也。澄相望数百里，不获奉命承教，便风讯起居，殊愧厓略。惟为国为民自爱，幸甚。"①在吴澄看来，人生通达与否体现了世间的变化之道，唯一不变的便是对国家和人民的热爱。

其弟子虞集对吴澄有这样的评价：

> 呜呼！孟子殁，千五百年而周子出，河南两程子为得其传。时则有若张子精思以致其道，其迥出千古则又有邵子焉。邵子之学既无传，而张子之殁，门人往往卒业于程氏。程门学者笃信师说，各有所奋力以张皇斯道，奈何世运衰微、民生寡佑而乱亡随之矣，悲夫！斯道之南，豫章延平，高明纯洁，又得朱子而属之，百有余年间，师弟子之言折衷无复遗撼，求之于书，盖所谓集大成者。时则有若陆子静氏超然有得于孟子先立乎其大者之旨，其于斯文互有发明，学者于焉可以见其全体大用之盛，而二家门人区区异同相胜之浅见，盖无足论也。朱子以来，又将百年，为其学者毫分缕析，日益增盛，曾不足以少救俗学利欲之祸，而宋遂亡。先生之生炎运垂息。自其断龀，特异常人。得断简于众遗，发新知于卓识。盛年英迈，自任以天下斯文之重，盖不可御也。摧折穷山，壮志莫遂，艰难避地，垂十数年，其所以致于圣贤之道者，日就月将矣。历观近代，进学之勇，其孰能过之？②

吴澄对于经典的阐述，一方面体现出他对于经典的尊崇和对于圣贤之道的追求；另一方面，吴澄继承了儒家，尤其宋代儒者强烈的社会责任感和历史使命感，力求对儒家的传统思想进行传承。正如学者所言："草庐

① 李修生主编：《全元文》卷四百七十四《与冯廉使书》，江苏古籍出版社1998年，第26页。

② 李修生主编：《全元文》卷八百六十七《虞集》，江苏古籍出版社1998年，第177页。

所创奇迹，就使得《五经》之学因之全方位地焕发了学术生命力，其意义自是不言而喻的。"[①]

而对于《周易》，吴澄曾对《易纂言》有这样的自评："吾于《书》有功于世，视《易》为尤小。吾于《易》有功于世，为甚大"，吴澄在继承朱熹易学的基础上，不仅传承了易学义理的阐释，而且还详细分析了象例。此外对于象数也有自身的研究和看法，而其最让后人批评的修改《周易》文本的做法，或许换个角度，正是其"我注六经"的最好体现。

第五节　丘濬的易学思想

丘濬(1421—1495)，字仲深，号深菴，明代中叶资深的政治家、思想家，历仕景泰、天顺、成化、弘治四朝，晚年于弘治朝官至户部尚书，兼任武英殿大学士，成为朝廷重臣。作为一位宗奉程朱理学的知名学者，丘濬一生著作甚丰，其治学虽不以易学名家，但对《周易》也同样做过深入思考和系统研究。为拯救孱弱的明代中期政局和王朝统治危机，丘濬在其皇皇巨制《大学衍义补》中提出了诸多济世良方。受《周易》及易学思想的深刻濡染，丘濬在养民、理财、讼狱、兵事等领域提出了一系列很有价值的理念、措施。"高度的中央集权与君主专制统治强烈地排斥丘濬在儒家经典中发微的'民本政治'思想，现实毕竟不是'理想社会'。"[②]尽管如此，其经世理念和易学思想在《大学衍义补》中得到了集中而深刻的体现，充满了强烈的现实关怀和鲜明的时代特色。

① 王新春：《易学与中国哲学》，人民出版社2012年，第391页。

② 赵玉田、罗朝蓉：《丘濬经世思想研究》，暨南大学出版社2018年，第12页。

一、易学与民本思想

《周易》有着丰富的“民本”思想，丘濬深受这一思想的沾溉，他紧密地联系明代中叶社会时局，在《大学衍义补》“固邦本”一目中对此作了进一步的发挥，突出地反映了他对民生问题的关注。丘濬认为，“本”者，根也、基也。本着这一认识，他将有关“民”的论述置于“正朝廷”和“正百官”之后，而这一做法的深层用意在于，人君应当重视其统治基础，视“民”为“治国平天下”的根本。

丘濬生于明王朝全盛时期，可是到他考中进士，开始登上政治舞台之际，明王朝的社会矛盾日趋尖锐，国力显著下降，已经逐渐步入衰落时期。当时土地集中日益剧烈，已达到很高的程度。朝廷官僚和地方豪绅兼并侵吞了大量土地，却又极力隐匿田产以逃避纳税，这使得大批农民不得不逃亡他乡成为流民。明王朝在征赋田亩不断缩减的情况下，为保证自己的财政收入而不断地额外增加赋税，这又使更多农民不堪重负，陷入了破产、流亡的境地。正是出于对严峻现实的高度关切，丘濬真切地指出：

> 益之为言有所增加之谓也。今而无所增加而有损焉，乃谓之益何哉？有若对鲁哀公之问曰：“百姓足，君孰与不足？百姓不足，君孰与足？”盖深有得于《益》卦之义也。[①]

在他看来，上与下利害相关，下为上之本，损下则伤本，损下而益上，最终会出现下损上亦损的恶果，即“百姓不足，君孰与足”。因此，真正的益是益下上亦益，“百姓足，君孰与不足”。也就是说，整个统治阶层由上而下都能

① 丘濬：《大学衍义补》(上册)卷十三《固邦本·总论固本之道》，上海书店2012年，第126页。

为民众的利益着想，就会使道义广庇四方，这对巩固自身的统治地位十分有利。对于《周易》倡言的“损上益下，民说无疆”[1]这一主张，丘濬确实是针对其身处的社会现实有感而发。他的论述重点在于强调处于上位的人君应当重视其统治基础，对民生问题高度重视，而这恰恰是其对《周易》蕴含的民本思想所作的进一步发挥。

与此相关，对于《周易》提出的“天地交，泰。后以财成天地之道，辅相天地之宜，以左右民”[2]的主张，丘濬认为，既然“天地交而阴阳和，万物遂其茂育”[3]，那么高高在上的君主，必须注意下民之生，才会出现“下之情通乎上亦犹地之气通乎天，此世道所以为泰”[4]的良好局面。对于《周易》提出的“山附于地，剥。上以厚下安宅”[5]思想，他说：

> 山高出于地而反附著于地，犹君居民之上而反依附于民者。何也？盖君之所以为君者以其有民也。君而无民则君何所依以为君哉？为人上者诚知其所以为君而得以安其位者，由乎有民也。可不思所以厚民之生而使之得其安乎？民生安则君得所依附，而其位安矣。[6]

丘濬则强调，生民对于君主巩固统治能够起到至关重要的作用，君主对于生民的依赖要想维持长久，就必须拿出切实可行的“厚民之生”措施，否则不会取得很好的社会效果。

在养贤及民方面，《周易》有着这样的表述：“天地养万物，圣人养贤以

① 阮元校刻：《周易正义》卷四《益·彖》，《十三经注疏》，中华书局1980年影印本，第53页。
② 阮元校刻：《周易正义》卷二《泰·大象》，《十三经注疏》，中华书局1980年影印本，第28页。
③ 丘濬：《大学衍义补》（上册）卷十三《固邦本·总论固本之道》，上海书店2012年，第125页。
④ 同上。
⑤ 阮元校刻：《周易正义》卷三《剥·大象》，《十三经注疏》，中华书局1980年影印本，第38页。
⑥ 丘濬：《大学衍义补》（上册）卷十三《固邦本·总论固本之道》，上海书店2012年，第125页。

及万民，颐之时大矣哉！”[①]宋代的程颐仅仅是从圣人的角度出发，突出了圣人在发挥天地之正道中的作用，将这一思想理解为：“圣人极言颐之道，而赞其大。天地之道，则养育万物；养育万物之道，正而已矣。圣人则养贤才，与之共天位，使之食天禄，俾施泽于天下，养贤以及万民也，养贤所以养万民也。”[②]对于程颐所论，丘濬是赞同的，也认为：“天地养万物而人与圣人皆在天地所养之中，圣人于人之中乃其首出者也，体天地养物之仁以养乎人。”[③]在此基础上，丘濬又有所引申：

> 然天下之大，亿兆之众必欲人人养育之，非独力之不能给，而亦势之所不能及也。是以于众人之中择其贤者而养之，使其推吾所以体天地养物之心以养乎人人，厘之以其职，散之以其民，裂之以其地，付之以吾一视之仁，注之于其心而寄之于其目，而使之代吾之视一以仁之也。然非养之以廪食，则彼不暇而为。[④]

丘濬对“择其贤者而养之”的必要性作了更为具体的论述。他注意到，“非养之以义理，则彼不知所为”，强调必须导之以“贞正”之道，否则，“苟养之不以正”，社会将陷入动荡，民生会难以为继，人君的统治地位也就无法维持，势必“如战国之田文养士至三千余人，东都之延熹大学诸生至三万余人，适足以起乱”。因此在丘濬看来，是否遵循“养正则吉，养而不正其凶必矣”[⑤]的“颐之道”则是养贤及民之关键所在。

---

① 阮元校刻：《周易正义》卷三《颐·象》，《十三经注疏》，中华书局1980年影印本，第40页。

② 程颢、程颐：《周易程氏传》卷第二《周易上·经下·颐》，《二程集》，中华书局2004年，第833页。

③ 丘濬：《大学衍义补》（上册）卷六十八《崇教化·设学校以立教（上）》，上海书店2012年，第505页。

④ 同上。

⑤ 同上。

所以对于人君选贤用能的问题，丘濬特别重视，在对此进行深入思考的同时，将本于《周易》的深沉忧患意识流露其间。他说：

> 先儒有言，古之人君，必量力度德而后授之官，古之人臣亦必量力度德而后居其任。虽百工胥吏且犹不可，况大臣乎？为君不明于所择，为臣不审于自择，必至于亡身危主、误国乱天下，皆由于不胜其任之故也。虽然，人臣不审于自择，一身一家之祸尔，人君不明于所择，则其祸岂止一人一家哉？上以覆祖宗千万年之基业，下以戕生灵千万人之身命。呜呼！人君之任用大臣焉，可不量其德、询其知、度其力而轻授之尊位、与之大谋、委之大任哉？[①]

也就是说，人君如果不明于“必量力度德而后授之官”，在选贤用能时“德薄而位尊，知小而谋大，力小而任重”，就会出现《周易》之《鼎》卦九四爻辞所言“鼎折足，覆公餗”[②]那样其势必凶的恶果。

一般而言，人君在选贤任能时往往会遇到如何对待小人这一棘手问题，是对之一味地打压，还是让其各事所事？丘濬对此提出了自己的见解。例如，对于《解》卦六三爻辞“负且乘，致寇至，贞吝”[③]，宋代程颐曾从“人品有君子小人之别”的角度作了这样的解释：

> 六三阴柔，居下之上，处非其位，犹小人宜在下以负荷，而且乘车，非其据也，必致寇夺之至，虽使所为得正，亦可鄙吝也。小人而窃

① 丘濬：《大学衍义补》（上册）卷十二《正百官·戒滥用之失》，上海书店2012年，第118页。
② 阮元校刻：《周易正义》卷五《鼎》，《十三经注疏》，中华书局1980年影印本，第61页。
③ 阮元校刻：《周易正义》卷四《解》，《十三经注疏》，中华书局1980年影印本，第52页。

盛位,虽勉为正事,而气质卑下,本非在上之物,终可吝也。[①]

与程颐不同,丘濬的着重点在于"其所事亦有君子、小人之异"[②],即使是小人也应有安身立命之所。他说:"人君用人当随其人品而使之各事其事,则君子、小人各止其所,而无有非所据而据者矣。非惟君子小人各安其心,而天下之人亦莫不安之矣。"只有"上下相安而无暴慢之失,君子而乘君子之器,小人而任小人之事",上下不敢"萌非分之望"[③],才有利于社会的稳定,而不是对小人之属一味地防范打压。

在养贤及民的基础上,丘濬强调了善施教化、完善民风的重要性。《周易·临·象》认为:"泽上有地,临。君子以教思无穷,容保民无疆。"[④]丘濬将之与教民保民的思想联系起来,对《临》卦作了较为深刻的理解:

> 《临》之为卦,有上临下之象,上之临下果何所事哉?曰保之。将欲保之以何为先?曰教之。教之之道驱迫之不可也,操切之不可也,徒事乎法不可也,必刻以期不可也,必也匡之直之、辅之翼之,优而游之使自休之,厌而饫之使自趋之,如江河之润,如湖海之浸,是之谓教思焉。举一世而甄陶之,合万邦而协和之,由无息而至于悠远,由动变而至于能化,无一人而不化,无一地而不到,无一日而或间,岂有穷尽也哉?[⑤]

---

① 程颢、程颐:《周易程氏传》卷三《周易下·经上·解》,《二程集》,中华书局2004年,第903~904页。

② 丘濬:《大学衍义补》(上册)卷十二《正百官·戒滥用之失》,上海书店2012年,第118页。

③ 同上。

④ 阮元校刻:《周易正义》卷三《临·大象》,《十三经注疏》,中华书局1980年影印本,第36页。

⑤ 丘濬:《大学衍义补》(上册)卷六十七《崇教化·总论教化之道》,上海书店2012年,第496页。

显然，丘濬无非是希望当朝统治者能够受到《临》卦土地与泽水滋润浸渍、亲密无间的启示，对下民“教思无穷”，并且要出自诚心，想得深远，永不穷尽，永无止境。

同时，丘濬还认为统治者必须观民设教，振民育德，移风易俗，以便进一步达到稳定社会秩序，巩固统治的目的。秉承《周易》“圣人以神道设教，而天下服”[①]和“观先王以省方，观民设教”[②]的思想，丘濬认为：

> 圣人观天之神道以设教，谓如天之春而夏而秋而冬，当暖而暖，当寒而寒，无一时之差忒，不见其有所作为，自然而然，所谓神也。圣人体之以设为政教。故下人观之，如见春而知其必暖，见冬而知其必寒，其暖其寒皆其所自然，下民观视而感之于心，不待有所设施措注自然化服，所谓以神道设教也。如此，非谓别有一种玄妙幻化之术也。[③]

在他看来，先王教化万民的原则措施是根据“天之神道”制定出来的，先王以之巡视邦国，观察民情，推行教化，民众自然就会受到感化而驯顺服从。反之，只将“神明”和“幻化”视为唯一的手段是起不到任何作用的。为此，丘濬对后世俗儒将“神道设教”与“神明”“幻化”等同起来的做法提出了强烈的批评，向居于上位者发出了谆谆告诫：

> 后世俗儒不知此义，乃以《河图》、《洛书》为神道设教，谓圣人画卦演畴皆以人力为之，而假托神明以为幻化之术，遂启时君矫诬妄诞之端。吁！经旨一言之差，流祸至于如此，可不戒哉！可不戒哉！[④]

---

① 阮元校刻：《周易正义》卷三《观·象》，《十三经注疏》，中华书局 1980 年影印本，第 36 页。

② 阮元校刻：《周易正义》卷三《观·大象》，《十三经注疏》，中华书局 1980 年影印本，第 36 页。

③ 丘濬：《大学衍义补》（上册）卷六十七《崇教化·总论教化之道》，上海书店 2012 年，第 496 页。

④ 同上，第 496~497 页。

很明显，仅仅借助于“神明”“幻化”的“神道设教”，实则是开启搅乱舆论、欺上瞒下的祸端，对于巩固统治、教化民众没有任何的益处。

丘濬也注意到，虽然“因民而观之”是朝廷施政的基础，但是也不能排除会出现“物之不齐，物之情也。俗之不一，俗之习也”的情况。有鉴于此，统治者就必须格外地重视对实际民情的体察，做到“约其所太过，勉其所不及，使之一归于礼而不偏”，而不能“一听民俗之所为而不复观之矣”[1]，对之采取放任自流的态度。所以在他看来，对于民俗民情，统治者只有以“纲”“纪”“礼”“法”自然疏导，充分地做到“三纲在所当正，六纪在所当修，礼节不可失，法度不可斁，吾于是乎化导之，因其自然者加之品节，顺其当然者为之导达，引其性而纳之道义之中，矫其偏而归之中正之域”[2]，才能将“大易人文化成天下一语”，这一“帝王继天立极之大纲大本”落到实处，“唐虞雍熙泰和之治”局面的出现也就为期不远了。

二、易学与经济思想

《周易》经传对于贯串天、地、人“三才”的经济问题非常重视，在六十四卦的卦爻辞和《易传》中，直接谈论或涉及经济现象的就有三十多卦，围绕重财、生财、理财、用财等方面，表达了许多深刻的思想。就一定意义而言，《周易》的经济思想是易学研究运用中的一个重要内容，历代的政治家、思想家、理财家在论辩陈事、改革弊政时常常引以为据。明代中叶的丘濬在这方面更是如此，他深受《周易》经济思想的濡染和启发，提出了一系列很有价值的建议、措施。

为实现养民的目的，将民本思想真正地贯彻落实到社会的方方面面，

① 丘濬：《大学衍义补》(上册)卷六十七《崇教化·总论教化之道》，上海书店2012年，第497页。

② 同上。

就要“为民理财”,发展经济。丘濬格外重视明王朝的经济发展,《大学衍义补》全书有多达二十二卷的内容是在探讨这类问题。在某种程度上可以说,《大学衍义补》中有关经济问题的论述,是该书中最有思想价值的部分。需要指出的是,从全书内容的逻辑设置来看,丘濬将明王朝的经济问题安排在“正朝廷”“正百官”及“固邦本”,即君、臣、民三大问题之后进行讨论,又进一步突出了经济民生问题的重要性,充分地反映出平素“以经济自负”的丘濬对于明代现实社会的深刻认识。这主要表现在以下方面。

首先,丘濬突出地强调了“富国先富民”的理念。他认为:

> 《易》曰:“何以聚人曰财。”财出于地而用于人。人之所以为人,资财以生不可一日无焉者也。所谓财者谷与货而已。谷所以资民食,货所以资民用。有食有用则民有以为生养之具,而聚居托处以相安矣。《洪范》八政以食与货为首者此也。大禹所谓“懋迁有无化居”,此六言者万世理财之法皆出于此。然其所以徙有于无,变化其所居积者,乃为烝民粒食之故耳。是其所以理财者乃为民而理,理民之财尔,岂后世敛民之食用者,以贮于官而为君用度者哉?古者藏富于民,民财既理,则人君之用度无不足者。是故善于富国者必先理民之财,而为国理财者次之。①

本于《周易》“聚人”“理财”的理念,丘濬将物质财富视为人类赖以生存的前提,认为人类对于物质利益的追求,具有正当性与合理性,即“人之所以为人,资财以生,不可一日无焉者”。毕竟,“财者人之所同欲也”,且“人心好利无有纪极”②。在承认人类对于财富追求的正当性和合理性的基础上,

① 丘濬:《大学衍义补》(上册)卷二十《制国用·总论理财之道(上)》,上海书店 2012 年,第 191 页。

② 同上,第 193 页。

丘濬提出了“善于富国者，必先理民之财，而为国理财者次之”，即将“理民之财”置于“为国理财”之上的思想，如果反其道而行之，“则是以理财为讳者乃所以为聚财之张本也”[①]，当“国用不给”之时，势必会出现“横取诸民”、祸国乱政的动荡局面。上述藏富于民的思想，实际上正是丘濬在“固邦本”一目中所提出的，以民为本的政治思想在其对经济问题认识上的具体体现。而丘濬对“理国财”和“理民财”的区分及探讨，在一定意义上表明他对当时王朝的财政和社会经济相互关系的认识又有所深化，即发展社会经济是增加国家财富的根本要务，而社会经济的发展则是实现国家富强的厚重基石。

丘濬虽然主张“理财之法即所谓生财大道之法”，但认为二者还是有差别的。他说：

> 抑考理财之说昉之《易大传》，而《大学》不言理而言生，何哉？噫！理之为言有人为分疏之意，生之为言有生生不穷之意，有以生之而财之源生生不穷，有以理之而财之流陈陈相因，如是，则存于民也无不足，而用于君也恒有余矣，治平之道端在于此。[②]

“理财正辞”出自《周易》，“生财有大道”源于《大学》。丘濬抓住了“理”与“生”两个关键词进行了比较，突出了各自在经济政策的制定和措施的执行方面具有的不同意涵，认为“生财”和“理财”在经济过程中都是不可或缺的重要环节，能够分别发挥不同的作用。尽管如此，但总的来看，丘濬还是强调建立在“生财”基础之上的“理财”发挥作用至为关键。毕竟财货之分配、调解得法，“治平之道”的出现才有可能。

① 丘濬：《大学衍义补》（上册）卷二十《制国用·总论理财之道（上）》，上海书店 2012 年，第 194 页。

② 同上，第 195 页。

其次,受《周易》“理财正辞,禁民为非曰义”[1]思想的影响,丘濬注意到在发展经济及追求富民的过程中,经济活动仍然要受到道德规范的约束。他指出:

> 既理财正辞而民有趋于利而背于义者,又必宪法令致刑罚以禁之。使其于财也,彼此有无之间,不得以非义相侵夺。其于辞也,名号称谓之际不得以非义相紊乱,与凡贵贱、长幼、多寡、取予之类莫不各得其宜焉,是则所谓义也。吁!圣人体天地生生之仁,尽教养斯民之义,孰有加于此哉?[2]

丘濬对“义”的理解,意在强调封建社会人际关系的调整,以此缓和社会矛盾。从中既可以看出其与先秦儒家义利观的一脉相承之处,又可以看出其所受到的程朱理学解《易》的深刻影响,具有浓厚的道德伦理色彩。

至于如何理财,儒家历来的传统观念是崇俭黜奢、节而有度。孔子曾将“节用而爱人”[3]作为治国的重要原则,认为无论是君主还是臣民,都应厉行节俭反对奢侈。《周易》更是认为君主应“节以制度,不伤财,不害民”[4],臣民应“以俭德辟难,不可荣以禄”[5],“安节之亨,承上道也”[6]。宋代的易学家本此又做了充分的发挥。例如,程颐的学生杨时就强调“爱民必先于节用”,他说:“《易》曰‘节以制度,不伤财,不害民’。盖用不节,则必至于伤财,伤财必至于害人。”[7]朱熹也认为,“将爱人者必先节用,此不易之理

① 阮元校刻:《周易正义》卷八《系辞下》,《十三经注疏》,中华书局1980年影印本,第86页。

② 丘濬:《大学衍义补》(上册)卷一《正朝廷·总论朝廷之政》,上海书店2012年,第29~30页。

③ 刘宝楠:《学而第一》,《论语正义》卷一,中华书局1990年,第16页。

④ 阮元校刻:《周易正义》卷六《节·象》,《十三经注疏》,中华书局1980年影印本,第70页。

⑤ 阮元校刻:《周易正义》卷二《否·大象》,《十三经注疏》,中华书局1980年影印本,第29页。

⑥ 阮元校刻:《周易正义》卷六《节·六四·小象》,《十三经注疏》,中华书局1980年影印本,第70页。

⑦ 杨时:《杨时集》卷五《道千乘之国章》,中华书局2018年,第93页。

也”,“盖国家财用皆出于民,如有不节而用度有阙,则横赋暴敛,必先有及于民者。虽有爱人之心,而民不被其泽矣”。[①]丘濬在思考这一问题时,深受孔子及《周易》节用爱民思想的影响,同时也借鉴了杨时、朱熹等前贤的观点,但他并没有陷于“爱”与“节”孰先孰后,哪个更为重要的纠结,而是认为:“帝王为治之道不出乎孔子此言,爱之一言万世治民之本,节之一言万世理财之要。”[②]将“爱”与“节”二者并重,一同视为国家治民理财的根本原则。

再有,为使“富国先富民”的思想得到贯彻并收到成效,丘濬极其重视商业在封建国家经济发展中所起的作用,进而提出了发挥市场自发调节作用的问题。我们知道,中国传统社会重农抑商的思想发轫于战国初期的李悝,形成于商鞅和荀况,至韩非时集前代之大成,此后一直长期占据统治地位。而与之相反,《周易》虽主张以农业为本,可对商业却并不排斥,甚至在一定程度上表现出对商业的重视,其中最为鲜明的表述就是,“日中为市,致天下之民,聚天下之货。交易而退,各得其所”[③],以此突出商业利民、利天下的作用。中国传统社会重农抑商的思想虽然逐步取得了统治地位,但也应该看到的是,以《周易》为代表的农商并重的思想并没有中断,即使在明代也仍在延续。而这一思想得以在明代有了进一步的发展,在一定程度上,不能不说是与丘濬等人对《周易》及前贤经济思想的充分汲取有着密切的关系。

丘濬认为,《周易》中的“日中为市,致天下之民,聚天下之货。交易而退,各得其所”是“后世为市之始”。他意识到:“民之于食货有此者无彼,盖

① 朱熹:《晦庵先生朱文公文集(一)》卷第十二《封事》,《朱子全书》(修订本)第二十册,上海古籍出版社、安徽教育出版社 2002 年,第 625 页。

② 丘濬:《大学衍义补》(上册)卷二十一《制国用·总论理财之道(下)》,上海书店 2012 年,第 196 页。

③ 阮元校刻:《周易正义》卷八《系辞下》,《十三经注疏》,中华书局 1980 年影印本,第 86 页。

以其所居异其处而所食所用者不能以皆有，故当日中之时致其人于一处，聚其货于一所，所致所聚之处是即所谓市也。"[①]在此基础之上，他指出："人各持其所有于市之中而相交相易焉，以其所有易其所无，各求得其所欲而后退，则人无不足之用，民用既足则国用有余也。"[②]不仅将"食货"视为"生民之本"，而且也强调了互通有无的重要性。

从上述思想认识出发，丘濬对封建王朝直接经营、干预商业的活动完全持否定的态度，认为国家对于商业的管理，要采取宽松适度的政策，不必加以限制。他说：

> 天生众民，有贫有富。为天下主者惟省力役、薄赋敛、平物价，使富者安其富，贫者不至于贫，各安其分，止其所得矣。乃欲夺富予贫以为天下，乌有是理哉？夺富之所有以与贫人且犹不可，况夺之而归之于公上哉？吁！以人君而争商贾之利，可丑之甚也。[③]

也就是说，国家对于商业的管理，采取富者与贫者各得其所的政策，市场自然就会发挥其自身具有的调节物价、实现供应的作用，而不应"争商贾之利"。对于官营商业可以打击商人、操纵市场、稳定物价的说法，丘濬则认为，"大抵民自为市则物之良恶、钱之多少易以通融准折取舍，官与民为市，物比以其良，价比有定数，又有私心诡计百出其间，而欲行之有利而无弊，难矣"[④]，而准许商人自由经营，"物货居之既多，则虽甚乏其价自然不至甚贵"[⑤]，市场上货物充盈，用不着官府来平抑物价，物价自然就会趋于

① 丘濬：《大学衍义补》（上册）卷二十五《制国用·市籴之令》，上海书店2012年，第224页。

② 同上。

③ 同上，第228页。

④ 同上，第227~228页。

⑤ 同上，第232页。

合理，有利于市场的持续经营。因为在他看来，私人之间通过竞争，能够使商品的价格、数量以至质量都得到合理的调节，是不须假封建官府人为地加以干涉的。

时值明代中叶，丘濬作为官居一品的朝廷大臣，能够本于《周易》对封建王朝的市场经济活动产生上述的看法，尤为难能可贵。同时，丘濬源于《周易》之学的经济思想与措施，也从一侧面反映出明代中叶的商品经济确实有了一定程度的发展。

三、易学与法律思想

《周易》作为中国古代法律思想的重要源头之一，其中的“利用狱”“明罚敕法”[①]及“议狱缓死”[②]等思想对后世产生了深远影响。丘濬充分地汲取这一丰厚的思想资源，在《大学衍义补》中对许多源于《周易》的法律思想又作出了新的阐述，不唯在易学史上，在法律思想史上也占有重要的地位。

我们知道，《周易》中的《噬嗑》一卦主要讲的是天下国家怎样利用刑狱剪除奸佞的问题，集中体现了《周易》及儒家的法律思想。《周易》虽主张刑狱不可或缺，但也强调一定要正确合理地利用刑狱解决各种问题。《噬嗑》卦，其卦辞曰：“亨，利用狱。”[③]本身从卦名来看，噬是咬，嗑是合，上下颚合拢则能咬碎吃的东西，象征着可以铲除一切障碍物；狱是说刑法，也就是指法律案件及处理这些案件的整个过程。程颐曾就此指出：“天下之间，非刑狱何以去之？不云利用刑，而云利用狱者，卦有明照之象，利于察狱也。狱者所以究治情伪，得其情则知为间之道，然后可以设防与致刑

① 阮元校刻：《周易正义》卷三《噬嗑》，《十三经注疏》，中华书局1980年影印本，第37页。

② 阮元校刻：《周易正义》卷六《中孚·大象》，《十三经注疏》，中华书局1980年影印本，第71页。

③ 阮元校刻：《周易正义》卷三《噬嗑》，《十三经注疏》，中华书局1980年影印本，第37页。

也。"[①]可见，在刑与狱之间程颐更倾向于后者。应该说，程颐的认识虽给予丘濬一定的启发，但丘濬更强调的是刑与狱二者并重。

丘濬认为，如果社会出现了犯罪行为，就必须施用刑法予以铲除。他说："圣人治天下有为生民之梗者必用刑狱断制之，故噬嗑以去颐中之梗，雷电以去天地之梗，刑狱以去天下之梗也。""人有梗于吾治之间，必断制之而后民得安靖，民不得安，则有所苛扰而生有不宁矣。"[②]对于程颐所提出的"得其情，则知为间之道"，丘濬进一步引申，强调了"明与威并行"才是真正的用狱之道，"明以辨之必如电之光焰然而照耀，使人不知所以为蔽。威以决之必如雷之震轰然而击搏，使人不知所以为拒"[③]。在此基础之上，丘濬又提出了统治者在治狱过程中必须贯彻刚柔中和之道的思想。他认为，"然其施于外者，用其刚如此可尔，若夫存于中者，则又以柔为本。而其柔也，非专用柔。用柔以处刚无太过焉，无不及焉。夫是之谓中，夫是之谓利"，否则，就会陷入偏执一端或过犹不及的境地，"苟偏于一而或过与不及，则非中矣，则为不利矣"。[④]

但是在具体的用狱过程中，统治者如何才能做到"明罚敕法"？针对这一关键问题，丘濬充分地借鉴前贤的易学研究成就，并结合明代当时的法律状况，对此又有了新的认识。丘濬认为，"法"是"制定于平昔"，而"罚"是"施用于临时"，"法者罚之体，罚者法之用"，[⑤]二者尽管存在体与用的分别，但实际上所起的作用是一致的。他说：

① 程颢、程颐：《周易程氏传》卷二《周易上·经下·噬嗑》，《二程集》，中华书局2004年，第803页。

② 丘濬：《大学衍义补》（下册）卷一百《慎刑宪·总论制刑之义》，上海书店2012年，第139页。

③ 同上。

④ 同上。

⑤ 同上，第140页。

夫法有定制而人之犯也不常，则随其所犯而施之以责罚必明必允，使吾所罚者与其一定之法，无或出入，无相背戾。常整饬而严谨焉，用狱如此，无不利者矣。

圣人明罚敕法，惩之于早故也。天生圣人为民造福，既叙彝伦而锡君子以考终命之福，复明刑罚而养小人以全身命之福。盖小人不以不仁为耻，见利而后劝于为仁。不以不义为畏，畏威而后惩于不义。惩之于小所以诫其大惩之于初，所以诫其终，使其知善不在大，而皆有所益。恶虽甚小，而必有所伤，不以善小而弗为，不以恶小而为之。不至于恶积而不可掩、罪大而不可解。[①]

只不过，丘濬在此特别强调的是，人君在施行刑罚时必须慎重。无论是法与罚，都必须依照公布于众的法律科条来执行，使之有定例可循，一定要避免执法的随意性，而民众慑于法律的严正、威力，才有可能不犯法受刑。这样，法律所具有的惩恶扬善的作用才能得到更好的体现。

必须看到，时值明代中叶，法律执行较前期已有所松弛，"今州县治狱，禁勘审复，自有许多节次，过乎此而不决，便是留狱。不及乎此而决便是敢于折狱"[②]。对于这一严峻的司法现实，丘濬认为："若狱未具而决之，是所谓敢折狱也。若狱已具而留之不决，是所谓留狱也。"[③]也就是说，无论出于什么原因，"敢折狱"与"留狱"都有损于当朝法律的威严，都是对当朝法制的破坏。进而，他关切地指出：

狱之未具则不敢折，故狱得真情而人不冤狱之，已具则无或留，

① 丘濬：《大学衍义补》（下册）卷一百《慎刑宪·总论制刑之义》，上海书店2012年，第140页。
② 同上，第141页。
③ 同上。

故狱不停囚而人不滞，治狱之道备于此矣。治狱，君子必象离之明以为之体，象山之止以为之用。明矣，而犹不敢折狱，明矣而犹必慎而不留，皆止之象也。狱不难于治而难于用，故《噬嗑》卦辞曰“利用狱”。[1]

强调即便是发生了刑狱之事，人君也理应遵循《周易》“以明庶政，无敢折狱”[2]之道，明慎用刑而不留狱。

而且丘濬也希望人君在法律实践中能够做到“议狱缓死”以“赦过宥罪”。为强调这一思想，丘濬曾对《周易》言及法律、刑罚的卦象作了如下的归纳：

卦象言刑狱者五卦，《噬嗑》、《贲》、《丰》、《旅》、《中孚》也。《噬嗑》、《贲》、《丰》、《旅》皆有离象，而《噬嗑》、《丰》则兼取震，《贲》、《旅》则兼取艮。盖狱以明照为主，必先得其情实则刑不滥。然非震以动之则无有威断，非艮以止之则轻以用刑。惟《中孚》一卦则有取于巽兑。先儒谓《中孚》体全似《离》，互体有震艮，盖用狱必明以照之，使人无隐情，震以威之，使人无拒意，而又当行而行，当止而止，不过于用其明而恣其威。[3]

他之所以看重《中孚》一卦，是因为在这五卦中，唯有《中孚》一卦较为特殊：《中孚》卦，卦象是泽上有风。泽为止水，风在止水上行，风感水受，有至诚无所不入之象。其《象》曰：“泽上有风，中孚。君子以议狱缓死。”[4]依丘濬

① 丘濬：《大学衍义补》（下册）卷一百《慎刑宪·总论制刑之义》，上海书店2012年，第141页。

② 阮元校刻：《周易正义》卷三《贲·大象》，《十三经注疏》，中华书局1980年影印本，第37页。

③ 丘濬：《大学衍义补》（下册）卷一百《慎刑宪·总论制刑之义》，上海书店2012年，第142页。

④ 阮元校刻：《周易正义》卷六《中孚·大象》，《十三经注疏》，中华书局1980年影印本，第71页。

的理解：

> 议而又议，缓而又缓，求其出而不可得然后入之，求其生而不可得然后死之，本乎至诚孚信之心，存乎至仁恻怛之意，在我者有诚心，则在人者无遗憾矣。圣人作经垂世立教，惓惓于刑狱之事，不一而足焉如此，其知天下后世之忧患，而为之虑也深且远矣。[①]

人君如能观之而受启发，应用到刑法上，就能做到议狱缓死。也就是说，在判决之前一定要进行充分的推敲、讨论，把案件中的一切可疑之点或不应据以定罪的东西都一一调查出来，入中求出；即使是判处死刑，也需要从缓执行，尽可能在必死的罪行中找到可以不死的因素。只有经过议狱而判刑或经过缓死而处决。对人君来说，其诚可谓至矣；对犯人而言，方能死而无怨。

人君能够秉持《周易》“以明庶政，无敢折狱”之道以决刑狱，赦过宥罪，丘濬对之是持赞赏态度的。因为统治者对一般过失免于处罚，对有罪恶亦从轻发落，这种宽大处理的做法，确实能够使社会矛盾有所缓解。但是丘濬认为又不能一概而论，他指出：

> 然过有小大，过失之小者固不必问，若事虽过失而事体所关则大，如失火延烧陵庙，射箭误中亲长之类，其罪有不可释者，原其情则非故也，故因时赦其罪以宥之。宥如“流宥五刑”之宥也，所谓罪者过失而入于罪者耳。若夫大憝极恶之罪，杀人不死则死者何辜？攫财不

① 丘濬：《大学衍义补》（下册）卷一百《慎刑宪·总论制刑之义》，上海书店2012年，第142页。

罪则失者何苦？“雷雨作，解”，岂为如是之人哉？[①]

所以丘濬认为，凡有关“事体所关则大”之过及“大憝极恶之罪”，是不应在“赦过宥罪”之列的。

我们知道，《周易》在重视“明罚敕法”的同时，力主“讼以中正”，最终从根本上杜绝讼端。就总体而言，《讼》卦认为，“讼，上刚下险。险而健，讼。讼，有孚，窒惕，中吉。刚来而得中也，终凶，讼不可成也。利见大人，尚中正也”[②]。就是说，但凡争讼萌起，不论胜败均非好事。因此，处理争讼时必须履行中正之道，以至中为本，如果公平、公正、合理地截断诉讼，便呈露出吉祥之兆。《讼》卦在谈“尚中正”时，它的卦义并不鼓励人们争讼，而是认为人们息讼最好，所以《讼》卦主张“终凶，讼不可成也”，争讼不可至于终。由此可见，《周易》中“讼以中正”正是与“明罚敕法”联系在一起的，而这一思想也对丘濬思考、解决明代法律所面临的诸多问题产生了重要影响。

在丘濬看来，正是由于有了争讼，“刑狱”也就会随之而起。“民生有欲不能无争，争则必有讼”是再正常不过的现象。其中的关键在于听讼者能不能履行中正之道，以至中为本。如果听讼者没有做到“中而听不偏，正而断合理”，反而“以是为非，以曲作直”，则会出现“民心是以不平，初则相争，次则相斗，终则至于相杀，而祸乱之作由此始”的严峻事态。所以人君要“遏争斗之源，而防祸乱之生”，就必须慎重地选择“牧民之官，典狱之吏”，真正做到“听不偏”，“断合理”。[③]

---

① 丘濬：《大学衍义补》（下册）卷一百〇九《慎刑宪·慎眚灾之赦》，上海书店2012年，第210页。

② 阮元校刻：《周易正义》卷二《讼·彖》，《十三经注疏》，中华书局1980年影印本，第24页。

③ 丘濬：《大学衍义补》（下册）卷一百〇六《慎刑宪·详听断之法》，上海书店2012年，第181页。

四、易学与军事思想

《周易》虽不是专门的军事著作，但蕴含的军事思想特别丰富，因而为历代政治家、军事家所取法运用，以至有人把《周易》视为言兵之书。《周易》的军事思想主要体现在《师》卦中。《周易》之《师》卦，其象曰："地中有水，师。君子以容民畜众。"[①]对此，丘濬有这样的评价：

《师》之为卦，万世论行师之道皆不出乎此。六爻之间，几军旅之用。所谓出师、驻师、将兵、将将，与夫奉辞伐罪、旋师班赏，无所不有。先儒谓虽后世兵书之繁，不如师卦六爻之略，且所论者王者之师，比后世权谋之书奇正甚远。为天下者制师以立武，立武以卫国，卫国以安民，乌可舍此而他求哉？[②]

俨然，他将《师》卦看作了一部军事行动指南，其对《周易》所蕴含的军事思想的重视程度，可见一斑。

首先，丘濬指出，"能以众正"和"行王者之师"是军事行动首先必须坚持的核心原则。在他看来，真正的王者之师才能够做到"行一不义，杀一不辜而得天下不为"，"非正不兴师，非顺不用众"。虽然说兴师动众进行战争，必然毒害天下，只要师以顺动，行以正义，最终还是可以赢得人心的。但是即便如此，不到万不得已，绝不可轻举妄动。"兵凶战危，所谓险道也，非正不兴师，非顺不用众，是谓王者之师。然而不免有杀戮之惨、供需之

① 阮元校刻：《周易正义》卷二《师·象》，《十三经注疏》，中华书局1980年影印本，第25页。

② 丘濬：《大学衍义补》（下册）卷一百十四《严武备·总论威武之道（上）》，上海书店2012年，第245页。

费”[1]，兵戎所至不管最后结果如何，都会给社会、经济、民生带来极大的破坏性，所以“兴师动众如用毒药以攻病，非真有沈痼之疾、症瘕之癖，决不可轻用也，毒之一言，《易》之垂戒深矣”[2]。

而要做到“能以众正”，丘濬认为有两个问题必须引起注意。一是征伐者需“文德”和“威武”兼备，要对征伐对象的“正”与“不正”有清晰的判断。他说：“征者，正也。下有不正，上则正之。下之人非有不正之事，而上之人辄兴师以侵伐之，则上已不正矣，如正人何？”“在上之人且谦柔和顺，而下之人乃负固不服，桀骜不驯，其不正甚矣，上之人专尚文德而不奋威武以正之，则流于姑息，失之宽纵，乃谦之过，非谦之益也，又岂所谓称物平施者哉？”[3]二是要取信于民，“宁失势于他人，不失心于己众”。他说：“兵师之兴所以为民也。兴师而民心不悦，则其所行必非王者之师、仁义之举也。是以人君举事既揆之己，复询之众。众心和悦然后从而顺之，苟有不悦必中止焉。”[4]

需要指出的是，受《周易》思想的影响，就如同对刑罚的认识一样，丘濬认为，战争也是不得已而为之的手段，兴戎动兵的终极目的是消灭战乱，制止寇扰，以期出现“神武而不杀”的局面。他说：

> 神武不杀四字虽圣人以赞《易》卦之用，然武而谓之神，神武而谓之不杀，神武而不杀之一言，是诚圣人文化之妙、用武德之至。仁函阴阳生杀之机妙，仁义生成之化，方其事之未来也，运其神妙之机而测度之于几微、朕兆之先，及其事之既往也，敛其明照之用而包函之于

---

① 丘濬：《大学衍义补》（下册）卷一百三十二《严武备·出师之律》，上海书店2012年，第372页。

② 同上。

③ 丘濬：《大学衍义补》（下册）卷一百十四《严武备·总论威武之道（上）》，上海书店2012年，第246页。

④ 同上。

幽微阴密之地，用是以立武则变化而莫测，运用而无方，仁厚而不伤，广大而无间，是即帝尧广运之武、成汤天锡之勇也。伏惟圣人在上，体《大易》神智之德，存神武不杀之心，民之有患，不得已而用武，本仁心而运神智，仗道义以施德威，以不杀而为杀也。[①]

“神武而不杀”是圣人武德的最高境界。而出现“神武而不杀”局面的前提，必须是人君一方面要体会古之圣人处事之际仁心、神智运用之神妙，施德威以道义为本；另一方面自身要广积仁德，对民众广施教化，真正地做到“能以众正”，“不失心于己众”。

其次，丘濬对《周易》涉及的用兵谋略、制胜之道等军事思想作了进一步的发挥，强调了“戒慎”与“道义”在军事行动中的运用，反对图逞匹夫之勇。例如，对于“莫夜有戎，言小人常伺隙兴兵，以寇君子，不利即戎”的现象，丘濬认为：“君子之治小人以其不善也，必以己之善道胜之，养之以善而横逆自若也。则含晦俟时，以冀其机之可乘，仗义执言以明其罪之所在，布诚信以孚众心，申号令以竦众听，相与同心以除害，协力以敌忾。兢兢焉常存危厉之心，不欺彼衰而遂安肆也，业业焉益尽自治之道，不恃己强而事威武也。”唯有自我谨慎戒备，同时占有道义的力量，“举无敌之师，而加诸有罪之人”，方能“虽有仓卒莫夜之戎，亦无所忧矣”。如果“苟或恣其一决之勇，而求大快于吾心，则非徒不能除其害，而反有以致其大害矣”，“其为君子谋至矣，有天下者可不戒哉！”[②]

如前所述，明中叶内忧外患，国力已开始由盛转衰。表现在军事方面，无论是将领的选拔任用，还是军队的日常操练及装备的供应，较明代前期乏善可陈。丘濬对当时军事衰敝的局面忧心忡忡，而这种忧患意识在《大

① 丘濬：《大学衍义补》（下册）卷一百十四《严武备·总论威武之道（上）》，上海书店2012年，第248页。

② 同上，第247页。

学衍义补》里更是有着鲜明的表现：

> 窃惟我圣祖承元政废弛之后，民俗凋弊之余，大振威武以立国，内而畿甸、外而边方，设立卫所，每卫五所，每所千军，错峙郡邑之中以为民生之卫，盖不待民生之萃聚而后戒其不虞也，圣祖思患豫防之心远矣。今承平百余年，生齿之繁比国初几千倍蓰，而兵戎之众反不及什二三焉，岂《大易》因《萃》象以除戎器、戒不虞之义哉？伏惟圣明留心武事，明敕所司，通将洪武年间原设卫所军士队伍并见在数目以闻，下执政大臣，俾其详究军伍前后所以多寡之数，必欲复祖宗之旧，其道何繇，或别有它策，具疏备陈，然后集议，除其旧而新之，收其散而聚之，断断乎必有益于国、必无损于民然后行之，庶几合乎《大易》《萃》卦之象以为国家制治保邦千万年长久之计，宗社生灵不胜大幸。[①]

《萃》卦，由坤下兑上组成，有泽上于地之象。《周易》认为，泽既上于地，则水必聚之，君子观萃之象，联系到人事方面，有可能会出现物聚人盛、争必有乱的现象，因此为防备混乱局面的出现，应用到治国层面就应该“除戎器，戒不虞”[②]，整治兵器，加强武备。秉《周易》思想之溉沾，丘濬表现出对时政的高度关注，明代军事力量的改革已经迫在眉睫，统治者必须时时刻刻怀有“豫防之心”，“除其旧而新之”，扩大军事规模，以重振足以保邦长久的军事实力。

在前面论及的军事行动必须坚持的核心原则及必须遵循的用兵谋略、制胜之道的基础上，丘濬对将领的任用及赏罚提出了重要的建议：

① 丘濬：《大学衍义补》(下册)卷一百十四《严武备·总论威武之道(上)》，上海书店2012年，第247~248页。

② 阮元校刻：《周易正义》卷五《萃·大象》，《十三经注疏》，中华书局1980年影印本，第58页。

先儒谓用师之道利于得正，则不正不利可知矣；丈人则吉而不任，老成之人则凶可知矣。然师既以正动，而又任夫老成之人，然非在上之人为之主宰，则亦不能以成功也。①

也就是说，能否成为仁者之师，能否取得军事行动的成功，选择有素得力的将帅和人君的总揽部署往往起着同等重要的作用，不可忽视任何一方。

通过联系明英宗朱祁镇御驾亲征却因指挥不当而被俘虏的惨痛教训，丘濬对人君应该如何选择统帅有着痛切的认识。他说：

人君使其臣以统师驭众，固不可以不审，尤不可以不专。不审则使非其人或至于丧师而辱国；得其人而任之不专，则事无统摄，或彼或此，而不归于一，是亦覆败之所由也。使一人焉，以为三军之司命。人命之生死，疆场之得丧，国家之安危，皆系于斯。苟使之而不当，使之当矣而又使人参之，皆足以致凶而取祸。人君之使人，固不可以不谨，而况于任将授师乎？②

必须选将以能，任将以专。而且，“于未济之初，审几而缓进”，不能急功近利。只有这样，“兵虽久用而处之者有道，不至于罢敝中国。师虽远出而任之者得人，不至于别生他变”③。

然而人君选出将帅，就要赋予应有的专制之权，那么这种专制之权该履行到何种程度？通过汲取《师》卦爻辞“在师中，吉”的思想，丘濬认为：

---

① 丘濬：《大学衍义补》（下册）卷一百二十八《严武备·将帅之任（上之上）》，上海书店 2012 年，第 345 页。

② 同上，第 346 页。

③ 丘濬：《大学衍义补》（下册）卷一百四十六《驭夷狄·征讨绥和之义（上）》，上海书店 2012 年，第 470 页。

人臣无专制之义，故受阃外之寄者，有刚中之德而又适时中之宜，然后可也，然必有王者之锡命，至于再至于三焉。承天宠之优，布怀绥之德，如后世所谓便宜行事者，然后专之也。不然，非吉善之道也。故为臣受命必协乎中道，为君命将必锡以宠命，则臣无专擅之过，而君无中制之失，而师无有不利，功无有不成者矣。[①]

在他看来，无论是人君还是人臣，赐命与受命都必须“协乎中道”。只有如此，人君既能充分放权，又不至于使人臣一切自作主张。

此外，在军事行动后的赏罚方面，丘濬本于《师》卦中的“大君有命，以正功也。小人勿用，必乱邦也”[②]，特别提出了如何对有功的小人行赏的问题，对《周易》思想又有了进一步的发挥。在他之前，程颐和朱熹都曾讨论过这一问题，“程传谓赏之以金帛禄位，而《本义》则谓不使之得有爵土而但优以金帛”[③]。丘濬认为，如此还不能完全消弭乱邦之祸，因为“臣窃以为小人难养，而不令人知所以自反，彼见同功一体之人皆有爵土，而已独无焉”，未免会生出怏怏不快之心。因此，应当“如程氏言与之禄位，如朱氏言优以金帛。但俾食邑而不临民，给禄而不莅职，如此则得正功之典而亦无乱邦之祸矣”[④]，这才是兼顾各方利益的万全之策，有利于军心乃至政局的稳定。

① 丘濬：《大学衍义补》（下册）卷一百二十八《严武备·将帅之任（上之上）》，上海书店2012年，第346页。

② 阮元校刻：《周易正义》卷二《师·上六·小象》，《十三经注疏》，中华书局1980年影印本，第26页。

③ 丘濬：《大学衍义补》（下册）卷一百三十九《严武备·赏功之格（上）》，上海书店2012年，第419页。

④ 同上。

第六节 蔡清的易学思想

蔡清(1453—1508),字介夫,号虚斋,明代中叶成化、弘治年间的著名学者。“弘治间,理学中辍,至是,公与杨廉作,乃复振兴。”[①]在程朱理学由独盛到渐衰的转变时刻,蔡清继承捍卫了程朱理学并推动了其进一步发展。蔡清的经学研究,尤以易经造诣最高,“潜心易学,专意注疏,平生精力所得,尽在《蒙引》一书”[②],其易学成就,在当时受到很高的评价,“今天下言《易》者,皆推晋江”[③],“羽翼圣经,开启后学”[④]。蔡清的易学思想除主要体现在《易经蒙引》《太极图说》《河洛私见》等易学著作中之外,在他的文集中也有一定的体现,并在很大程度上反映出明代义理易学对宋易的继承与发展。“自明兴以来,尽心于朱子之学者,虚斋先生一人而已”[⑤],作为朱子后学的集大成者,在明代易学史上,蔡清是不能忽略的重要人物。

一、《周易大全》之批判

《四库全书总目》认为,蔡清的易学研究虽以阐发朱熹易学为主,但“不肯委曲附和”,而是在义理上有所发明,“朱子不全从《程传》,而能发明《程传》者莫若朱子。清不全从《本义》,而能发明《本义》者莫若清。醇儒心

① 蔡清:《蔡文庄公集》卷八《道南源委》,商务印书馆2018年,第215页。

② 蔡清:《蔡文庄公集》卷八《奏刊易经蒙引堪合》,商务印书馆2018年,第218页。

③ 蔡清:《蔡文庄公集》卷八《名山藏儒林记》,商务印书馆2018年,第212页。

④ 蔡清:《蔡文庄公集》卷八《奏刊易经蒙引堪合》,商务印书馆2018年,第218页。

⑤ 李清馥:《闽中理学渊源考》卷五十九《文庄蔡虚斋先生清学派》,凤凰出版社2011年,第640页。

得之学，所由与争门户者异欤！”[①]也并没有因学宗程朱而陷入学派门户之争，因此完全是“醇儒心得之学”。对于蔡清解《易》的重要著作《易经蒙引》，《四库全书总目》则具体地指出：

> 其体例以《本义》与《经》文并书。但于《本义》每条之首加一圈以示别，盖尊之亚于《经》也。然实多与《本义》异同。如《经》分上、下，朱子云：“以其简帙重大，故分为上、下二篇。”清则云：“六十四卦何以不三十二卦为《上经》，三十二卦为《下经》，而乃《上经》三十卦，《下经》三十四卦也？”“用九，见群龙无首”，朱子云：“用九是诸卦百九十二阳爻之通例，见群龙无首，是此卦六爻皆用九者之占辞。”清则云：“孔子《象传》及《文言》，节节皆是主六爻皆用九者言，但《本义》不主此说。”又云：“若依朱子之说，则于用九之下又当添‘六爻皆用九者’一句。”“知至至之，知终终之。”朱子说：“上句至字重，下句终字重。”清则云：“此未必是本文之意。本文下句一知字，岂偶然哉！岂姑以对上句而无所当哉！”其他不肯委曲附和，大率类此。[②]

《四库全书总目》在《易经》的结构体例与卦爻辞的训诂解释方面，罗列了蔡清《易经蒙引》与朱熹《周易本义》的不同之处，所作的总体评价也较为中肯，但对于蔡清何以作《易经蒙引》及解《易》时“不全从《本义》”的缘由，《四库全书总目》并没有充分明确的说明。值得注意的是，蔡清宗奉程朱理学，在易学研究方面却敢于发前人所未发，质疑前贤易说，不唯理学集大成者是瞻，推动了程朱理学一派易学的深化。四库馆臣对蔡清《易经蒙引》的公允评价，无形中也指示了研究蔡清易学的门径。

明代立国之初独尊程朱理学，不仅表现在科举考试以朱学为依据，更

① 永瑢等：《易经蒙引》，《四库全书总目》卷五，中华书局 1965 年影印本，第 28 页。

② 同上。

为重要的标志是，于永乐年间诏颁了统一思想的三部理学大全，即《五经大全》《四书大全》《性理大全》，程朱理学作为一套较为完整的政治思想体系，从此得以确立。不容忽视的是，由朱熹集其成的程朱理学一经官方提倡和推行，成为正统思想之后，其在发展的过程中就难免陷入保守、僵化的弊端。“自宋之末造以致有明之初年，经术人才于斯为盛。自八股行而古学弃，《大全》出而经学亡”[①]，“制义初行，一时人士尽弃宋、元以来所传之实学，上下相蒙，以饕禄利”[②]，三部《大全》对当时及后来的学术思想和学术生态所产生的恶劣影响可见一斑。反映到易学领域，明代初期以程朱理学解《易》的学者大都株守宋人之成，很少有像薛瑄那样，通过解《易》对程朱之学既因循、承袭，同时又有所扬弃和发展。时值明代中叶，缺乏创见、人云亦云的解《易》之风反而呈现出愈演愈烈的态势。

蔡清对于这种由明初延续而来的学风极其反感，对此提出了强烈的批评。他说：

> 文公折衷众说，以归圣贤本旨。至宋末诸儒，割裂装缀，尽取伊洛遗言，以资科举。元儒许衡、吴澄、虞集辈，皆务张大其学术，自谓足继道统。其实名理不精，而失之疏略。本朝宋潜溪、王华川诸公，虽屡次辨其非文人，其实不脱文人习气，于经传少有究心。国家以经术取士，其意甚美，但命题各立主意，众说纷纭。太宗皇帝命诸儒集经书大全，不分异同，混取成书，遂使群言无所折衷。[③]

① 顾炎武：《日知录集释（校注本）》（第四册）卷十八《书传会选》，浙江古籍出版社 2013 年，第 1057 页。

② 顾炎武：《日知录集释（校注本）》（第四册）卷十八《四书五经大全》，浙江古籍出版社 2013 年，第 1055 页。

③ 蔡清：《蔡文庄公集》卷七《南京国子监祭酒赠礼部左侍郎理学名臣谥文庄公虚斋先生行略》，商务印书馆 2018 年，第 184 页。

蔡清总结了南宋末年以来程朱理学的发展过程，认为无论是宋末学者的"尽取伊洛遗言,以资科举",还是元代学者的"名理不精,而失之疏略",以及当时学者的"于经传少有究心",其共同的弊病在于对程朱义理墨守成规,不敢有所发明,致使程朱之学代代相因,粗糙空洞。既然如此,那么对于程朱之学,学者究竟应采取怎样的态度？蔡清指出：

> 大抵读书须要酌以真理,不可全信耳目,全凭故纸,虽朱子之说,亦不能无未尽善处。且朱子之释注诸书,据《文集》所载,则其前后不同亦多。据《语类》所载,则其不同处尤多。若理出于至当归一,又安有不同者邪？然则学者安得便以朱子之说遂不敢有所同异邪？[①]

在他看来,治学要唯真理是瞻,即使是朱熹的著述,也会因为他自身处于不同的时期,思想会随之发展,而出现"其前后不同亦多"的情形。对于朱熹的"未尽善处",其学理在前后表现出的矛盾之处,学者不能将之全部视为真理。其不一致者,甚至不妥者,要一一指出或是加以修正。蔡清的这一番见解在当时无不宗奉程朱理学的背景之下,可谓是对官方倡导的《五经大全》《四书大全》《性理大全》的挑战。这种来自理学阵营内部的有识之论,在明代学术思想发展史上同样具有重要的意义。

秉持这一学术思想,蔡清对三部《大全》,特别是《五经大全》的不尽如人意之处有着清醒的认识。他说:"愚尝窃谓:《易经大全》及今所刊行《本义》俱欠更张。盖自国初诸老收《大全》时偶失权度,而学者至今多不知有古《易》矣。主司以此搭题,士子依之而缀文,殊未安也。"[②]蔡清认为,《周易大全》所收的程朱易说,特别是朱熹易说,仅仅是罗列了相关文句,并没有

① 蔡清:《易经蒙引》卷十《系辞上传》,商务印书馆 2017 年,第 620 页。

② 蔡清:《易经蒙引》卷一《周易上经》,商务印书馆 2017 年,第 19 页。

加以分析阐释。时至现在，学者还是一味因循，炮制制义之文，对义理依然不敢有所发明，一味人云亦云，造成了古《易》的本义面目全非，即"'《彖》曰'、'《象》曰'，全不可晓"，而今《易》则陷于无根、停顿的局面。需要提及的是，蔡清是秉承丘濬之命才批点《周易大全》的，他在写给丘濬的信中具体地谈到了批点《大全》的感受：

当时诸老纂修既不依古易编次，如象曰、彖曰等字，至今不知何谓？而所采诸家之说又或多咈于义理而乖于《本义》。至朱子有向前未定之说，明与《本义》不同者，亦多搜掠以备成书，使天下学者犹或纷于多说而靡所适从，似于古人所以一道德之意犹未也。承命以来无任愧恐，姑以《本义》为宗，而以尊命为据。自《程传》之外，凡合于《本义》者批之，其非《本义》意者空之。有虽于《本义》不甚切，而实有发于义理者亦批之。……有连板数说无一切要者，则皆空之。有连板数说而无一不切要者，则皆批之。但主理胜，不甚拘举业要用也，然而亦在其中矣。至于训诂名义之间，大体凡例之际，虽非举业所急，然窃以为此等处乃入易门户，学者尤不可不理会，故亦从而批之。若其中闲字稍有可略，则皆略之矣。所恨性质愚鲁工夫尤极麁疎，殊不能得其精当以副尊意，徒能用其一己井蛙之见而已，窃料朋友间见之必多有不合而疵议非笑者。然而区区选取之间，盖亦未尝无说也。惟老先生清暇时试一过目而加增损焉则幸也。独《系辞传》一册义理最为微妙，众说尤为纷挐。闲尝取而读之，乃有思量。移日而竟不得其归一之说者，故未敢下手也。夫上下经义理非独易于《系辞传》也，经中一画一字中涵天人之秘，亦乌可以易言？但却自为条项，可以逐一理会。又彖者，材也；爻也者，效天下之动也。既曰材曰动，则有迹可寻矣。若夫《大传》则多取源头，大道理发之，动数十百言。所言者或三才之道，或鬼神之情状，又或先天后天图意也，此岂浅生俗学所能定其说哉。[①]

略去信函中的自谦之辞不谈，从中可以看出，蔡清提出的治《易》的理念和方法有着重要的学术启发意义。首先，蔡清批点《周易大全》虽然仍以朱熹《周易本义》为宗，但并不固守僵化。他的关注点不局限于文字训诂方面，而是重在义理的阐发。即使阐发的义理无关举业，但如果能够作为学《易》的门户和初阶，也应受到重视。其次，蔡清在对《周易》义理进行批点、阐发时，反复地钻研思量，表现得相当谨慎，取舍之际不敢轻易"下手"，其治《易》的严谨程度可见一斑。还有，在蔡清看来，虽然《系辞传》"义理最为微妙"，但《周易》上下经中所包蕴的义理同样精微难言，而不能仅仅局限于"浅生俗学"的一隅之见。正是由于有了上述认识，蔡清在自己的研《易》实践中，将重点放在了对程朱易学的阐发和修正方面。因此，蔡清在其《易经蒙引》中依托于朱子《周易本义》注解，对其字字推敲，可以说是达到了"牛毛茧丝，无不辨晰"[②]的程度，也就不足为奇了。

二、《易》书之易与天地人身之易

作为明中叶的理学大家，蔡清对《周易》产生的根源及宇宙的运动变化模式等问题的探讨，并没有表现出株守程朱义理的偏执倾向，反而对之有所修正突破，在"促使明代理学家逐渐从程朱派中分化出来"[③]的过程中起到了突出的作用。

有关《周易》一书的性质及其产生的根源，蔡清认为未有《易》书之时，已有天地之易与吾身之易，《易》书之易实乃据天地之易模写而成。他说：

① 蔡清：《蔡文庄公集》卷二《寓杭州上琼山邱祭酒先生书》，商务印书馆 2018 年，第 31 页。
② 黄宗羲：《明儒学案发凡》，《明儒学案（修订本）》（上册），中华书局 2008 年，第 14 页。
③ 朱伯崑：《易学哲学史》（第三卷），华夏出版社 1995 年，第 118 页。

夫子从有《易》之后而追论夫未有《易》之前,以见画前之有《易》也。夫《易》有乾坤,有贵贱,有刚柔,有吉凶,有变化,然此等名物,要皆非圣人凿空所为。不过皆据六合中所自有者而模写出耳。[①]

大抵《易》书之理即天地之理;天地之理,亦吾身之理。孔于此章之言,一以见人当求《易》理于天地,二以见人当求天地之理于吾身。盖有天地之易,有吾身之易,有《易》书之易。究而论之,则《易》理本在天地与吾身,其《易》书则是天地、人身之易之影子也。若不是于天地、吾身上体验得出,则看那《易》书之易,终亦杀死了。虽曰"易与天地准",亦不见其果与天地准矣。[②]

显然蔡清认为以天地之易为画前之有易,圣人据天地之易而作《易》书并非凭空杜撰、毫无依据的,而是对天地之易的反映、模写。因此,《易》书之易的根源就存在于天地万物之中。应该说,蔡清的这一看法,在很大程度上继承了明初理学大师薛瑄的"模拟"说。薛瑄是明代前期程朱理学的代表性人物,"开明代道学之基",被誉为"明代理学之冠"。就如同其理学思想承袭自程朱理学一样,其易学思想也奉朱熹易学为圭臬,但又有一定程度的超越。《易》与阴阳之实体的关系历来是理学一派关注的重要问题,对于《周易·系辞上》"在天成象,在地成形,变化见矣"[③]一句,朱熹认为,"'变化'者,《易》中蓍策卦爻阴变为阳、阳化为阴者也。此圣人作《易》,因阴阳之实体,为卦爻之法象"[④]。在朱熹解读的基础上,薛瑄有所发明,提出了"模拟"说,"是则卦爻之法象,无非模写天地阴阳之实体而已"[⑤],"天地间阴阳是自然之易,卦画奇偶,不过模写阴阳之象而已,故亦谓之易。卦之奇

① 蔡清:《易经蒙引》卷九《系辞上传》,商务印书馆2017年,第538页。
② 同上,第556页。
③ 阮元校刻:《周易正义》卷七《系辞上》,《十三经注疏》,中华书局1980年影印本,第76页。
④ 朱熹:《周易本义》卷三《系辞上传》,中华书局2009年,第222页。
⑤ 薛瑄:《薛文清公读书续录》卷一,《薛瑄全集》(第二册),三晋出版社2015年,第885页。

偶，法阴阳之奇偶而画。天地之易，《易》书之易，同一阴阳而已”[①]。

虽然蔡清所理解的模写说在很大程度上源自薛瑄，但他对薛瑄的易学思想并不是简单地重复，而是又有所深化。在蔡清看来，《易》书之易模写的天地人身之易首先是对天地中阴阳变易之理的模写。对于朱熹《周易本义》认为的“圣人作《易》，因阴阳之实体，为卦爻之法象”[②]，蔡清并不认同。他说：

> 阴阳一气也。在天则成象，在地则成形，而成象成形各自有变化也。以成象之变化言之，如日月之往来，寒暑之交代，雷霆、雨露之或作或止之类，皆是也。以成形之变化言之，如山川之或气嘘而品物流行，或气吸而品物归根，如水之往者过、来者续，或为潮、或为汐；如动物之有作息，植物之有荣悴之类，皆是也。[③]

在蔡清看来，“变化”二字，无论是蓍策的变化，还是卦爻的变化，与天地自然的成象成形一样，都属于实体的变化，无不蕴含着阴阳转化，“阴阳变化之迹见于此矣”，其实是一回事，“不可分蓍策与卦爻为二”。[④]可见，相较于薛瑄的“模拟”说，蔡清的“模拟”说更为细致，意涵也更为丰富。

与之相联系，蔡清对于《周易·系辞上》中的“易与天地准”[⑤]一句作了如下阐发：

> “莫大乎天地”，而《易》书与天地同其大焉，何也？如所谓“死生”“鬼神”“智仁”之类，莫非阴阳之变，天地之道也。《易》书于是道也，自

① 薛瑄：《薛文清公读书续录》卷四，《薛瑄全集》（第三册），三晋出版社 2015 年，第 961 页。

② 朱熹：《周易本义》卷三《系辞上传》，中华书局 2009 年，第 222 页。

③ 蔡清：《易经蒙引》卷九《系辞上传》，商务印书馆 2017 年，第 538 页。

④ 同上。

⑤ 阮元校刻：《周易正义》卷七《系辞上》，《十三经注疏》，中华书局 1980 年影印本，第 77 页。

> 其外而统观之，则“幽明”“死生”“鬼神”之类，无一不包括于其中，有以弥之而无遗焉。自其内而细观之，则于所弥之中，或幽或明，或死或生，或鬼神或仁智之类，又皆有以纶之而不紊焉。夫《易》“能弥纶天地之道”如此，信乎“易与天地准也”。①

也就是说，《易》书中讲的阴阳变易，即天地之道，也就是宇宙间一切事物变化运动的法则。就大的方面而言，宇宙间的一切事物诸如“幽明死生鬼神之类”，无所不包，囊括殆尽，无不体现着阴阳变易之道；从小的方面来说，任何细微的东西都受着阴阳变易法则的支配。②既然《易》书之易与宇宙天地运行遵循共同的变化法则，那么宇宙天地间的一切事物，无论大小，自不待言，都体现着“与天地同其大”“与天地准”的易之道。

不仅如此，蔡清认为，《易》书模写的天地变易之理还包括阴阳变易之象。他指出：“易何以见其弥纶天地之道邪？盖天地之道，不过一阴阳之变也，而《易》书卦爻亦一阴阳之变也，《易》书只一阴阳之变，凡幽明、死生、鬼神、智仁之属，易皆有以象之而无遗也。”③由于《易》书卦爻之阴阳变化本于天地之阴阳变化，“易皆有以象之”，在天所成之象以及在地所化之形也必然包蕴着天地阴阳变易之理。正如他在解释《周易·系辞下》“易者，象也。象也者，像也”④时所说：“夫易者，岂有他哉？只是六十四卦三百八十四爻之象而已，而是卦爻之象，正所以像夫造化事物之理也。”⑤在此基础上，他又进一步强调：“象总是像‘天下之赜’与‘天下之动’，‘天下之赜’与‘天下之动’各有‘神明之德’焉，各有‘万物之情’焉。”⑥说明了卦爻象完全可

① 蔡清：《易经蒙引》卷九《系辞上传》，商务印书馆2017年，第574页。

② 朱伯崑：《易学哲学史》（第三卷），华夏出版社1995年，第120页。

③ 蔡清：《易经蒙引》卷九《系辞上传》，商务印书馆2017年，第573页。

④ 阮元校刻：《周易正义》卷八《系辞下》，《十三经注疏》，中华书局1980年影印本，第87页。

⑤ 蔡清：《易经蒙引》卷九《系辞上传》，商务印书馆2017年，第670页。

⑥ 同上，第670~671页。

以比拟天下万物的变易之理与阴阳形体的性命情态。

由此，蔡清在对《周易·系辞下》“易者，象也。象也者，像也”的义理进行阐述时，就对朱熹的相关解释作了某种程度的修正。朱熹在《周易本义》中，对《周易·系辞下》“象也者，像也”一句注释为“易卦之形，理之似也”[①]，即以卦之形象比拟阴阳之理。而蔡清认为：“‘象也者，像也’，说得甚广。凡《说卦传》所言，自‘天地定位’至所广八卦之象皆是，形体亦在是，性情亦在是，是近取诸身者亦在是，是远取诸物者亦在是。”[②]就是说，《易》书所模写的对象包括事物本身的形象和义理，而且其性情即义理同其形象是紧密地结合在一起的。[③]同时，《易》书所模写的对象不只是阴阳之理，还应包括“近取诸身，远取诸物”的形体。进而他解释道：

> 如六画之乾，所以像夫纯阳至健之理，而凡为天、为君之类，皆在其中矣；六画之坤，所以像夫纯阴至顺之理，而凡为地、为母之类，亦在其中矣。以其爻言，如乾之六爻，则有以像夫潜见、惕跃、飞亢之理。坤之六爻，或以像一阴之始生，或以像阴盛而亢阳，亦各自像一个理，所谓“理之似”也。此“理”字以其寓于器者言。盖有是物必有是理，理非个悬空理也。故《本义》只曰“理之似也”，但未说到辞处。下文“象者，材也；爻也者，效天下之动也”，方是说卦爻辞。[④]

在蔡清看来，朱熹认为的“画前有易”中的易不仅是指阴阳变易之理，同时也应该包括天地万物变易的过程，“所谓理之似也”，即使是虚无缥缈的阴阳之理也是寓于器中的，并非悬空之物。可见，蔡清所论在丰富朱熹《易》

① 朱熹：《周易本义》卷三《系辞下传》，中华书局2009年，第248页。

② 蔡清：《易经蒙引》卷九《系辞上传》，商务印书馆2017年，第671页。

③ 朱伯崑：《易学哲学史》（第三卷），华夏出版社1995年，第122页。

④ 蔡清：《易经蒙引》卷九《系辞上传》，商务印书馆2017年，第671页。

理的同时，也确实纠正了朱熹在《易》理方面的某些偏差。

而且就连《周易》中的文句，蔡清也认为是对宇宙间一切事物及其情理的模写。例如，《周易·坤·象》说："坤厚德载物，德合无疆，含弘光大，品物咸亨。"[①]蔡清则这样解释："'含弘光大'，坤之亨处正在'光大'二字上。然光大自含弘而出，理势必然。故文字亦然也。圣人此等文字，其笔全为道理所使，若有不容不然者，非故益之以'含弘'，为去他二字不得也。"[②]他认为坤含有弘之德，才有光大之势，这是理势之必然，所以圣人文字是不能有丝毫损益的。由此他得出结论："凡作文字只管听道理所使，不容以己意而有所增损方是。若到尽头，便是笔下造化，便是手代天工，大抵六经非圣人之文，天地之文也。天地不能自文，假圣人之手而文之耳。"[③]无非是说，经书之文乃写天地之文，"不容以己意而有所增损"，丝毫不许私意杂于其中。应该讲，蔡清的这一认识，一方面进一步地丰富深化了薛瑄的"模写"说，在很大程度上表现了他较为朴素的真理意识，另一方面为了强化尊孔读经的儒学正统观念，难免带有捍卫程朱理学的色彩。[④]

三、"变易"与"交易"

由于蔡清认为《易》书之易不仅包含对天地间阴阳变易之理的模写，还包括阴阳变易之象，他将阴阳双方的对立与相互依存，看作是万物生成及万物运动变化的根本前提，并在本于朱熹《易》理的基础上，对阴阳变易的运动过程做了更为详尽的论述。我们知道，对于阴阳二气的运动特征，朱熹认为"易字，易只是阴阳"，"易者，阴阳错综、交换代易之谓"。[⑤]在朱熹

① 阮元校刻：《周易正义》卷一《坤·象》，《十三经注疏》，中华书局1980年影印本，第18页。

② 蔡清：《易经蒙引》卷一《周易上经》，商务印书馆2017年，第62页。

③ 同上。

④ 朱伯崑：《易学哲学史》（第三卷），华夏出版社1995年，第123~124页。

⑤ 黎靖德：《朱子语类》卷九十五《程子之书一》，中华书局1986年，第2422页。

看来，“易”足以概括出阴阳流行的基本特征。“易字有二义，有变易，有交易。”“易有两义，一是变易，便是流行底；一是交易，便是对待底。”[①]也就是说，朱熹认为变易是指阴阳错综，即阴阳二气推移流行；而交易是指交换代易，即阴阳二气的对待定位。

对于朱熹的“交易”义，蔡清则通过卦爻象排列的位置与顺序予以进一步阐释说明。他认为：

> 若就逐卦六位言，则初阳而二阴，三阴而四阴。五阳而六阴，是亦有时待之义。又以横图言，在两仪，则阳与阴对；在四象，则太阳与太阴相对，少阴与少阳相对；在八卦，则乾阳与坤阴相对，震阳与巽阴相对，艮阳与兑阴相对，坎阳与离阴相对。其在圆图、方图皆然。又以卦之反对言之，则自“乾刚坤柔、比乐师忧”以下，一一皆有交易之义也。盖此理无处无之，在《易》书皆然。[②]

蔡清强调，在一卦六爻之中有可能出现既相对待又相交错的情况，邵雍的先天横图从两仪到八卦，也是分阴分阳，既相对待，又相交错，就是如此。蔡清在此特别提到了“以卦之反对言之”，意指《杂卦》中卦象排列的顺序。他认为：

> 卦皆反对，义亦反对。反对之义，即一阴一阳之易也。辞虽若浅，义则甚正。不然，圣人序卦，乾必与坤相联，屯必与蒙相联，岂泛然全无谓哉！是故翼《易》者，不可无杂卦传之作也。[③]

---

① 黎靖德：《朱子语类》卷九十五《程子之书一》，中华书局1986年，第2433页。

② 蔡清：《易经蒙引》卷一《周易上经》，商务印书馆2017年，第2页。

③ 蔡清：《易经蒙引》卷十二《杂卦传》，商务印书馆2017年，第762页。

这样一来，《序卦》和《杂卦》讲的卦序，也都属于交易之义。[①]

在蔡清看来，不仅仅是卦序，客观存在的一切“实体”都存在着“交易”的现象。这一点，朱熹其实早已指明：“交易是阳交于阴，阴交于阳，是卦图上底。如天地定位，山泽通气云云者是也。”[②]只不过，蔡清在朱熹所论的基础上又作了进一步的引申，自然界如此，人类社会也是如此。他说：

> 如天上、地下相对也，则天气下降以交于地，地气上升以交于天，其实理故然也。推之山、泽、雷、风、水、火皆然。故山不得水，不能生草木鸟兽；泽不得土，不能生鱼鳖蛟龙，则相交之理亦昭然也。以至雷风则相益者也，水火则相济者也，天地间盖无一物不然。故曰：“天地睽而其事同也，男女睽而其志通也，万物睽而其事类也。”凡君臣、父子、长幼、朋友、内外、上下、刚柔、文武，以至庶物之雌雄牝牡、食味之酸咸凉热等类，凡其二者之对立而其理之相须者，皆谓之交易也。虽至微之物，亦各有个面背内外，面背内外，则相须而不可相无者也，是亦交易所在矣。[③]

按朱熹的说法，交易之义只含有事物的阴阳对立、相互依存之义，只讲阴阳交错即相间或渗透，而蔡清则将“交易”引申出相反相成之义，对朱熹的“交易”说又有了新的发展。

如前所述，朱熹认为的“变易”指阴阳二气的推移更迭，“如昼夜寒暑，屈伸往来者是也”。既然阴阳二气在升降往来互转的过程中，必然会出现“阳变阴，阴变阳，老阳变少阴，老阴变少阳”的情形，那么这种“变易”也就

① 朱伯崑：《易学哲学史》（第三卷），华夏出版社1995年，第129页。
② 黎靖德：《纲领上之上》，《朱子语类》卷六十五《易一》，中华书局1986年，第1605页。
③ 蔡清：《易经蒙引》卷一《周易上经》，商务印书馆2017年，第2页。

自然孕育着“占筮之法”[1]。对于朱熹的这一看法，蔡清是同意的，但问题是变易与交易二者何者为体？何者为用？他说：

> 盖卦爻之在图书，初无变之可言。唯于占筮得卦之后，有九、六、七、八之数，则九者变为八，六者变为七，于是有变易之义耳。大抵《易》有卦有蓍，有卦无蓍则《易》为无用，有蓍无卦则《易》为无体。交易大抵主卦爻言，变易大抵主蓍言。[2]

蔡清指出，交易是就卦爻象排列的位置与顺序而言的，属于体的范畴；变易是从揲蓍成卦的角度来谈的，重在占筮，属于用的范畴。至于变易的体用在自然中是如何呈现的，他说：“造化之交易，所谓分阴分阳，天地四方，是其至明白易见者也。故天阳与地阴相时，南阳与北阴相对，东阳与西阴相片。变易则所谓一动一静，互为其根者也，故昼阳往而夜阴来，夜阴往而昼阳来，暑阳往而寒阴来，寒阴往而暑阳来，此气数之相推者也。”[3]可见，变易离不开刚柔二爻互变或相互推移，同样禀循于自然万物中的变易之理。

在此基础上，蔡清对朱熹的阴阳变易说有了一定程度的超越。他认为，阴阳二气不仅相互流转，还能够“交易者，阴阳之相间；变易者，阴阳之相因”[4]，二者可以成为相互变化的内在依据和凭借。他说：

> 阴阳一气也，在天则成象，在地则成形，而成象成形各自有变化也。以成象之变化言之，如日月之往来，寒暑之交代，雷霆、雨露之或作或止之类，皆是也。以成形之变化言之，如山川之或气嘘而品物流

① 黎靖德：《纲领上之上》，《朱子语类》卷六十五《易一》，中华书局 1986 年，第 1605 页。
② 蔡清：《易经蒙引》卷一《周易上经》，商务印书馆 2017 年，第 2 页。
③ 同上，第 2~3 页。
④ 同上，第 3 页。

行，或气吸而品物归根，如水之往者过、来者续，或为潮、或为汐；如动物之有作息，植物之有荣悴之类，皆是也。[①]

对于《周易·系辞上》中的"通乎昼夜之道而知"[②]，他解释为，"且如明也，生也，神也，昼之属也。昼为阳。而阳实根于阴。幽也，死也，鬼也，夜之属也。夜为阴，而阴实根乎阳"[③]。在他看来，宇宙中一切实体的运动和变化都基于一气之阴阳消长，离不开阴阳流行。而且阴阳在此消彼长的过程中，或由明而知幽，或由生而知死，往往是互为因果、互为根据，循环不已的。

蔡清所认为的交易为体，变易为用，意即有阴阳之对立，才有阴阳之流行。交易与变易虽然有功能、属性的不同，但仍然可以相互渗透，相互转化。阴阳交易是阴阳变易的根源，前者是后者的基础；同时，阴阳交易始于阴阳变易，流行之体也能转化为对待之用。这一思想在蔡清对《周易》经卦的具体解说中也能够充分地表现出来。例如，在解释《革》卦卦辞"元亨，利贞。悔亡"[④]时，他引用了程颐对"息"字所作的训诂，"程子曰：'息训为生者，盖息则生矣。一事息，则一事生，中无间断。硕果不食，则便为复也。寒往则暑来，暑往则寒来'"[⑤]。在此基础上，蔡清则作了更为精妙的阐发：

"灭息而后生息"，愚谓亦有两样：就一物言，则前者灭，后者生。今年岁运尽了，明年又一运继之；今日一周而明日又一周，草木今年生底已残了，明年又再发生是也；以两物言，则寒往而暑来，日往而月

① 蔡清：《易经蒙引》卷九《系辞上传》，商务印书馆 2017 年，第 538 页。

② 阮元校刻：《周易正义》卷七《系辞上》，《十三经注疏》，中华书局 1980 年影印本，第 77 页。

③ 蔡清：《易经蒙引》卷九《系辞上传》，商务印书馆 2017 年，第 538 页。

④ 阮元校刻：《周易正义》卷五《革》，《十三经注疏》，中华书局 1980 年影印本，第 60 页。

⑤ 程颢、程颐：《河南程氏遗书》卷第十一，《二程集》，中华书局 2004 年，第 133 页。

来。且如火然而水干，干是灭了，则惟有火在；水被火克，惟有火生而旺也。水决而火灭，是火已灭，则惟有水在，火被水克，惟有水生而旺也。稂莠既去，而嘉禾自生。病邪既去，而正气自充，皆是。鼻息亦前后相生，分而言，则嘘吸两相生也。今以革言，革旧而新，亦一灭一生也。云峰曰：灭息之中，有生息者存，犹人一吸一嘘。而谓之一息，亦有止而复生之义也。[①]

十分明显，蔡清对"灭息而后生息"的理解，实际上就本着"阴阳之相因"这一易学认识的。无论是"就一物言"，"则前者灭，后者生"，还是"以两物言"，"革旧而新，亦一灭一生也"，阴阳二气互相流转，互为其根。在"息"的整个过程中，阴阳的交易与变易都紧密联系，互为体用，充分地表现了事物运动发展的必然趋势。

四、"太极实函阴阳"

我们知道，"太极"不仅是易学上的一个重要概念，同时也是程朱理学中的一个理论基点。朱熹为了说明"太极"是易的根源，曾创造性地以"太极"之理的自身展开来说明八卦和六十四卦的形成过程。他在注释"《易》有太极，是生两仪"[②]时说："大，音泰。一每生二，自然之理也。易者，阴阳之变。大极者，其理也。两仪者，始为一画而分阴阳。四象者，次为二画以分太少。八卦者，次为三画而三才之象始备。此数言者，实圣人作易自然之次第，又不假丝毫智力而成者。画卦揲蓍，其序皆然。"[③]无非是说，当未画之前，"太极"只是一个理。一理之判，始分出或散开为一阴一阳，则为两仪。

① 蔡清：《易经蒙引》卷七《周易下经》，商务印书馆 2017 年，第 428~429 页。

② 阮元校刻：《周易正义》卷七《系辞上》，《十三经注疏》，中华书局 1980 年影印本，第 82 页。

③ 朱熹：《周易本义》卷三《系辞上传》，中华书局 2009 年，第 240 页。

此一阴一阳又分出彼一阴一阳，则为四象。其上又各分出一阴一阳，则为八卦。每一层次，都是原有"太极"之理的自身展开，这一展开的"自然之理"遵循"自然次第"的逻辑，有其自身的必然性，"不假丝毫智力而成"。因此，在朱熹看来，"太极"既是六十四卦爻画的根源，又是宇宙运动、事物发展的根据。

"易者，阴阳之变"，即易是阴阳之变易。对于这一点，蔡清并不否认。然而，就"太极"本身所具有的含义该如何理解，蔡清却不认同朱熹的看法，他说：

> "《易》有太极"。易者，阴阳之变；太极者，阴阳之所以变者也。阴阳之所以变者，太极有动有静也。太极有动静，即是一每生二也；一每生二，即是太极之理也。自两仪以上，以至于六十四卦，皆是此理，即一神两化也。此处主易而言，盖易是影此理者也。故此"太极"字亦是易中之太极，与周子《太极图》者不同。①

蔡清认为"《易》有太极"中所讲的太极，是指易中之太极或易卦之太极。太极具有阳动阴静之特征，有此一特征，便生出阴阳即两仪，此即"一每生二也"。此"一每生二"之理即"一神两化"，也就是一故神，两故化。从两仪到六十四卦皆是"一每生二"这一太极之理的影子，"始初圣人因见天地间有许多道理，故设为此卦爻变化以该载之"，"盖先有此道理而后有此卦爻变化之器以象之"②。十分明显，这里的"太极"是就易卦而言的，以卦爻变化展现"一神两化"之理，与周敦颐《太极图说》中所论宇宙万物生发论意义上的"太极"可谓迥异其趣。

因此，蔡清认为，"《易》有太极"中的"太极"并无实体含义，只表示两

① 蔡清：《易经蒙引》卷十《系辞上传》，商务印书馆2017年，第637页。

② 同上，第645页。

仪合一的状态，尽管称之为“理”或“一神两化”，却不具备实体或造化之含义。在解释《周易·系辞上》“形而上者谓之道，形而下者谓之器”[①]一句时，他说：

> 此乃《本义》之正意。其后，先儒引用，或至以太极为形而上者，阴阳为形而下者，则皆是借用之。犹“寂然不动，感而遂通”，本指揲卦。先儒尽藉以论人心，亦无不可。[②]

可以看出，蔡清所论是针对朱熹所言“太极”而发的。“太极”实则是指卦爻之理和卦爻之画，本无实体之意，赋予其实体意义仅仅是一种引申而已，无论如何是不能将之与实体等同起来的。

进而蔡清指出，《系辞传》中的“《易》有太极”一章讲的是“画卦或揲蓍之序，即讲易卦之阴阳，不是讲造化之阴阳”[③]。他说：

> 揲蓍之序，其初揲三变，非奇则偶，分明是一揲而得两仪也。其再揲，三变，奇上再得奇则为太阳象，偶上再得偶则为太阴象，分明是再揲而得两仪也。至第三揲之三变，则又非奇则偶，随其所凑皆成三画之卦。八卦随其所值，又分明是三揲得八卦之象矣。每揲皆有阴阳太少，此则不论，只论阴阳矣。太阳少阳俱只做阳看，太阴少阴俱只做阴看。[④]

在蔡清看来，初揲三变之数，非奇则偶。为初画之象，即“是生两仪”。再揲、三变之数也是非奇则偶，各加于初画之上，则为四象，即“两仪生四象”。三

① 阮元校刻：《周易正义》卷七《系辞上》，《十三经注疏》，中华书局1980年影印本，第83页。

② 蔡清：《易经蒙引》卷十《系辞上传》，商务印书馆2017年，第645页。

③ 朱伯崑：《易学哲学史》（第三卷），华夏出版社1995年，第137页。

④ 蔡清：《易经蒙引》卷十《系辞上传》，商务印书馆2017年，第638页。

揲三变之数亦非奇则偶，再加于四象之上，则为八卦之象，即“四象生八卦”。所以，就易卦而言，无论太阳少阳，还是太阴少阴，每揲必有阳奇阴偶之分，都能衍生出“一每生二”之理。

而且，蔡清认为不仅是太极，就连《周易·系辞上》中的“两仪”“四象”“八卦”也是指卦画之阴阳而言，都是对天地之阴阳的模写。他说：

> 且两仪四象八卦等字，皆是影此理之名目。故“两仪”者，“两”即是那天地间阴阳，“仪”则谓此奇偶二画，即是那阴阳之仪形也；“四象”者，“四”即是天地间太阳、少阴、少阳、太阴，“象”则谓此第二画之分太少者，即是那四者之象貌也。象与仪一类，八卦之“卦”字亦然。故谓卦为掛以示也。后来俱以两仪四象当实字说，如谓阴阳为两仪，或谓天地为两仪，盖不知此字之立本主于《易》。而后或借用之，相承之久，遂作实字用也。①

这样一阐释，“两仪”“四象”“八卦”与“太极”一样，也本无实体含义。因此，在蔡清看来，赋予其实体的含义，乃是后人“借用之”且长时间“相承之”发挥而成。②

既然易卦中之太极是模写造化之太极的产物，不具备实体含义，那么到底有没有具备实体含义之太极？蔡清指出：

> 尝观天地生物，何缘有男女之分？盖太极实函阴阳，所谓“一阴一阳之谓道”也。是以太极肇判之初，其气固自分阴分阳。阳之轻清上浮为天，阴之重浊下凝为地。及天地既位之后，此气又相细缊融结，亦自

① 蔡清：《易经蒙引》卷十《系辞上传》，商务印书馆 2017 年，第 637~638 页。

② 朱伯崑：《易学哲学史》（第三卷），华夏出版社 1995 年，第 137 页。

分阴分阳。得阳之奇而健者为男，得阴之偶而顺者为女。此皆其理之自然，而不容以不然者。①

也就是说，太极是阴阳二气之实体，只有作为阴阳二气之整体的太极，才是宇宙天地万物运动变化的本原。

在解释《乾》卦"大哉！乾元。万物资始，乃统天"②时，蔡清对禀阴阳二气的实体太极作了更为详尽的阐释。他说：

盖天之四德默运于冥漠之间，而万物之所以为元亨利贞者，惟其机之所动耳。所以然者，以物物各具一太极。盖自其向日成始之时，其阴阳会合冲和之气浑沦全具，而所以为来日之元亨利贞者，悉已载于其中而无遗矣。其来日之元亨利贞者，不过只是应天之时而行耳。今只以一粒粟言之，各有一点生意。即便是天德之所在，机之所伏也。故其机发动之时，一段滋温之气，是得于乾之元，至其露生之时，则得于乾之亨，既而得其利，而向于实。得其贞，而实之成。无他也，气候所至而物随之。物固莫之能为也，而天亦莫之为也。总是体统一元之气流行贯通而无间然者也。不然，天虽不物物而雕之。亦当一一而取之，而天亦当一一而应之，而造化亦劳矣，亦当有时而息矣。岂所谓天道无心而成化也哉？岂所谓动静无端，阴阳无始之妙道也哉？③

蔡清认为，所谓"物物各具一太极"中的"太极"，实际上是"阴阳会合冲和之气"。万物之所以形成、发展、变化，离不开"阴阳会合冲和之气"的"应天之时而行"。任何事物当其存在之时，借助"机之所动"，都会禀有"阴阳会

① 蔡清：《易经蒙引》卷九《系辞上传》，商务印书馆 2017 年，第 545 页。

② 阮元校刻：《周易正义》卷一《乾·彖》，《十三经注疏》，中华书局 1980 年影印本，第 14 页。

③ 蔡清：《易经蒙引》卷一《周易上经》，商务印书馆 2017 年，第 20~21 页。

合冲和之气”，其发展必然伴随着元、亨、利、贞的过程。因此，“阴阳会合冲和”的气化过程是无心的，既不创造万物，也无止息之时，“动静无端，阴阳无始”。[①]

需要指出的是，蔡清上述所论虽然本于朱熹《周易本义》，但已与之有着本质的不同。朱熹认为：“‘元亨利贞’，理也；有这四段，气也。有这四段，理便在气中，两个不曾相离。若是说时，则有那未涉于气底四德，要就气上看也得。所以伊川说：‘元者，物之始；亨者，物之遂；利者，物之实；贞者，物之成。’这虽是就气上说，然理便在其中。伊川这说话改不得，谓是有气则理便具。”[②]朱熹虽也认为“有气则理便具”，理在气中，二者不曾相离，但又说：“有那未涉于气底四德”，元亨利贞之理是可以不依赖于气的。对此，蔡清则认为：“所谓‘未涉于气底四德’，终未可晓耳。一个四德，岂容分理气两端？姑记所疑。”[③]在他看来，朱熹将理气割裂为两端是不足取的，“窃疑天地之性究竟亦只是阴阳五行之理耳，阴阳五行之理即便有清浊厚薄矣，故先儒先有理而后有气之说愚终不能释然”[④]。因此，朱熹的理先气后说从阴阳五行之理生发的角度而言也是站不住脚的。

正是有了上述认识，蔡清认为，包蕴有阴阳二气之整体的太极才是实体的太极，同时也是万物的本原。他说：

> 盖三才各一太极，太极则兼阴阳，阴阳则有变化，此至理之自然，所谓“一阴一阳之谓道，阴阳不测之谓神”者也。是故“立天之道曰阴与阳”，阴不一于阴，阴必变为阳；阳不一于阳，阳必化为阴。此则天道

① 朱伯崑：《易学哲学史》（第三卷），华夏出版社 1995 年，第 141 页。

② 黎靖德：《乾上》，《朱子语类》卷六十八《易四》，中华书局 1986 年，第 1689 页。

③ 蔡清：《易经蒙引》卷一《周易上经》，商务印书馆 2017 年，第 21 页。

④ 庄煦：《四书蒙引·四书蒙引别录》，《景印文渊阁四库全书》第 206 册，台湾商务印书馆 1986 年影印本，第 729 页。

之所以为太极然也。今五、上二爻既当乎天，则五、上之刚柔变化，即天道之阴阳变化矣，其理有二乎！立地之道曰柔与刚，柔不一于柔，柔必变为刚；刚不一于刚，刚必化为柔。此即地道之所以为太极者然也。初、二二爻既当乎地，则初、二之刚柔变化，即地道之刚柔变化矣，其理又有二乎！立人之道曰仁与义。仁，人之阳德也，为慈惠，为宽裕之类；义，人之阴德也，为严毅，为刚果之类。二者积中而时出，因物而赋形，此则人道之所以为太极者也。[①]

蔡清所认为的天、地、人三才各具太极实体，其本身兼有阴阳两个方面，而且其变化运动的过程也兼具阴阳两个方面。就天道而言，其变化不凝滞于阴和阳任何一方，即阴必变为阳，阳必化为阴；从地道来说，更不局限于刚与柔任何一边，即柔必变为刚，刚必化为柔；以人道言之，义可以变为仁，仁又能够转化为义，仁和义互不偏废。[②]可见，蔡清通过此论确实对朱熹的太极说作了进一步的修正和发明。

五、人生价值观的易学底色

毋庸讳言，《周易》以天道推衍人道，试图从整个宇宙的广阔视野上来考察人生，确定人生的价值取向和行为准则，从而形成了独具特色的人生价值观和理想观。《周易·乾·象》提出："天行健，君子以自强不息。"[③]《周易·坤·象》则指出："地势坤，君子以厚德载物。"[④]《周易》还提出了诸如"独

---

① 蔡清：《易经蒙引》卷九《系辞上传》，商务印书馆2017年，第563页。
② 朱伯崑：《易学哲学史》（第三卷），华夏出版社1995年，第143页。
③ 阮元校刻：《周易正义》卷一《乾·大象》，《十三经注疏》，中华书局1980年影印本，第14页。
④ 阮元校刻：《周易正义》卷一《坤·大象》，《十三经注疏》，中华书局1980年影印本，第18页。

立不惧，遯世无闷"[1]"果行育德"[2]"容民畜众"[3]等人生准则，并要求"常德行，习教事"[4]。在《周易》看来，人们应该始终保持主体的忧患意识，充分发挥主观能动作用，刚健有为，自强不息；同时注重自身的品德修养，以铸成一种挺拔独立、不为世俗所移的高尚人格。

《周易》的这种人生理想一经推出，虽跨越千古却历久而弥新，中国历史上每一时代的杰出思想家、政治家无不将其作为自己的人生追求。作为明代中期的理学名臣，蔡清也是如此，其人生价值和理想就明显地受到《周易》及易学思想的影响。他在《艾庵密箴》中说：

> 俗云一刻直千金，学者用心当如此。易曰"天行健"，须是见得真实切己。以笃实信天下，以大节竦天下，以器量包天下，以学识周天下，以规模驾天下，以实才尤实事业副天下，于乎岂不真烈烈然，世之大丈夫哉！[5]

在蔡清看来，真正的学者应该由内时时刻刻注重品行的修炼，由外则以修炼所得的器量、学识、实才去实现匡济天下的经世伟业。可以说，蔡清的人生价值观与《周易》所推崇的人生价值和行为准则是完全一致的。

蔡清一生致力于理学研究，精研六经，发前人所未发，但在著书立说、研讨学理的同时，又强烈地关注思考着现实，探索学以致用之道，努力地实践着这种由《周易》及易学思想影响的人生价值观，"每读书时，辄有欲

① 阮元校刻：《周易正义》卷三《大过·大象》，《十三经注疏》，中华书局1980年影印本，第41页。
② 阮元校刻：《周易正义》卷一《蒙·大象》，《十三经注疏》，中华书局1980年影印本，第20页。
③ 阮元校刻：《周易正义》卷二《师·大象》，《十三经注疏》，中华书局1980年影印本，第25页。
④ 阮元校刻：《周易正义》卷三《坎·大象》，《十三经注疏》，中华书局1980年影印本，第42页。
⑤ 蔡清：《艾庵密箴》，《续修四库全书》第936册，上海古籍出版社2002年影印本，第571页。

取而用之之心，则亦何必多为也？然既有是心，则又自不容不多矣”[1]。对于明王朝所面临着的由内到外一系列的隐患和危机，蔡清以“明于忧患与故”[2]的《周易》为资鉴，特别是深感于《周易·系辞下》所谓“君子安而不忘危，存而不忘亡，治而不忘乱”[3]，曾屡屡上疏力陈救时之急务。他说：

> 然以目前之事计之，或者外寇之势方张，而吾所以御之之具潇然无一可仗，天之意其为此耶？愚谓此病症也，非病源也。
>
> 数十年来，上下玩安忽危，纪纲日以废弛。纪纲日废，则士风日弊；士风日弊则民力日屈；民力日屈则国势之危，隐然无形。岁复一岁，如种在地，萌动有期，政使无边场之警，亦将有境内之忧。故今日急务，在朝廷之纪纲，其次乃在边境。纪纲既振，朝廷既正，疆场自固，夷虏自服矣。[4]

蔡清认为，在当前国力日危一日的形势下，国家应该从根本处下手，着力整顿朝廷纪纲。“其机在于朝廷之纪纲振举，纪纲振举，则自将帅以下无不用命”，境内外的隐患自然消除，“此非经世之大本，似亦救世之急务也”[5]。显然，蔡清的这一谏言，在很大程度上与他受到《周易》及易学思想的溉沾有着密切的关系，在对《周易》卦爻义理的阐释中，将对社会、现实的思考融入其中，又将所受启发反哺到他的人生实践中。在解读《大有》卦(䷍)义理时，他说：“《大有》之‘元亨’，是亨其所有也。自有天下者言，便是天下之事各得其理，天下之民各得其所，海宇有永清之风，国家有苞桑之固，所谓

---

① 蔡清：《书戒五条》，《蔡文庄公集》卷四《杂著》，商务印书馆 2018 年，第 145 页。

② 阮元校刻：《周易正义》卷八《系辞下》，《十三经注疏》，中华书局 1980 年影印本，第 90 页。

③ 同上，第 88 页。

④ 蔡清：《管见上堂尊》，《蔡文庄公集》卷一《书》，商务印书馆 2018 年，第 18 页。

⑤ 同上，第 20 页。

大有之业，可以保之而无虞矣。”[①]受《周易》之《大有》卦的启示而萌生出的永固大业的宏伟经世蓝图，也确实是蔡清所为之向往的。

针对当时全国特别是其家乡福建出现的，豪右凭借僧田抢占民田从而造成大量贫民无立锥之地的状况，蔡清上书当地官员直陈利弊。他说：

> 天下僧田之多，福建为最。举福建又以泉州为最。多者数千亩，少者不下数百。以无君无父之人，兼饱食暖衣之奉，何所不至？而吾良民旦夕疲筋骨，曾无卓锥之产者何限？各处之无征田粮洒派贫民者又何限？其僧田为豪右巧计僭据者又何限？经云：君子裒多益寡，称物平施。若以今富僧与贫民较之，可谓不均之甚矣。且古有限民名田之议，况于僧道？今日当道君子，盍请诸朝，量减寺院多余田亩，分给贫民为业，亦古者授民以田之意，或以补赎无征粮田，亦所谓截长补短之意。此其所大利者民也、官也，其谓不利者，特僧道耳，而终莫决意举行，不知其所顾惜者何居？[②]

面对僧田逐渐增多而民田日益减损的严峻现实，蔡清受《周易》“君子裒多益寡，称物平施”[③]措施的启发，主张依照“古者授民以田之意”，损有余以补不足，实行“截长补短”的均田措施，认为这样无论于民于官都能使之受益。虽说蔡清为改变民生而提出的建议最终没有被“当道君子”采纳，但其关注现实、勇于实践的精神还是值得称道的。

值得注意的是，蔡清曾官居历礼部主事、文选司郎中、江西提学副使，其间不但热衷讲学，还积极地奖掖、荐举人才。他在人才的培养和任用及处理君臣关系方面的思想往往具有相权应世、随时而变的特点，更为切实

---

① 蔡清：《易经蒙引》卷二《周易上经》，商务印书馆 2017 年，第 166 页。

② 蔡清：《民情四条答当道》，《蔡文庄公集》卷一《书》，商务印书馆 2018 年，第 22 页。

③ 阮元校刻：《周易正义》卷二《谦·大象》，《十三经注疏》，中华书局 1980 年影印本，第 31 页。

可行，已脱离了他平素鄙夷的“文人习气”，远非腐儒可比。应该说，这在很大程度上也是和易学所包蕴的人生理想观念对他的深刻濡染分不开的。蔡清在《四书蒙引·原序》中，说明了其《易经蒙引》《四书蒙引》的著述宗旨与用意：“国家以经术造士其法正矣，第士之所以自求于经者浅也。盖不务实造于理而徒务取给于文，文虽工，术不正，而行与业随之矣。举子业之关于世道也有如此，清之始业是也，承父师之教指，自谓颇知所用心者。”[①]在他看来，国家以经术取人，真正的用意在于“务实造于理”。而当时不少学子对于经书只及皮毛而未达其精髓，其后果有可能“术不正，而行与业随之”。有鉴于此，蔡清将其平日所学之心得，积而成书并取名《蒙引》，以期达到正心术、求实用的目的。

因此，本于《周易》之《大过》卦的义理，蔡清在《岳飞班师论》中提出了较为深刻的权变思想，从一个侧面也饱含其蒙引学子，既要“持守”又知“变通”的良苦用心。他说：

岳公报国之志所以终不酬者，果天耶？人耶？彼高宗、秦桧无复论矣。愚独恨公之未知权也。

孝子之于亲也，从治命不从乱命。公向者亲受高宗肺腑之属曰：“中兴之事，一以委卿矣。”今乃无故一日十二金字牌趣班师，此非桧之为而谁？桧为之，而高宗听之，则亦乱命之类耳。“将在外，君命有所不受。”正谓此也。苟利社稷，专之可矣。公亦素好《左氏》，独不知断以此义耶？

夫权出于不得已者也。若果不得已，而尤不用权，虽圣人无以济事。而圣人亦不立权之说，以教天下万世矣，况公当日之事，尤非可以

① 蔡清：《四书蒙引·原序》，《景印文渊阁四库全书》第206册，台湾商务印书馆1986年影印本，第2页。

一夕安者乎?《易》有之曰:“大过之时大矣哉!大过,君子以独立不惧。”意大过之时,必有大过人之才,而敢为大过人之事,不胶于寻常故辙焉,乃克有济也。是故以天下与人,上世未有也,而尧始行之。君无道而伐之,上世未有也,而汤始行之。君覆典型而放之,自艾而复之,上世未有也,而伊尹始行之。万世之下,终不闻有以为名教罪人者,使公当日而出此,其要归于忠孝耳,又非有改立放弑事也,谁得而罪之?

嗟夫!大丈夫建大事,苟非利己,安能为寻常法度所制缚哉?[①]

在蔡清看来,忠君的前提是“从治命不从乱命”,在南宋处于“大过”的这种非常之时,大丈夫就应该敢为过人之事,表现出“独立不惧”的无畏品质,而不应该“胶于寻常故辙”,固执于常命。唯其如此,才会使“大过之时”面临转机。岳飞恰恰没有做到这一点,“为寻常法度所制缚”而不知权变。不仅使“中兴”大业功亏一篑,自身也遭人陷害。应该讲,蔡清治学“首以穷经析理为事,非孔、孟之书不读,非程、朱子之说不讲”[②],其受正统程朱理学的影响是较深的,但在当时能够受到《周易》及易学思想的启发,提出这样较为深刻的变通、权变思想,表现出了“儒者致用,尚欲经理一世,康济群生”[③]的一面,的确是非常难得的。

第七节 易学与阳明心学

王阳明(1472—1529),名守仁,字伯安,自号阳明子、阳明山人,世称阳明先生,有明一代最具影响的思想大家。作为“心学”一派的代表人物,

① 蔡清:《岳飞班师论》,《蔡文庄公集》卷四《论》,商务印书馆2018年,第136~137页。

② 蔡清:《重修文庄蔡先生祠序》,《蔡文庄公集》卷七《附录》,商务印书馆2018年,第199页。

③ 蔡清:《皇明搜古奇编》,《蔡文庄公集》卷八《附录》,商务印书馆2018年,第210页。

王阳明在学术生涯中虽没有专门的易学著作问世,《周易》及易学思想的火花却时常闪现于其心学体系创建过程中的每一重要阶段。龙场悟道是王阳明一生中思想演变的转折点,此后其思想向纵深拓展。王阳明赋予了卜筮以新的意涵,将之视为沟通天人之际的媒介和桥梁,相继提出了“知行合一”说和“致良知”说,“知行合一”和“致良知”的思想形态,充分地汲取了《周易》及易学的思想资源,在其心学体系的构建中占据着极其重要的地位,从而修正了程朱理学烦琐的认识门径,为阳明心学的履践工夫扫清了障碍,“阳明的易学,不但是一种本体诠释之学,也就更是一种本体实践之学”①。同时,王阳明的亦儒亦道、亦仕亦隐的人格结构,以及既脚踏实地又境界高远人生理想的最终形成,《周易》及易学思想在其中也发挥了重要的作用。

一、易学基本立场

对于《周易》一书的价值,王阳明认为,《周易》与其他儒家经典在本质上并无不同,都是倡明圣道之书。他认为:

> 天下之大乱,由虚文胜而实行衰也。使道明于天下,则《六经》不必述。删述《六经》,孔子不得已也。自伏羲画卦,至于文王、周公,其间言《易》如《连山》、《归藏》之属,纷纷籍籍,不知其几,《易》道大乱。孔子以天下好文之风日盛,知其说之将无纪极,于是取文王、周公之说而赞之,以为惟此为得其宗,于是纷纷之说尽废,而天下之言《易》者始一。②

---

① 成中英:《从本体诠释论述王阳明释易的良知哲学——深入阳明良知明德之理》,《阳明学研究》创刊号,中华书局 2015 年,第 5 页。

② 王守仁:《王阳明全集》卷一《传习录上》,上海古籍出版社 2011 年,第 8~9 页。

在王阳明看来，孔子删述包括《易》在内的“六经”只是为了借经书以传圣人之道而已，实属迫不得已。也正因为孔子“删述‘六经’”之功，才使得易道不至于湮没。

既然如此，那么《周易》所传之易道究竟意所何指？《周易·系辞上》认为：“君子所居而安者，易之序也；所乐而玩者，爻之辞也。是故君子居则观其象而玩其辞，动则观其变而玩其占，是以‘自天祐之，吉无不利’。”[①]受此启发，王阳明指出：

> 夫《易》，三才之道备焉。古之君子，居则观其象而玩其辞，动则观其变而玩其占。观象玩辞，三才之体立矣；观变玩占，三才之用行矣。体立，故存而神；用行，故动而化。神，故知周万物而无方；化，故范围天地而无迹。无方，则象辞基焉；无迹，则变占生焉。是故君子洗心而退藏于密，斋戒以神明其德也。盖昔者夫子尝韦编三绝焉。呜呼！假我数十年以学《易》，其亦可以无大过已夫！[②]

十分明显，王阳明对于易道的体认，是从体与用两方面着眼的。在他看来，所谓“观象玩辞”，意在启发人们通过卦爻象辞来把握易道的本体，而“观变玩占”，则是人们通过卦爻象辞的变化与占断以实际感受易道的具体运用。究其实质，易道不仅体现着天、地、人三才之道，而且也是天地万物之道。如果人在易道方面有相应的体认，与万物之所以生生不息的本原相契合，就会体悟到一种神而明之的易学智慧，因而能够做到“知周万物而无方”。而且这种神而明之的易学智慧，人们在万物变幻莫测的历程中，也可以通过“范围天地而无迹”及曲尽细密的主体意识具体地感觉到。可以看

① 阮元校刻：《周易正义》卷七《系辞上》，《十三经注疏》，中华书局1980年影印本，第77页。

② 王守仁：《王阳明全集》卷二十三《玩易窝记戊辰》，上海古籍出版社2011年，第989页。

出，王阳明的这一体认确实直接源于《周易·系辞上》中的“神无方而易无体”[①]，以及“《易》之为书也不可远，为道也屡迁，变动不居，周流六虚，上下无常，刚柔相易，不可为典要，唯变所适”[②]。正是通过对易道的体与用两方面内涵的切实体悟，他对于《周易》“无方”“无体”的意蕴，以及易道所具有的神明之智的妙用才有着深刻的理解。因此，在王阳明看来，读《易》的最终目的在于“洗心而退藏于密，斋戒以神明其德”，这样才是真正地与易道相契合，因而也就具备了体立而用行的造诣。[③]

与此相关，王阳明对于先天之学与后天之学也有所探讨。但与邵雍、朱熹推崇先天之学并以之为易学的主要研究对象不同的是，他提出了“先天而天弗违后天而奉天时”的观点。我们知道，自北宋邵雍的《皇极经世书》一出，其所提出的先天之学与后天之学、伏羲之易与文王之易在易学史上就产生了极大的影响。朱熹对邵雍的易学作出了很高的评价，认为邵雍所探索的先天之学和画前之《易》“是《易》中第一义也，若不识此而欲言《易》，何异举无纲之网，挈无领之裘，直是无着力处”[④]。如果不推本伏羲作《易》画卦之所由，只从文王之《易》即今之《易》说起，便是不识向上之根源，毫无着力之处，因此也就不能为易学建立一个坚实的理论基础。而王阳明却认为：“大人于天，默契其未然者，奉行其已然者。夫大人与天，一而已矣；然则默契而奉行之者，岂有先后之间哉？昔《文言》申乾九五爻义而及此意，谓大人之于天，形虽不同，道则无异。”[⑤]是说大人意即圣人，大人之于未然之天能够做到默契，之于已然之天能够奉行。况且，大人与天“形

① 阮元校刻：《周易正义》卷七《系辞上》，《十三经注疏》，中华书局 1980 年影印本，第 77 页。

② 阮元校刻：《周易正义》卷八《系辞下》，《十三经注疏》，中华书局 1980 年影印本，第 89~90 页。

③ 戴琏璋：《王阳明与周易》，《中国文哲研究集刊》2000 年第 17 期。

④ 朱熹：《答袁机仲》，《朱子全书》（修订本）第二十一册《晦庵先生朱文公集（二）》卷三十八，上海古籍出版社、安徽教育出版社 2002 年，第 1677 页。

⑤ 王守仁：《王阳明全集》卷二十二《先天而天弗违后天而奉天时》，上海古籍出版社 2011 年，第 929 页。

虽不同，道则无异”，即天、地、人三才之道互不违背，统而为一，都遵循天地自然万物运行的规律，所以根本不存在先天与后天之别。具体来说：

自其先于天者言之，时之未至，而道隐于无，天未有为也；大人则先天而为之，盖必经纶以造其端，而心之所欲，暗与道符，裁成以创其始，而意之所为，默与道契；如五典未有也，自我立之，而与天之所叙者，有吻合焉；五礼未制也，以义起之，而与天之所秩者，无差殊焉；天何尝与之违乎？以其后于天者言之，时之既至，而理显于有，天已有为也，大人则后天而奉之，盖必穷神以继其志，而理之固有者，祗承之而不悖；知化以述其事，而理之当行者，钦若之而不违；如天叙有典也，立为政教以道之，五典自我而敦矣；天秩有礼也，制为品节以齐之，五礼自我而庸矣；我何尝违于天乎？[1]

在王阳明看来，无论是对于未然之天还是已然之天，大人都能间接或直接地禀循天地自然之道为我所用，从而制定人伦五礼，创设政教法典。依乎此，人的任何活动才不会受到拘束限制。

进而，他得出了以下结论：

是则先天不违，大人即天也；后天奉天，天即大人也；大人与天，其可以二视之哉？此九五所以为天下之利见也欤？大抵道无天人之别，在天则为天道，在人则为人道，其分虽殊，其理则一也。众人牿于形体，知有其分，而不知有其理，始与天地不相似耳。惟圣人纯于义理，而无人欲之私，其礼即天地之体，其心即天地之心，而其所以为之

① 王守仁：《王阳明全集》卷二十二《先天而天弗违后天而奉天时》，上海古籍出版社 2011 年，第 929~930 页。

者，莫非天地之所为也。故曰："循理则与天为一。"①

可以看出，在易学观念上，王阳明虽然受到了邵雍、朱熹的影响，却并没有陷入先天与后天争执的藩篱，而是认为先天与后天并不矛盾，在"大人与天"无违"天地之体"、体悟"天地之心"的基础上，人道与天道"其分虽殊"，终而为一，不可"以二视之"。

需要提及的是，对于《周易》是如何产生的这一问题，《周易·系辞上》认为："天生神物，圣人则之；天地变化，圣人效之；天垂象，见吉凶，圣人象之；河出图，洛出书，圣人则之。"对此，王阳明则作出了如下阐发：

天地显自然之数，圣人法之以作经焉。甚矣！经不徒作也。天地不显自然之数，则圣人何由而法之以作经哉？《大传》言卜筮而推原圣人作《易》之由，其意盖谓《易》之用也不外乎卜筮，而《易》之作也，则法乎《图》《书》。是故通于天者《河》也，伏羲之时，天降其祥，龙马负《图》而出，其数则以五生数统五成数而同居其方，是为数之体焉。中于地者，《洛》也。大禹之时，地呈其瑞，神龟载《书》而出，其数则以五奇数统四偶数而各居其所，是为数之用焉。《图》《书》出矣，圣人若何而则之，彼伏羲则图以画卦，虚五与十者，太极也。积二十之奇，而合二十之偶，以一二三四而为六七八九，则仪象之体立矣；析四方之合以为乾、坤、坎、离，补四隅之空以为兑、震、巽、艮，则八卦之位定矣。是其变化无穷之妙，何莫而不本于图乎？大禹则《书》以叙畴，实其中五者，皇极也；一五行而二五事，三八政而四五纪，第于前者，有序而不乱也；六三德而七稽疑，八庶征而九福极，列于后者，有条而不紊

① 王守仁：《王阳明全集》卷二十二《先天而天弗违后天而奉天时》，上海古籍出版社 2011 年，第 930 页。

> 也。是其先后不易之序，何莫而不本于《书》乎？[1]

在他看来，《河图》《洛书》是圣人效法天地自然之数而作，而关于天地自然之数，《周易折中·启蒙附论》这样解释：

> 《大传》言"河图"，曰一二，曰三四，曰五六，曰七八，曰九十，则是以两相从也。《大戴礼》言"洛书"，则是以三相从也，是故原"河图"之初，曰二九四，曰七五三，曰六一八。则有一便有二，有三便有四，至五而居中；有六便有七，有八便有九，至十而又居中，顺而布之，以成五位者也。原"洛书"之初，则有一二三，便有四五六，有四五六，便有七八九，层而列之，以成四方者也。若以阳动阴静而论，则数起于上，故"河图"之一二本在上也，三四本在右也，六七本在下也，八九本在左也，"洛书"之一二三，四五六，七八九，本自上而下也，于是阳数动而交易，阴数静而不迁，则成"河图""洛书"之位矣。如以阳静阴动而论，则数起于下，故"河图"之一二本在下也，三四本在左也，六七本在上也，八九本在右也。"洛书"之一二三，四五六，七八九，本自下而上也，于是阳数静而不迁，阴数动而交易，则又成"河图""洛书"之位矣。[2]

也就是说，《河图》《洛书》所包含的天地自然之数都具有"同本相从，以成合一之功，动静相资，以播生成之化，造化人事之妙，穷于此矣"[3]的特质，

① 王守仁：《王阳明全集》卷二十二《河出图洛出书圣人则之》，上海古籍出版社 2011 年，第 930~931 页。

② 李光地：《周易折中》，巴蜀书社 2006 年，第 784 页。

③ 同上。

而这一点也正是“《易》之所以能用于卜筮，穷尽天下万物变化的根本”[①]。因此，在王阳明看来，《周易》卦爻作为一套象征符号，与天地自然之数的运动有着密切的关系，即天地自然之数才是《周易》的本原，《周易》的卦爻变化实源于天地自然之数的推演。其次，《河图》为体，《洛书》为用。《河图》由十数组成，其中一、二、三、四、五是五个生数为主而居于内；六、七、八、九、十是五个成数为辅而附于生数之外。《洛书》由九数组成，以五个奇数为主，居于中、正之方，而四个偶数则居于奇数之侧为辅。需要指出的是，王阳明在此揭示的“数”的体用之道实本于朱熹弟子蔡元定《易学启蒙》中的相关论述。《易学启蒙》认为：“《河图》以五生数统五成数，而同处其方，盖揭其全以示人，而道其常，数之体也。《洛书》以五奇数统四偶数，而各居其所，盖主于阳以统阴，而肇其变，数之用也。”从中亦可以看出程朱易学对阳明易学的影响。再有，《河图》与《洛书》是易道产生的本原。王阳明认为，伏羲则《河图》以画先天八卦，因为五和十是太极之位，所以虚去不用。又因为一、三、七、九之和是二十，而二、四、六、八之和也是二十，所以“二十之偶”与“二十之奇”是吻合的。由一、二、三、四各加上中数五而成为六、七、八、九，“仪象之体”才得以确立。在此基础上，乾、坤、坎、离四卦分占四方之位，兑、震、巽、艮四卦居于其间，也就形成了八卦之位。而大禹则《洛书》创建“洪范九畴”，其中以“皇极”作为君王统治的准则与核心，其余各畴均为巩固“皇极”而采用的手段和办法。不仅如此，一切人事方面的运作手段，同样必须“有序而不乱”，“有条而不紊”，严循“先后不易之序”。这样一来，《河图》与《洛书》所包蕴的天道与人道和谐地统一起来，不仅成为易道产生的本原，同时也成为“九畴”得以诞生的媒介。

然而，王阳明又认为，“大抵《河图》《洛书》相为经纬，八卦九章相为表里，但伏羲先得乎《图》以画卦，无所待于《书》；大禹独得乎《书》以叙畴，不

① 温海明：《王阳明易学略论》，《周易研究》1998 年第 3 期，第 25 页。

必考于《图》耳。若究而言之，则《书》固可以为《易》，而《图》亦可以作《范》，又安知《图》之不为书，《书》之不为《图》哉？噫！理之分殊，非深于造化者其孰能知之？”[①]也就是说，《河图》《洛书》就实质而言也并无不同，都是从天道衍化而出的，“理之分殊”，即天道之分殊。因此，必须对天道运行有一番透彻的体悟，否则，对天下之理也很难理解。

至于易学中义理与象数的关系，王阳明虽重在义理的阐发，但对象数并不排斥，认为二者不能偏废。《传习录下》记载：

> 问：“《易》，朱子主卜筮，程《传》主理，何如？”先生曰：“卜筮是理，理亦是卜筮。天下之理，孰有大于卜筮者乎？只为后世将卜筮专主在占卦上看了，所以看得卜筮似小艺。不知今之师友问答，博学、审问、慎思、明辨、笃行之类，皆是卜筮。卜筮者，不过求决狐疑，神明吾心而已。《易》是问诸天。人有疑，自信不及，故以《易》问天，谓人心尚有所涉，惟天不容伪耳。”[②]

王阳明认为，“蓍固是《易》，龟亦是《易》”[③]，所以《易》之用主要是通过卜筮体现出来的。只不过，卜筮是涉乎人心的天下至理，涵盖了《易》所有的用途，而绝不能仅仅将之视为供占卜之用的“小艺”。人之所以要以《易》问诸天，“求决狐疑，神明吾心”，为的是解决个体自身存在的人生困惑，以期从“不容伪”之天获取解决困境所需的知识和信心。可见，王阳明此论不仅批评了将卜筮与鬼神占卜完全等同起来的错误认识，而且还赋予了卜筮以新的义涵，即卜筮是沟通天人之际的媒介和桥梁，唯有以《易》为主导的卜

---

① 王守仁：《王阳明全集》卷二十二《河出图洛出书圣人则之》，上海古籍出版社 2011 年，第 931 页。

② 王守仁：《王阳明全集》卷三《传习录下》，上海古籍出版社 2011 年，第 115~116 页。

③ 王守仁：《王阳明全集》卷一《传习录上》，上海古籍出版社 2011 年，第 21 页。

箧，才能真正地探究“天下之理”。

二、易学与“知行合一”

在中国思想文化史上，对“知”与“行”二者关系的探讨，历来受到学者的高度关注。从先秦时期《左传》的“非知之实难，将在行之”[①]，道家的“不行而知”[②]，到宋代程朱学派的“致知”和“力行”，“以致知为先”[③]，再到王阳明的“知行合一”，形成了对这一问题认识发展的重要阶段。其中，尤以王阳明的知行学说影响深远，占有十分突出的地位。然而需要着重指出的是，王阳明“知行合一”思想的萌生，在很大程度上，与其在龙场对《周易》的深切体悟是分不开的。

王阳明被贬谪龙场后，生活条件异常恶劣，只得蜗居石洞，身处其中思索《易》理，名之曰“玩易窝”。对于当时由读《易》而引发的思想转变，王阳明在其所作的《玩易窝记》中曾说：

> 阳明子之居夷也，穴山麓之窝而读《易》其间。始其未得也，仰而思焉，俯而疑焉，函六合，入无微，茫乎其无所指，孑乎其若株。其或得之也，沛兮其若决，瞭兮其若彻，菹淤出焉，精华入焉，若有相者而莫知其所以然。其得而玩之也，优然其休焉，充然其喜焉，油然其春生焉；精粗一，外内翕，视险若夷，而不知其夷之为阨也。于是阳明子抚几而叹曰：“嗟乎！此古之君子所以甘囚奴，忘拘幽，而不知其老之将至也夫。吾知所以终吾身矣。”[④]

---

① 洪亮吉：《十一年》，《春秋左传诂》卷十六《昭公》，中华书局1987年，第693页。

② 王弼：《老子道德经注校释》，中华书局2008年，第126页。

③ 黎靖德：《论知行》，《朱子语类》卷九《学三》，中华书局1986年，第148页。

④ 王守仁：《王阳明全集》卷二十三《玩易窝记戊辰》，上海古籍出版社2011年，第988~989页。

由此可见，王阳明来到龙场以后，首先是通过思索《易》理安顿了身心，整合了原有的儒道佛思想资源，最终实现了观念与认识上的重大突破。因此，王阳明龙场所悟之道"其根源处即在于'所以终吾身'的易学"[①]，这对其日后心学思想体系的日益完善产生了重要的影响。

龙场悟道的第二年，即在正德四年（1509），受贵州提学副使席元山之邀，王阳明前往贵阳书院讲学，由此开始认真地思考"知行合一"这一事关其心学思想体系能否进一步深化的关键问题。就一定意义而言，王阳明的"知行合一"与其龙场所悟之道确实有着非同寻常的思想关联。对此，《王阳明年谱》曾作出如下记载：

> 时瑾憾未已，自计得失荣辱皆能超脱，惟生死一念尚觉未化，乃为石墎自誓曰："吾惟俟命而已！"日夜端居澄默，以求静一；久之，胸中洒洒。而从者皆病，自析薪取水作糜饲之；又恐其怀抑郁，则与歌诗；又不悦，复调越曲，杂以诙笑，始能忘其为疾病夷狄患难也。因念："圣人处此，更有何道？"忽中夜大悟格物致知之旨，寤寐中若有人语之者，不觉呼跃，从者皆惊。始知圣人之道，吾性自足，向之求理于事物者误也。乃以默记《五经》之言证之，莫不吻合，因著《五经臆说》。[②]

年谱里提到的"格物致知"，其实原本是《大学》所倡导的修身工夫，经南宋朱熹重新阐释后，便成为程朱理学一派实现道德履践的必修途径。经过了龙场驿的思想历练，王阳明对于"格物致知之旨"有了一番大彻大悟，对于"格物致知"的理解已经明显不同以往。在他看来，程朱一派所坚持的"求理于外物"这一为学之道存在着一个根本性的偏差，究其实是将知和行割裂为二，因此在道德履践方面很容易滑向更大的歧途。他说：

① 朱晓鹏：《王阳明龙场〈易〉论的思想主旨》，《哲学研究》2008年第6期，第19页。

② 王守仁：《王阳明全集》卷三十三《年谱一》，上海古籍出版社2011年，第1354页。

> 晦庵谓:“人之所以为学者,心与理而已。心虽主乎一身,而实管乎天下之理。理虽散在万事,而实不外乎一人之心。”是其一分一合之间,而未免已启学者心理为二之弊。此后世所以有“专求本心、遂遗物理”之患,正由不知心即理耳。夫外心以求物理,是以有暗而不达之处,此告子“义外”之说,孟子所以谓之不知义也。心一而已,以其全体恻怛而言谓之仁,以其得宜而言谓之义,以其条理而言谓之理。不可外心以求仁,不可外心以求义,独可外心以求理乎?外心以求理,此知行之所以二也。求理于吾心,此圣门知行合一之教,吾子又何疑乎?[①]

在王阳明看来,不能孤立地看待“知”和“行”,必须使之与“心与理”结合起来才能加以体认,而朱熹之失就在于强分“心”与“理”为二,遂导致“知”与“行”割裂之弊。具体而言,“知行合一”包含有两方面内容:一是求理于吾心的内向工夫,二是知行一致的并进工夫,这两方面是相互依存的整体。因为“知”不是外求的物之理,而是内求的心之理。“心之理”必是真切笃实的,它表现为行动的意念、动机,是“行”的重要组成部分,而“行”的坚定、正确与否完全取决于个人之“心”的思考、决断的结果,最终依赖于个体对心中之理的践履。[②]由此一来,“行”又是知的体现,“知之真实笃实处,即是行;行之明觉精察处,即是知,知行工夫本不可离。只为后世学者分做两截用功,失却知行本体,故有合一并进之说”[③]。王阳明认为,如果求理于外,“知”就不可能转化为坚定的“行”,“知”和“行”必然割裂为二。因此,无须外“心”以求理,“理”就在人“心”之中,只有“求理于吾心”,才能做到“知行合一”,求理于心正是“知行合一”的基石。显然,王阳明本人所悟,实乃对朱熹认识偏差的反省和补救,从某种程度上说,“王阳明所悟格物致知之

① 王守仁:《王阳明全集》卷二《传习录中》,上海古籍出版社 2011 年,第 48 页。

② 范立舟:《〈周易〉与阳明心学》,《周易研究》2004 年第 6 期。

③ 王守仁:《王阳明全集》卷二《传习录中》,上海古籍出版社 2011 年,第 47~48 页。

旨，便是其独特的'知行合一'说"[1]。

针对程朱学派分"知行"为二的做法，王阳明提出了"知行合一"说，而且值得注意的是，他又特别强调了"行"在"学"和"穷理"过程中的作用。王阳明在《答顾东桥书》中说：

> 今吾子特举学、问、思、辨以穷天下之理，而不及笃行，是专以学、问、思、辨为知，而谓穷理为无行也已，天下岂有不行而学者邪？岂有不行而遂可谓之穷理者邪？明道云："只穷理便尽性至命。"故必仁极仁，而后谓之能穷仁之理；义极义，而后谓之能穷义之理。仁极仁，则尽仁之性矣；义极，义则尽义之性矣。学至于穷理，至矣，而尚未措之于行，天下宁有是邪？是故知不行之不可以为学，则知不行之不可以为穷理矣；知不行之不可以为穷理，则知知行之合一并进而不可以分为两节事矣。夫万事万物之理不外于吾心，而必曰穷天下之理，是殆以吾心之良知为未足，而必外求于天下之广以裨补增益之，是犹析心与理而为二也。夫学、问、思、辨、笃行之功，虽其困勉至于人一己百，而扩充之极，至于尽性知天，亦不过致吾心之良知而已，良知之外，岂复有加于毫末乎？今必曰穷天下之理而不知反求诸其心，则凡所谓善恶之机、真妄之辨者，舍吾心之良知，亦将何所致其体察乎？[2]

他认为，顾东桥所说的只要学、问、思、辨而不必实行，就可以学习，以至于"穷理"，这种看法仍然是抄袭二程知行为二的"旧说"。程颢认为："'穷理尽性以至于命'，三事一时并了，元无次序，不可将穷理作知之事。若实穷得理，即性命亦可了。学者识得仁体，实有诸己，只要义理栽培。如求经义，

① 范立舟：《〈周易〉与阳明心学》，《周易研究》2004年第6期。

② 王守仁：《王阳明全集》卷二《传习录中》，上海古籍出版社2011年，第52页。

皆栽培之意。”[①]程颐也认为:“穷理尽性至命,只是一事。才穷理便尽性,才尽性便至命。”[②]对此,王阳明则尖锐地指出:“夫学问思辨行,皆所以为学,未有学而不行者也。”不“行”便不可以“穷理”,“穷理”必须以“行”为先决条件。也就是说,“穷理”和“行”是在心中融为一体的,而不能像二程所主张的那样将“行”与“穷理”打为两截,否则在实践上只能造成“遂致终身不行”的流弊。

虽然王阳明的“知行合一”说明确地反对离“行”以求“知”,以及“知”和“行”的脱节。但是在“知”与“行”的终极目的上,即在“穷理”“尽性”“至命”层面,其“知行合一”说与程朱一脉并无本质的不同,他们的理论渊源都是《周易》。《周易·说卦》说:“昔者圣人之作《易》也,幽赞于神明而生蓍,参天两地而倚数,观变于阴阳而立卦,发挥于刚柔而生爻,和顺于道德而理于义,穷理尽性以至于命。昔者圣人之作《易》也,将以顺性命之理,是以立天之道曰阴与阳,立地之道曰柔与刚,立人之道曰仁与义。”[③]本于此,王阳明从解决“外心以求物理”这一问题开始,提出了“知行合一”说,最终又把“知行合一”之鹄的引向了“穷理”“尽性”“至命”,巧妙地完成了与《周易》义理的接榫合龙。

当学生对程朱的“格物”之训还不能以心学思想进行扬弃时,王阳明说:

> 朱子格物之训,未免牵合附会,非其本旨。精是一之功,博是约之功。曰仁既明知行合一之说,此可一言而喻。尽心、知性、知天,是生知安行事;存心、养性、事天,是学知利行事;“夭寿不贰,修身以俟”,是

① 程颢、程颐:《河南程氏遗书》卷二《二先生语二·上》,《二程集》,中华书局2004年,第15页。

② 程颢、程颐:《河南程氏遗书》卷十八《伊川先生语四》,《二程集》,中华书局2004年,第193页。

③ 阮元校刻:《周易正义》卷九《说卦》,《十三经注疏》,中华书局1980年影印本,第93~94页。

困知勉行事。朱子错训"格物",只为倒看了此意,以"尽心知性"为"物格知至",要初学便去做生知安行事,如何做得?[①]

学生又问:

"尽心知性"何以为"生知安行"?[②]

王阳明则说:

性是心之体,天是性之原,尽心即是尽性。"惟天下至诚为能尽其性,知天地之化育"。存心者,心有未尽也。[③]

在回答有关"穷理何以即是尽性"这一让他的学生颇感困惑的问题时,王阳明指出:

心之体,性也,性即理也。穷仁之理,真要仁极仁,穷义之理,真要义极义。仁义只是吾性,故穷理即是尽性。如孟子说充其恻隐之心至仁不可胜用,这便是穷理工夫。[④]

在回答有关"修道之教"的问题时,王阳明认为:

子思性、道、教,皆从本原上说。天命于人,则命便谓之性。率性而

① 王守仁:《王阳明全集》卷一《传习录上》,上海古籍出版社 2011 年,第 6 页。

② 同上。

③ 同上。

④ 同上,第 38~39 页。

行，则性便谓之道；修道而学，则道便谓之教。率性是诚者事，所谓“自诚明，谓之性”也。修道是诚之者事，所谓“自明诚，谓之教”也。圣人率性而行，即是道。圣人以下，未能率性于道，未免有过不及，故须修道。……人能修道，然后能不违于道，以复其性之本体，则亦是圣人率性之道矣。下面“戒慎恐惧”便是修道的工夫，“中和”便是复其性之本体，如《易》所谓“穷理尽性以至于命”，中和位育便是尽性至命。[①]

王阳明上述师生论学片段足以表明，“知行合一”这一理论的提出，自始至终贯穿着天道与人道圆融一体的易之道。“其在于天谓之命，其赋于人谓之性，其主于身谓之心。心也，性也，命也，一也。”[②]虽然心、性、命只是天道在不同层面上的表现，但是其义涵是完全一致的，无不包蕴着强烈的主体精神和个人意志。“就王阳明自身而言，龙场悟道就不是一种纯知识理性的思辨，也不是生活的静观，而是在艰苦的生活环境，顽强奋斗的实践中的生命体悟。”[③]也可以这么说，如果没有王阳明身处龙场困境却仍能顽强奋斗的历练与体悟，也就没有其“知行合一”说的萌生与成熟。因此，王阳明的“知行合一”说在有力地突出了儒家实践理性思想特色的同时，又强烈地彰显出《周易》及易学对他的溉沾、濡染。

三、易学与“致良知”

龙场悟道是王阳明一生中思想演变的转折点。随着日后的生活磨炼，王阳明思想又向纵深处拓展，继“知行合一”说之后，又提出了“致良知”之说。与“知行合一”说一样，“致良知”这一思想形态也充分地汲取了《周易》

① 王守仁：《王阳明全集》卷一《传习录上》，上海古籍出版社2011年，第43页。
② 王守仁：《王阳明全集》卷七《稽山书院尊经阁记》，上海古籍出版社2011年，第283页。
③ 范立舟：《〈周易〉与阳明心学》，《周易研究》2004年第6期，第70页。

及易学的思想资源，在王阳明心学体系的构建中占据着极其重要的地位。

如前所述，“知行合一” 说是王阳明针对程朱一派空谈道德性命而不躬身实践弊端提出的。正如他自己所说：“知行合一之说，专为近世学者分知行为两事，必欲先用知之之功而后行，遂至终身不行，故不得已而为此补偏救弊之言。”[①]在王阳明看来，“知行合一”是权宜之计，只能消除“心、理为二”“知、行为二”之弊，对于“求理于吾心”来说，也仅仅是门阶而已。所以说，要全面地提升个体道德意识的自觉性，必须充分地做足“求理于吾心”这一向内方面的工夫，舍此而单靠“知行合一”说则无法解决个体道德意识层面实质性提升的问题。相形之下，“致良知”则因其包含的道德履践工夫更为直截简易、深入细致，而且“一语之下，洞见全体”，是完全能够解决“知行合一”说所面临的所有难题的。

必须指出的是，“致良知”中的“良知”一词虽如王阳明所言，是“从百死千难中得来，不得已与人一口说尽”[②]，但是其萌生的思想根源却与《周易》结下了不解之缘。而且早在王阳明龙场悟道时，其“良知即是易”的思想就已经酝酿成熟。他说：

> 良知即是《易》，其为道也屡迁，变动不居，周流六虚，上下无常，刚柔相易，不可为典要，惟变所适。此知如何捉摸得？见得透时便是圣人。[③]

王阳明指出，良知之道既至简至易，又至精至微。虽然良知之道有如易道一样自然运行，只是因其具有变动不息、无方无体的特性，让人捉摸不得，所以唯有悟透此道才能成为圣人。遗憾的是，人们往往对此却视而不见。

① 王守仁：《王阳明全集》卷三十二《与道通书五通》，上海古籍出版社 2011 年，第 1331 页。
② 王守仁：《王阳明全集》卷三十四《年谱二》，上海古籍出版社 2011 年，第 1412 页。
③ 王守仁：《王阳明全集》卷三《传习录下》，上海古籍出版社 2011 年，第 142 页。

不仅如此，王阳明还认为，良知与易是合二为一的，既然良知是易，良知之道就是易道。他说："即如我'良知'二字，一讲便明，谁不知得？若欲的见良知，却谁能见得？"[①]对此，其弟子曾有这样的疑问："良知一而已。文王作《彖》，周公系《爻》，孔子赞《易》，何以各自看理不同？"[②]而王阳明则说："圣人何能拘得死格？大要出于良知同，便各为说何害？且如一园竹，只要同此枝节，便是大同。若拘定枝枝节节，都要高下大小一样，便非造化妙手矣。汝辈只要去培养良知。良知同，更不妨有异处。汝辈若不肯用功，连笋也不曾抽得，何处去论枝节？"[③]"阳明认为，文王作彖，周公系爻，孔子赞易，都是出于良知而各自为说，其道相同。能悟透良知之道，便能合于易道。"[④]也可以说，王阳明所论良知与易的关系与《周易·乾·文言》所言"与天地合其德，与日月合其明，与四时合其序，与鬼神合其吉凶"[⑤]一句的主旨有着内在的一致之处。

同时，王阳明又从"人心与天地一体"的角度对良知之道与易道的关系加以说明。他说："'先天而天弗违'，天即良知也；'后天而奉天时'，良知即天也。"[⑥]又说："《易》者，吾心之阴阳动静也；动静不失其时，《易》在我矣。"[⑦]正如有学者指出的那样，"就先天而言，良知在先，天即良知，天道不会与良知之道相违而行；就后天而言，天道在前，良知即天，与天一致的良知自然会奉行天道"，"易道在人心，不过是其阴阳动静的自然流行。因此，人心只要能做到动静合于天时，便会一直在天道中运行，自然与天道合而

① 王守仁:《王阳明全集》卷三《传习录下》，上海古籍出版社 2011 年，第 142 页。

② 同上，第 127 页。

③ 同上。

④ 卢祥运:《从王阳明"玩易"到孙应鳌"谈易"》，《贵阳师范高等专科学校学报(社会科学版)》2005 年第 1 期，第 24 页。

⑤ 阮元校刻:《周易正义》卷一《乾·文言》，《十三经注疏》，中华书局 1980 年影印本，第 17 页。

⑥ 王守仁:《王阳明全集》卷三《传习录下》，上海古籍出版社 2011 年，第 125 页。

⑦ 王守仁:《王阳明全集》卷三十二《与道通书五通》，上海古籍出版社 2011 年，第 1329 页。

为一”。[①]这样一来,易道所言的天道也就与阴阳之道有了内在的关联。

既然良知即天,易道即天道,那么良知也就具有了与易道相同的特质。问题是如何能够获得“良知”?王阳明认为,真正的良知不单单是纯意念上的,还不能完全由纯意念上的推理得出,必须将之体现在具体的行为实践中,“致良知”三字,重点应落在“致”字上。因此,“致良知”不仅要把握个体先天具备的至善本质,又要在事事物物上做足为善去恶的工夫,以去掉蒙蔽于先天“良知”上的昏翳,使先天“良知”在人的修养和行为中得到完满的体现。为此,他说:“人须在事上磨练做工夫乃有益,若只好静,遇事便乱,终无长进。”[②]同时,王阳明又认为:“《易》者,吾心之阴阳动静也;动静不失其时,《易》在我矣。自强不息,所以致其功也。”[③]也就是说,“心之阴阳动静的自然流行,便是易之道。欲动静皆合于天时,便要使心之流行不出易道”[④]。因此,若“致良知”得以真正地实现,个体必须在不违合于天时的易道基础之上,作出实实在在的努力,将自我认知、自我体察的良知时时刻刻地贯彻到自身的行为实践中去。

除此之外,王阳明又有许多其他相关论述,兹述如下:

致者,至也,如云“丧致乎哀”之“致”。《易》言“知至至之”,“知至”者,知也,“至之”者,致也。“致知”云者,非若后儒所谓广充其知识之谓也,致吾心之良知焉耳。[⑤]

问:“《易》‘学以聚之’,又言‘仁以行之’,此是如何?”先生曰:“也是如此,事事去学存此天理,则此心更无放失时,故曰:‘学以聚之。’

① 卢祥运:《从王阳明“玩易”到孙应鳌“谈易”》,《贵阳师范高等专科学校学报(社会科学版)》2005 年第 1 期。

② 王守仁:《王阳明全集》卷三《传习录下》,上海古籍出版社 2011 年,第 104 页。

③ 王守仁:《王阳明全集》卷三十二《与道通书五通》,上海古籍出版社 2011 年,第 1329 页。

④ 范立舟:《〈周易〉与阳明心学》,《周易研究》2004 年第 6 期,第 71 页。

⑤ 王守仁:《王阳明全集》卷二十六《大学问》,上海古籍出版社 2011 年,第 1070 页。

然常常学存此天理，更无私欲间断，此即是此心不息处，故曰：'仁以行之。'"[①]

孰无是良知乎？但不能致之耳！《易》谓"知至，至之"，知至者，知也；至之者，致知也。此知行之所以一也。近世格物致知之说，只一知字，尚未有下落，若致字工夫，全不曾道著矣。此知行之所以二也。[②]

其实，"知至，至之"一语本出自《周易·乾·文言》，即"知至至之，可与几也。知终终之，可与存义也"[③]。王阳明在此将"知至"解释为"知"，也就是心中本有的良知，同时又将"至之"解释为"致知"，指的是致良知。不难看出，王阳明如此解释，其用意十分明显，最终目的在于修正程朱理学一脉"欲诚其意者，先致其知；致知在格物，物格而后知至，知致而后意诚"[④]这一烦琐的认识门径，从而为其心学的履践工夫扫清了障碍。

四、人格境界的易学积淀

毋庸讳言，《周易》推天道以明人事，热切地追求天人合一，要求人们"与天地合其德，与日月合其明，与四时合其序，与鬼神合其吉凶"。试图从整个宇宙的广阔视野上来考察人生，确定人生的价值取向和行为准则。它一方面要求人们顺天而动，适应自然，使人类与自然相互协调；另一方面又主张发挥人的主体意识和能动作用，"财成天地之道，辅相天地之宜"[⑤]，对自然界加以合理引导、开发，使之造福人类。本着这种人生的价值取向和

① 王守仁:《王阳明全集》卷三《传习录下》，上海古籍出版社 2011 年，第 137 页。

② 王守仁:《王阳明全集》卷五《与陆原静二》，上海古籍出版社 2011 年，第 211 页。

③ 阮元校刻:《周易正义》卷一《乾·文言》，《十三经注疏》，中华书局 1980 年影印本，第 15 页。

④ 程颢、程颐:《河南程氏经说》卷五《明道先生改正大学》，《二程集》，中华书局 2004 年，第 1126 页。

⑤ 阮元校刻:《周易正义》卷二《泰·大象》，《十三经注疏》，中华书局 1980 年影印本，第 28 页。

行为准则,《周易》又要求人们效法天地自然生生不已、健动不息的本性,做到“刚健中正”,保持一种积极进取、兢兢业业、自强不息、及时立功的人生态度和开拓精神,即所谓“天行健,君子以自强不息”。还应指出的是,《周易》“自强不息”的精神不仅仅停留在个人内在道德品性的充盈和主体价值的实现,而是与“厚德载物”①“振民育德”②“以懿文德”③“进德修业”④的精神结合在一起的。或追求自身的道德修养,或通过著书立说倡导仁德之治,或以自己的政治实践施德于众,造福于民,这些都生动地再现了《周易》“厚德载物”的宽容精神和博大情怀。

受《周易》这种自强不息、刚健有为、及时立功的人生境界的巨大影响和感召,在不同历史时期,传统学人特别是思想家非常重视探讨人生的价值和理想等问题,从而建构起自己的人生境界,而明代的易学家和思想家亦是如此。王阳明对于《周易》经传有着精深的研究,对于蕴含其中的易道更是有着充分的体认,这对他的人格信念和人生境界产生了巨大的影响。如前所述,他曾说:“卜筮者,不过求决狐疑,神明吾心而已。《易》是问诸天。人有疑,自信不及,故以《易》问天,谓人心尚有所涉,惟天不容伪耳。”⑤正是由于深受《周易》及易学思想的濡染,深刻地领悟了万物变化消长之理和人生进退沉浮之道,使得王阳明在几次处于人生转折的重要关口都作出了正确的抉择。这从其对《五经臆说》中现存《恒》《遯》《晋》三卦的解说中便可窥见一斑。值得注意的是,王阳明对这三卦的解说不像其日后多本于《周易》义理阐释其致良知之旨,而主要是借天道以明人事,表现出了“问诸天人以求决狐疑、开阔心境以恒定心志、明进退以视险若夷的积极

① 阮元校刻:《周易正义》卷一《坤·大象》,《十三经注疏》,中华书局1980年影印本,第18页。
② 阮元校刻:《周易正义》卷三《蛊·大象》,《十三经注疏》,中华书局1980年影印本,第35页。
③ 阮元校刻:《周易正义》卷二《小畜·大象》,《十三经注疏》,中华书局1980年影印本,第27页。
④ 阮元校刻:《周易正义》卷一《乾·文言》,《十三经注疏》,中华书局1980年影印本,第15页。
⑤ 王守仁:《王阳明全集》卷三《传习录下》,上海古籍出版社2011年,第116页。

乐观精神”[①]。对王阳明就《恒》《遁》《晋》三卦所作出的疏解，也有学者认为，这是一套奋进创发的哲学，“他从代表目标之真谛的恒卦出发，论述至代表当下处境的《遯》卦，最后在此基础上以晋卦之义追求目标的实现”，“代表了一种将易学宇宙论加以生命化之用的方式，也说明了人何以能在困境中具备昭觉灵明的认识”，[②]也可谓是允当之论。

《五经臆说》中的第一卦为《恒》卦(䷟)，其《象》曰：“雷风，恒。君子以立不易方。”[③]《恒》卦所阐发的是“久而不已”的天地之道，而落实到人事层面就是说，君子无论是做人还是做事要有所树立，但同时也要在世间酬酢万变的运动中保有不可移易之方。唯其如此，才算是把握住了《恒》卦的精髓。《周易·恒·彖》认为：“日月得天，而能久照。四时变化，而能久成。圣人久于其道，而天下化成。观其所恒，而天地万物之情可见矣。”[④]本于此，王阳明将恒久之道与易之道联系起来，认为“以常道而行”，就能做到“何所往而不利！”[⑤]“君子体夫雷风为《恒》之象，则虽酬酢万变，妙用无方，而其所立，必有卓然而不可易之体，是乃体常尽变。非天地之至恒，其孰能与于此？”[⑥]在他看来，个体生命在雷风变动之际，唯有“体常尽变”，才能恒定心志、砥砺心境。[⑦]而要做到“体常尽变”，还必须坚守“贞”这一“君子之道”[⑧]。为此，他强调：“故天得贞而说道以亨；地得贞而说道以成；人得贞而说道以生。贞乎贞乎，三极之体，是谓无已；说乎说乎，三极之用，是谓无动。无动故顺而化；无已故诚而神。……故曰，刚中而柔外，说以利贞，是以顺乎

① 朱晓鹏：《王阳明龙场〈易〉论的思想主旨》，《哲学研究》2008年第6期，第20页。

② 成中英：《从本体诠释论述王阳明释易的良知哲学——深入阳明良知明德之理》，《阳明学研究》创刊号，中华书局2015年，第5页。

③ 阮元校刻：《周易正义》卷四《恒·大象》，《十三经注疏》，中华书局1980年影印本，第47页。

④ 同上。

⑤ 王守仁：《王阳明全集》卷二十六《五经臆说十三条》，上海古籍出版社2011年，第1078页。

⑥ 同上。

⑦ 朱晓鹏：《王阳明龙场〈易〉论的思想主旨》，《哲学研究》2008年第6期，第21页。

⑧ 王守仁：《王阳明全集》卷二十四《白说字贞夫说》，上海古籍出版社2011年，第999页。

天而应乎人。说之时义大矣哉！非天下之至贞，其孰能与于斯乎！”[①]王阳明认为，“贞”，即是正道，也是常道。只有体贞守贞，“故贞以养心则心说，贞以齐家则家说，贞以治国平天下则国天下说”[②]，人们才真正能够“体常尽变”，以见天地万物之情。

从《恒》卦所得到的这种推天道雷风之恒以明人道之恒的体悟，对于当时身陷龙场逆境的王阳明来说，无疑极具启发意义。正是源于龙场体悟易道，王阳明参透了人生进退之常态，以致他无论是当时结庐而居、自耕自食，还是日后闲暇讲学、建立事功，都表现出了一种起伏有度、一张一弛的精神状态和宠辱不惊、从容淡定的人格形态。不能不说，这一非凡的表现是与他深刻体认《恒》卦“天下之至恒”这一“不可易之理”，充分领悟“不已”与“不易”之精义密不可分的。

《五经臆说》中的第二卦为《遯》卦，其《象》曰：“‘遯，亨，’遯而亨也。刚当位而应，与时行也。‘小利贞’，浸而长也。遯之时义大矣哉！”[③]而“遯”的主要含义是退，即避而去之。全卦是说，阴长阳消之时，小人渐渐得势，君子此时必须退避。对于“退”的缘由，王阳明理解为：“夫子释之以为遯之所以为亨者，以其时阴渐长，阳渐消，故能自全其道而退遯，则身虽退而道亨，是道以遯而亨也。”[④]他认为，“其时阴渐长，阳渐消”，小人渐盛，君子虽当退而避之，但是身退而道不能退。道不仅不能退，反而还要进一步伸张、凸显。正如《周易·遯·象》所言：“天下有山，遯。君子以远小人，不恶而严。”[⑤]特别是当天下无道，身处险恶政局之时，高山峻岭、自然山水带给君子之身的仅仅是寄居可遁之处，但是君子之志反不能困陷于此。君子要在退而保其身的基础上以待时变，即通过退遁“自全其道”，最终“道以遯而亨”。

① 王守仁：《王阳明全集》卷二十四《白说字贞夫说》，上海古籍出版社 2011 年，第 998~999页。

② 同上，第 999 页。

③ 阮元校刻：《周易正义》卷四《遯·彖》，《十三经注疏》，中华书局 1980 年影印本，第 48 页。

④ 王守仁：《王阳明全集》卷二十六《五经臆说十三条》，上海古籍出版社 2011 年，第 1078页。

⑤ 阮元校刻：《周易正义》卷四《遯·大象》，《十三经注疏》，中华书局 1980 年影印本，第 48 页。

由此可以看到，王阳明通过龙场悟道，以《易》理解悟人生，一方面能“知进知止”，深切地体认到“退”的必要性；另一方面又坚持“以道进退”，即便身处政治旋涡之中，也能采取以退为“自全其道”的灵活策略，在实际的人生退遁中真正达到“道亨”的境界。

然而王阳明并不仅仅满足于以“退”保全其身，其关键在于他是要通过“自全其道”尽最大的可能发挥出主体意识，即“身虽退而道亨”，于退遁中也要“与时消息，尽力匡扶，以行其道”。他说：

> 君子虽已知其可遁之时，然势尚可为，则又未忍决然舍去，而必于遁，且欲与时消息，尽力匡扶，以行其道。则虽当遁之时，而亦有可亨之道也。虽有可亨之道，然终从阴长之时，小人之朋日渐以盛。苟一裁之以正，则小人将无所容，而大肆其恶，是将以救敝而反速之乱矣。故君子又当委曲周旋，修败补罅，积小防微，以阴扶正道，使不至于速乱。[①]

在王阳明看来，真正挺立主体意识的君子即使身处退遁之中，也时时不忘远大的志向和肩负的责任，他们往往“委曲周旋，修败补罅，积小防微，以阴扶正道，使不至于速乱”，从而进退有据，不至于临危方寸大乱。因此，君子退遁于山水自然之中，不是为了一己之利的明哲保身，也不是一味消极地悲观厌世，而是“隐居以求其志，行义以达其道”[②]。即采取一种以退为进的方式，以隐居避世来保全自己的志向，依照义而贯彻自己的主张。[③]

应该说，王阳明的“遁世”生活不唯限于他谪居的龙场，其嘉靖元年(1522)以后归越的六年隐居经历实际上也是一段实实在在的遁世状态。其

① 王守仁：《王阳明全集》卷二十六《五经臆说十三条》，上海古籍出版社 2011 年，第 1079页。

② 刘宝楠：《论语正义》卷十九《季氏第十六》，中华书局 1990 年，第 665 页。

③ 朱晓鹏：《王阳明龙场〈易〉论的思想主旨》，《哲学研究》2008 年第 6 期。

间，王阳明常以其独特的方式施展其匡扶正义之道，或教化民众、调解政务，或授徒讲学、体悟心学，既体现了对圣传心学的执着追求，又充满了道家式的洒脱意趣。[①]需要指出的是，王阳明对这种“道家式的洒脱意趣”的向往也曾通过诗歌的形式进行酣畅淋漓地表达：

投荒万里入炎州，却喜官卑得自由。心在夷居何有陋？身虽吏隐未忘忧。

春山卉服时相问，雪寨蓝舆每独游。拟把犁锄从许子，谩将弦诵止言游。[②]

这一“隐未忘忧”心态的表露，在一定程度上可以说，确实受到了《遯》卦义理的影响，充满了“天地盈虚，与时消息”[③]的易学智慧。

《五经臆说》中的第三卦为《晋》卦(䷢)，其《彖》曰：“晋，进也，明出地上。顺而丽乎大明，柔进而上行，是以‘康侯用锡马蕃庶，昼日三接’也。”[④]《晋》卦主要讲的是升进、明盛之道，《周易·序卦》说：“物不可以终状，故受之以晋。晋者，进也。”[⑤]但是王阳明认为，“晋者，进也”中的“进”应是柔进，而不该是冒进。他说：

初阴居下，当进之始，上与四应，有晋如之象。然四意方自求进，不暇与初为援，故又有见摧之象。当此之时，苟能以正自守，则可以获吉。盖当进身之始，德业未著，忠诚未显，上之人岂能遽相孚信。使其以上之未信，而遂汲汲于求知，则将有失身枉道之耻，怀愤用智之非，

① 朱晓鹏：《王阳明龙场〈易〉论的思想主旨》，《哲学研究》2008年第6期。

② 王守仁：《王阳明全集》卷十九《龙冈漫兴五首》，上海古籍出版社2011年，第777页。

③ 阮元校刻：《周易正义》卷六《丰·彖》，《十三经注疏》，中华书局1980年影印本，第67页。

④ 阮元校刻：《周易正义》卷四《晋·彖》，《十三经注疏》，中华书局1980年影印本，第49页。

⑤ 阮元校刻：《周易正义》卷九《序卦》，《十三经注疏》，中华书局1980年影印本，第96页。

而悔咎之来必矣。故当宽裕雍容，安处于正，则德久而自孚，诚积而自感，又何咎之有乎？①

王阳明指出，个体建立功业之初，在“德业未著，忠诚未显，上之人岂能遽相孚信”的情况下，如果急于冒进，则势必出现“失身枉道之耻，怀愤用智之非”而追悔莫及。为避免于此，个体“当此之时”，只有“苟能以正自守”，才“可以获吉”。我们知道，在中国传统的政治格局中，士大夫的荣升之路主要操控在拥有无限权力的皇帝手中，而这些统治者因其资质和好恶的不同，往往不是“晋如摧如”，就是“晋如鼫鼠”。这样的政治生态险境，是任何想要博得更大作为的士大夫都必须面对而无法避免的，舍此便无他途。对此，王阳明有着深切的体会。但是受到《晋》卦的启发，王阳明却找到了应对之策。他指出，面对如此的环境，虽有“晋如”之雄志，也必须深怀戒慎之心，柔进上行。②也就是说，“柔顺”是求“晋”的手段，而“顺而丽乎大明”则是获“晋”的方向，如《周易·晋·象》所言：“明出地上，晋。君子以自昭明德。”③知此才能自始至终保持一种“宽裕雍容，安处以正”的超然态度，则不仅可以无咎，也可以“康侯用锡马蕃庶，昼日三接”，实现以有功有德受到恩宠之晋的期望。

王阳明的这一应对之策与处世心态在其《读易》诗中也得到了鲜明的体现：

囚居亦何事？省愆惧安饱。瞑坐玩羲《易》，洗心见微奥。
乃知先天翁，画画有至教。包蒙戒为寇，童牿事宜早。

① 王守仁：《王阳明全集》卷二十六续编一《五经臆说十三条》，上海古籍出版社 2011 年，第 1079~1080 页。

② 朱晓鹏：《王阳明龙场〈易〉论的思想主旨》，《哲学研究》2008 年第 6 期，第 23 页。

③ 阮元校刻：《周易正义》卷四《晋·大象》，《十三经注疏》，中华书局 1980 年影印本，第 49 页。

蹇蹇匪为节，虩虩未违道。《遯》四获我心，《蛊》上庸自保。
俯仰天地间，触目俱浩浩。箪瓢有余乐，此意良匪矫。
幽哉阳明麓，可以忘吾老。[①]

现代学者方尔加这样予以解读："处世要善于包容万物，使人归向自己，不与自己为敌。碰硬不能以硬，而要以柔。遇事该退就退，不能一味要进。"[②]这一解读着实将王阳明当时的心态揭示得十分准确。

《晋》卦之《象》曰："明出地上，晋，君子以自昭明德。"这应该如何理解，王阳明作出了如下阐释：

> 日之体本无不明，故谓之大明。有时而不明者，入于地，则不明矣。心之德本无不明，故谓之明德。有时而不明者，蔽于私也。去其私，无不明矣。日之出地，日自出也，天无与焉。君子之明明德，自明之也，人无所与焉。自昭也者，自去其私欲之蔽而已。[③]

就《晋》卦本身卦象而言，上离为明之象，下坤为地之象，实际上意在强调君子须深悟《晋》卦之象，不断自我修养，昭著美德。程颐也认为："君子观明出地上而益明盛之象，而以自昭其明德。去蔽致知，昭明德于己也。明明德于天下，昭明德于外也。"[④]可以说，在君子加强自身道德修养方面，王阳明所论与程颐所论并无二致。他认为，君子无论身处何种心境，都必须表现出"自昭明德"的一面，即充分地发挥主观能动作用，将自身固有之德昭示出来。以本心之明，除己之私欲。通过对"昭明德"这一易道根本的体悟，

① 王守仁：《王阳明全集》卷十九《读易》，上海古籍出版社 2011 年，第 747 页。
② 方尔加：《王阳明心学研究》，湖南教育出版社 1989 年，第 38 页。
③ 王守仁：《王阳明全集》卷二十六《五经臆说十三条》，上海古籍出版社 2011 年，第 1079页。
④ 程颢、程颐：《周易程氏传》卷三《晋》，《二程集》，中华书局 2004 年，第 874 页。

王阳明不但明彻了如何由“明入地中”之困局直达“明出地上，顺而丽乎大明”这一道亨之境的门径，而且在体悟易道的过程中时时彰显“吾性自足，不假外求”的主体性意识，最终开启了王门以心解《易》、以易证心的“心易”之学，为其心学的创建奠立了一块重要的理论基石。[①]

对于王阳明受易学思想影响的人生境界，清代学人邵廷采这样评价：

> 阳明遭迹运会，值昏乱之朝，而能以勋名完立，卓然为一代安国家、定社稷元臣。即其初谪龙场，亦有一纸书剪安之烈，使天下见儒者经纶无施不可，盖皆其学之厚积有以发之。忌者顾从而指为伪，甚矣。石斋黄公称先生气象类孟子、明道，而出处建功之迹近于伊尹，知人知言哉！[②]

确实如此，王阳明终其一生，一心运时务，“通过演绎《易》理，洞察天道自然之奥秘，并推天道以明人事，进而引向对人生的解悟，达到了‘体常尽变’、‘视险若夷’、‘身遁道亨’的精神境界”[③]。这种人生境界上的圆融和跃动，一方面促成了王阳明精神上的巨大蜕变，使他真正地从理论上充实了“龙场悟道”的思想内涵，完成了立足于己心之良知的心学体系的构建；另一方面，也为王阳明在龙场及日后人生中主体意识的不断挺立、文武事功的不断开拓提供了最为重要的精神资源。“其学之厚积有以发之”，又能“卓然为一代安国家、定社稷元臣”。总之，王阳明这种亦儒亦道、亦仕亦隐的人格结构，以及既脚踏实地又境界高远人生理想的最终形成，主要是缘于《周易》及易学思想的影响。

---

① 朱晓鹏：《王阳明龙场〈易〉论的思想主旨》，《哲学研究》2008 年第 6 期，第 23~24 页。

② 王守仁：《王阳明全集》卷四十《明儒王子阳明先生传》，上海古籍出版社 2011 年，第 1734 页。

③ 朱晓鹏：《王阳明龙场〈易〉论的思想主旨》，《哲学研究》2008 年第 6 期，第 24 页。

第八节 三教圆融下的东溟易学

管志道(1536—1608),字登之,号东溟,在色彩斑斓的晚明思想界,是一位极为特殊、极为重要的人物。自清代以后,管志道作为明清学术研究本应值得关注的对象,却日趋边缘化、异端化,直至20世纪中后期才逐渐受到学界的重视。宋明时期理学的萌芽、生成、演变与佛道二教,特别是佛教有着不解之缘,儒、释、道三教交涉[①]始终是中国自唐宋以来思想史衍变与创生的主要动力。至明代中后期,三教交涉过程中所产生的多样化思想形态不断融贯汇流,最终达到了顶峰。管志道易学思想,源于儒、释、道三教交涉的视野,以“乾元统天”和“群龙无首”为根基主轴,融摄了多样化的思想资源,指向了经世、出世的调融、三教关系的衡定、理学流弊的反思、

---

① 在展开本节讨论之前,有必要先介绍两种观点。有学者认为,谈及中国思想文化史的儒、释、道三者之间的关系,一般认为儒、释、道三教中的任何一个,摄取其他二教的教义,以编入自教的理论体系,称为三教调和思想、三教一致、三教合一、三教融合等,以此来描述自北宋初期以来的中国宗教界、思想界的发展大势。但是近些年来,有关三教关系的上述说法越来越受到中外学界的质疑,理由无非是三教各有不同,或因时代而有差异,不能笼统地称之为三教调和。(参见窪德忠《金代的新道教与佛教——从三教调和思想来看》,刘俊文主编,许洋主等译《日本学者研究中国史论著选译》(第七卷),中华书局1993年版,第478页。)也有学者认为,“三教合一”未必足以安立三方,便采用了“三教会通”的说法,理由是,“不认同三教势同水火,亦未必先假定其高下优劣,而力求彼此间之相互了解,相互补充、相互融会、相互增益;同时又不随意以为三教同源、同旨或一致,概念间可由表面相似性径作等同或并论。由此立场所展开与他教间之深刻对话,既能外于自身以亲近他者,又能回归自身以自持其学。此迂回往返,轨迹叠复,乃所以成其会通”。(参见徐圣心:《青天无处不同霞——明末清初三教会通管窥(增订版)》,台湾大学出版中心2016年,第5~6页。)忽视三教彼此迥异的立场,很容易导致泛泛而论,上述两种观点确实具有一定的代表性,反映出思想史研究领域的细致与慎重的一面,对于深入思考三教之间的关系具有很大的启发意义。本章及其他章节在分析或提及明末弥漫社会的儒、释、道三教交涉这一特定的文化现象时,并没有固定采用上述某一说法,或是直接使用“三教会通”。只不过更应该注意的是,关注这一特定的文化现象,对儒、释、道三教之间的关系的梳理、分析一定和原始文献,和时代社会思潮紧密地结合起来,才有可能得出较为合理的认识和结论。

礼教秩序的重建等问题，多方面地反映了晚明思想界的风貌，在三教思想的判释、学脉变化的剖析、时代弊端的批判等方面具有鲜明的特色。

一、《周易六龙解》之撰写

万历二十年壬辰（1592），管志道在赴任湖广按察司佥事途中，以非边材及母老病为由，两度乞归。“壬辰夏，从采石再发乞休疏，至江西湖口县泊舟待命，驻足邮亭”，“于时身心阒寂，忽动训《易》之思，先草《六龙解》，次乃会通乾坤、彖、象、文言，次及六子，又次及屯、蒙以后反对诸卦……至蛊之上九而停笔”，“时值中秋，见银汉间云物结成龙象，头足宛然，移时不散，旋复结成魅象，亦久不散。庭中异香扑鼻。二客异之，以为此解当传人世”。[①]通过上述资料可以看出，管志道从《乾》卦开始，再拓展至其他诸卦，意欲对《周易》义理作一全面的阐发。遗憾的是，当时管志道解《易》曾被寄予厚望，但并没有全部创作完成。现通行本《周易六龙解》，也作《易测六龙解》，仅有诠解《乾》卦之《六龙解》刊刻流通。

《周易六龙解》以“群龙无首”统摄全卦，分论《乾》卦六爻，依次诠解“解潜龙”“解见龙”“解惕龙”“解跃龙”“解飞龙”“解亢龙”，最后以“统论六龙”收束全篇。《周易六龙解》“发明乾元用九之奥义”[②]，每爻义理均借重要的历史人物加以发挥，具有很深的思想意涵，“是书实即综述乾卦耳，发挥经义，不乏可取者”[③]。管志道自述其书主旨，“为姚江泰州之遗脉，执见龙为家舍，而不知有潜、惕二龙者发也”[④]。之所以如此，是因为当时姚安泰州

① 魏佩伶：《管志道年谱》，台南大学2010年硕士学位论文，第83页。

② 钱谦益：《牧斋初学集（中）》卷四十九《行状三·朝列大夫管公行状》，《钱牧斋全集》（第二册），上海古籍出版社2003年，第1259页。

③ 潘雨廷：《读易提要》，上海古籍出版社2006年，第310页。

④ 管志道：《问辨录》卷之贞集《答韩文学恩中弟书》，《四库全书存目丛书》子部第87册，齐鲁书社1995年影印本，第806页。

学派于《乾》卦六龙之中特别标榜九二“见龙”，欲以庶人讲学明明德于天下。[1]管志道全篇则主要发挥“潜龙”“惕龙”之义，期以改变“天则不见，龙德隐而世变日下”[2]的社会现实，可以说是对姚安泰州阳明后学一派直接有力的回应，时代关怀与批判流弊的意味尤为明显强烈。

对于管志道立志著述以后的第一部易学阐释之作，其师友评价极高。曾健斋为此书作序，甘士价、曹胤儒则题有跋文，董其昌出资增刻，作《刻六龙解题词》，赞曰：“先生尔时秉直蒙忌，进退维谷，意尚有所谓劳落孤愤者，而横口所之绝无衡气，唯觉忧时诚世之微旨。”[3]管志道之学出于耿天台，而为学的精博程度后来居上。对于弟子的释《易》力作，其师耿天台欣然题词：“其中精思卓识，多发我所未发，且多发我欲发而未能者。若见、惕二龙解，尤为精绝……惟天若假我以年，不苦以病，吴门虽遥，亦当彻比席，负笈以往，受《易》卒业”，“管子负世俊才，而所遭多连遭，诸所诠解，盖以身所备尝者解也”。[4]其晚年弟子钱牧斋则认为，“近代之谈《易》者，自李卓吾、管东翁之外，时未免为时人讲章、兔园册子”[5]，可见，管志道论《易》迥超流俗，不落前人窠臼。

需要指出的是，对于《周易六龙解》所阐发之《易》理，当时也不乏诘难之辞。对管志道六龙之说提出最为详尽商榷意见的，莫过于许敬庵。许敬庵对《乾》卦六爻的理解，大体本于程朱传注。他曾对管志道的《周易六龙解》逐段加以评论，管志道也逐条辩驳，最终编纂成《六龙剖疑》一书，此书

① 管志道：《问辨录》卷之贞集《答韩文学恩中弟书》，《四库全书存目丛书》子部第 87 册，齐鲁书社 1995 年影印本，第 55 页。

② 管志道：《周易六龙解》，严灵峰主编《无求备斋易经集成》第 114 册，台湾成文出版社 1976 年影印本，第 1 页。

③ 董其昌：《容台集》卷三，《四库禁毁书丛刊》集部第 32 册，北京出版社 1997 年影印本，第 196 页。

④ 耿定向：《题管子六龙解》，《易测六龙解》，日本尊经阁文库藏明万历刊本影印本，第 1 页。

⑤ 钱谦益：《牧斋有学集（下）》卷三十八《书一·复方密之馆丈》，《钱牧斋全集》（第六册），上海古籍出版社 2003 年，第 1322 页。

可以视为对《周易六龙解》阐释《易》理的进一步发挥，同时也是研究管志道易学思想的重要文献。黄宗羲的《明儒学案》并没有为管志道专门立传，而是特意转引一段管志道自身表述有关三教观点立场的文字：

> 乾元无首之旨，与华严性海浑无差别，《易》道与天地准，故不期与佛老之祖合而自合，孔教与二教峙，故不期佛老之徒争而自争。教理不得不圆，教体不得不方，以仲尼之圆，圆宋儒之方，而使儒不碍释，释不碍儒。以仲尼之方，方近儒之圆，而使儒不滥释，释不滥儒。唐、宋以来，儒者不主孔奴释，则崇释卑孔，皆于乾元性海中自起藩篱，故以乾元统天，一案两破之也。[1]

转引了管志道的观点，却评论其三教主张为“肤廓之论”“不见道”之学，“然决儒释之波澜，终是其派下人也”[2]，可见黄宗羲对管志道的学术立场并不认同。尽管如此，管志道仅仅阐论《乾》卦的《周易六龙解》，“浩瀚宏肆，论辩蜂拥，囊括百氏，熔铸九流”[3]，见解颇为独到，“其见自不可易”[4]，在明清之际引发了众多治《易》者较为广泛的关注。诸如钱启新《易像钞》《像象管见》，张次仲《周易玩辞困学记》、胡世安《大易则通》、钱澄之《田间易学》、逯中立之《周易札记》等易学著作，诸家或主义理，或主象数，易学立场有所不同，但都不同程度地借鉴、引用了管志道的阐《易》之说，足以看出《周易六龙解》为时人所重、流传甚广的学术价值。

① 黄宗羲：《明儒学案（修订本）》卷三十二《泰州学案》，中华书局 2008 年，第 708 页。

② 同上。

③ 钱谦益：《牧斋初学集（中）》卷四十九《行状三·朝列大夫管公行状》，《钱牧斋全集》（第二册），上海古籍出版社 2003 年，第 1259 页。

④ 钟泰：《〈周易六龙解〉·跋》，《国师季刊》1941 年第 9 期，第 80 页。

二、“乾元统天”：三教融合之内核

明代中叶以后，阳明后学对《周易》中《乾》卦“大哉乾元，万物资始，乃统天”[①]，一般有以下三种不同的理解，一是从本原的角度将“乾元”理解为“生天地、生人物、生一生万、生生不已之理”[②]，视“乾元”为本体，而“元”为“生理”[③]“一团生生之意”[④]。二是从“性”与“命”的角度解释乾坤，乾元为“性”，坤元为“命”，“乾性坤命之理，合天地万物为一体者也。悟性修命之学，还复其性命之本然，通天地万物为一贯者也”[⑤]。三是循“盈天地间一气而已”的视角出发，认为“知天地之间只有一气，则知乾元之生生，皆是此气。乾元之条理，虽无不清，人之受气于乾元，犹其取水于海也”，“性是气之极有条理处”。[⑥]阳明后学无论是从哪一角度探讨，在一定程度上，都是将“乾元”理解为“道体”抑或“本体”，以探寻人与万物之间生成的根源，生生、性命或气，所以彼此之间在思想内涵上并无实质上的冲突。

但是在管志道看来，“孔圣心法在《易》，《易》之蕴不出乾坤二元，坤元又统于乾元”[⑦]，因此，“乾元统天”作为贯通三教的共同根源，是三教合一论述的统摄依据。管志道曾参读《楞严》《华严》《法华》三部佛教经典，并取《易》与之互为印证，从中参悟出“乾元统天法界，群龙无首行门”的义理，将其贯穿于他一生重要的学术思想发展与社会政治实践的历程之中。“嘉靖末，幸有所闻，猛然欲透达摩之宗而力不逮。入隆庆，偶从《楞严》、《华

① 阮元校刻：《周易正义》卷一《乾·彖》，《十三经注疏》，中华书局1980年影印本，第14页。

② 黄宗羲：《明儒学案（修订本）》卷二十六《南中王门学案》，中华书局2008年，第603页。

③ 黄宗羲：《明儒学案（修订本）》卷二十一《江右王门学案》，中华书局2008年，第502页。

④ 同上，第507页。

⑤ 同上，第495页。

⑥ 黄宗羲：《明儒学案（修订本）》卷二十六《南中王门学案》，中华书局2008年，第604页。

⑦ 管志道：《周易六龙解》，严灵峰主编《无求备斋易经集成》第114册，台湾成文出版社1976年影印本，第20页。

严》、《法华》三经有省。印诸《易》道，恍然照入乾元统天法界、群龙无首行门，而知大乘菩萨之变化，尽在乾坤二传中。孔子下学上达，真吾师也。”[①]正是受到《华严经》教义的影响，管志道对“乾”“坤”二卦义理有着深刻的体悟，“把乾元统天”喻为“法界”，把“群龙无首”喻为“行门”。因为在华严教义里，“法界”含有实相、根源之意；“行门”则有教法、实践之意，二者本属体用不二的关系，所以在管志道看来，由此出发也可以作出“儒佛不二”的理解，这与“体用不二”并无冲突，毕竟“不二”即属于一体的两面，可以相互转化。不仅“大乘菩萨之变化，尽在乾坤二传中”，而且“《华严经》之贤胜如来，为乾坤二元之转窍”，[②]亦足以说明儒、佛二者的互摄与会通。

同时，管志道注意到，华严教义中“法界”与“行门”还牵涉另外一个重要问题，即“实”与“权”二者关系该如何处理。他说：

大圣人出世，定是权中有实，实中有权，即权即实也。何谓实？天命之性是也，通于毗卢性海；何谓权？修道之教是也，通于普贤行海。吾侪透此二关，则目前为道为世之机权。[③]

我们知道，华严经教义擅长以大海为比喻，意在描绘出佛之体性广大无限，具有不可思议的境界，犹如大海深广无尽、无有边际。管志道认为，天命之性通于毗卢性海，而修道之教通于普贤行海，这正是儒佛互通的表现。以天命之性为“实”，贯通华严性海，以修道之教为“权”，贯通华严行海，“实”是指本性之境，而“权”则指实践之途，牢牢地把握本性之境与实

① 管志道:《酬咨续录》卷三《柬东陶宫谕石篑文》，日本尊经阁文库藏明万历序刊影印本，第 28 页。

② 管志道:《析理篇》卷上《又分欵答文台疑义五条》，日本尊经阁文库藏明万历刊本影印本，第 22 页。

③ 管志道:《理要酬咨录》卷上《答敬庵先生书》，日本尊经阁文库藏明万历刊本影印本，第 36 页。

践之途，是在为道为世中从容应对的关键所在。管志道强调“不二”的观念，提出“实”“权”二关如何透悟的问题，在很大程度上也进一步地揭示了超脱生死之境的出世法与指向人天教门的世间法。其实，在宋明理学的思想脉络里，天命之性指的是合乎先天之性的至善，修道之教指的是后天的教化和修行，二者本源自《中庸》首句：“天命之谓性，率性之谓道，修道之谓教。”[①]管志道通过“乾元统天”和“群龙无首”、天命之性和修道之教，以及毗卢性海和普贤行海，将本体和工夫有层次地对应起来，确实勾勒出了一个以易学为主轴，儒学与佛学，乃至道家相贯通的思想图景。

对于如何看待儒佛关系及本源的问题，当时有很多学者认为儒浅而释深，依据便在于孔子的“乾元资始”含无极于天地万物之内，而佛教的“无始”旨在显无极于天地万物之先，所以极力将儒、释二者加以区隔。管志道对儒、释二宗并没有刻意回护。他说：

> 愚言“乾元”，不但始万物，亦始天地；不但统六合之内，亦统六合之外，正佛氏之所谓最初大觉。此非无极太极，而何先后？有何矛盾？第玩孔子从乾元上发出资始统天之义，显是缘有物后之太极，表无物前之太极者也，故曰：逼真露出毗卢遮那境界。盖有物之后，太极非有；无物之先，太极非无，一言以蔽之曰：太极本无极。而此中尚有隐意，只为儒一咸认释氏之标毗卢法界，究及无始；深于孔子之标大哉乾元，言资始而不及无始，将起轩轾于其间，故作此回护之说。以为儒圣揭乾元，是含无极于天地万物之内；释圣言大觉，是显无极于天地万物之先。各有攸当，不可浅儒而深释也。[②]

---

① 阮元校刻：《礼记正义》卷五十二《中庸第三十一》，《十三经注疏》，中华书局 1980 年影印本，第 1625 页。

② 管志道：《理要酬咨录》卷上《答敬庵先生书》，日本尊经阁文库藏明万历刊本影印本，第 33~34 页。

依乎此，管志道认为，儒宗所揭的乾元不唯天地万物的本源，亦统六合之内外，这与释圣所言的大觉在义理的内涵与外延上并无本质的不同。

在进一步强调"三教同源"的基础上，管志道揭示出儒、释二氏皆通极于乾元的宗旨。他说：

> 三教之源本同，无待于还。不还同而还异，则二氏偏能以出世法该世法，而吾儒却遗出世法矣。孔子必不乐闻此言。权言还同还异，亦必如吾之说而后可。盖以孔子之一，贯二氏之一，则同者还其同矣；以孔子之矩，别二氏之矩，则异者还其异矣。[①]
>
> 愚虽不德，颇自信得元神；分诸净土，又自验得一贯印诸帝心。姑舍参禅念佛等课，而纯向孔子下学上达路中行矣。独念儒门豪杰，不染伪则染狂，只为迷于出世深因，无以夺其功名富贵之志，故不得不援二氏之宗旨以提之。提及二氏宗旨，而不通极于乾元，儒者终以出离生死为异途，增长世情为庸德也。故又以乾元收二氏，尊孔子一贯之脉焉。[②]

在管志道看来，正是过度以为出世之因藏于佛家，不识孔子之"乾元统天"，才导致"今儒家已失乾元，其证却在竺典"。因此，以乾元收摄二氏，既可以破解对太极无极持有的过度迷信，也能够抑制对佛家出世法的盲目信仰。值得关注的是，管志道特别强调是"借佛氏以证乾元"而非"以乾元悉归佛氏"，因为"自孔氏祖孙去后，性学全入禅门，命学全入玄门，宋儒乃操戈以入其窟"[③]，所以不得不援二氏以贯融于乾元，这在某种程度上凸显了其"尊孔子一贯之脉"的思想立场。

---

① 管志道：《理要酬咨录》卷上《答敬庵先生书》，日本尊经阁文库藏明万历刊本影印本，第64页。

② 同上，第41页。

③ 同上，第51页。

管志道认为,乾元既是三教会通的起点,也是三教合流的终点,既然三教同源于乾元,那么必须以一贯之学,发挥乾元之道,以改变自孟子之后乾道不彰的局面。他说:

> 三教何必会通哉?不问三教中人之智、愚、贤、不肖,其始必资于乾元,其终必反于乾元。孟氏以后,坤道之学尚在,乾道之学似湮,而二氏之祖,却有潜相发明而不显其光者,吾安得不借之以尊一贯之道哉!天命我太祖高皇帝,继文王之文,以合周衰之所分者。分时三教必各出一大圣人,以川其流;合时三教必总出一大圣人,以敦其化。敦化本高皇之事,而三教中之承下风者,亦必有其人。则《中庸》篇之"道并行而不相悖"一句,吾侪孔子之徒也。故以吾夫子之一,贯佛老之一。[①]

管志道强调当三教分离时,儒、释、道各有一圣人衍其教法;而当三教融合时,必会出一大圣人为"集三教之大成者",这集大成者的圣人便非明太祖莫属,明太祖以三教总教主的面目出现,三教各自的圣人便退居次席。

至于为何"祖述尧舜而径祖仲尼",以及"不宪章文武而近宗圣祖"?管志道通过联系明王朝的社会与政治生态,对此作出了清晰而明确的回答:

> 夫吾之所以不祖述尧舜而径祖仲尼者,何也?尧舜之道统在执中,而仲尼之赞《周易》曰:"大哉乾元,万物资始,乃统天",又中统所自来也。乾元实统诸佛,诸佛实受统于乾元,何言挽儒归禅?倘曰:乾元之秘藏难参,当借内典以参之,亦为中人以上说则可,而上智殆不必也。吾所以不宪章文武而近宗圣祖者,何也?圣祖本昭代之文武,而其主孔宾释,功又不下于文王之重兴羲易也。明哲保身之道,岂不该

① 管志道:《析理篇》卷上《先生答周符卿书》,日本尊经阁文库藏明万历刊本影印本,第47页。

于《易》中，然特用九、中之一用弄。若究宪章之义，及其至也，便可兼世出世间之道而两圆之，奚重保身一着。倘曰：吾侪义在居下不倍，当以危行言逊学仲尼，无若李卓吾辈之轻君重佛，恣横议以贾祸也，则亦宪章之权说，而非实说也。[①]

只不过值得注意的是，管志道在驳斥"挽儒归禅"之说的同时，并不讳言宪章圣祖。在他看来，表彰圣祖也可视为一种权宜之计，能够为其寻求"兼世出世间"之道，取得一个政治实践方面的圆融与平衡，从而达到既不畏惧冲突又保全自身的目的。

或许，还要联系到明代三教关系的背景渊源，对管志道为何要近宗圣祖的问题才能有更深一步的理解。我们知道，就思想文化的背景而言，明朝实则承接了宋、金、元三朝之遗产，从社会现实背景来看，明太祖三教合一的思想、政策，与元明易代之际的历史背景和其开国谋臣的思想有着莫大关系。被誉为汉代以降得统最正者的明太祖朱元璋，正是立基于时代背景，形成了自己的三教观。对明代三教发展影响最大者，当首推明太祖所作的《三教论》，堪称树立典范之文本。明太祖以"天下无二道，圣人无两心，三教之立虽持身荣俭之不同，其所济给之理一"[②]为三教并立提供依据，仍然沿袭以儒为主、以佛道为辅的策略，并不认为佛、道二教与儒家相违背，相反三者也是可以互补的。在管志道看来，以儒为主，以佛道为宾。"圆其宗而不圆其矩，鼎其教而不鼎其心"[③]，"正是明太祖将此点揭出，故足堪媲美伏羲、文王、周公、孔子之圣"[④]。明太祖以儒为主，强调三教共同

① 管志道：《析理篇》卷上《又分欵答文台疑义五条》，日本尊经阁文库藏明万历刊本影印本，第31~32页。

② 朱元璋：《明太祖集》卷十《三教论》，黄山书社2014年，第216页。

③ 管志道：《惕若斋续集》卷一《题程君房墨苑》，日本尊经阁文库藏明万历刊本影印本，第19页。

④ 刘增光：《寻求权威与秩序的统一——以晚明阳明学的"明太祖情结"为中心的分析》，《文史哲》2017年第1期，第126页。

治世之用，无非突出人伦礼法之重要性，管志道通过追溯三教并立之历史以证明太祖汇合三教之功绩，强调三教皆是经世出世合一之教，其要点正在于此。

即便有上述历史依据，管志道的三教同源于乾元与立极于孔子之道的主张，仍然受到时贤强烈的质疑。面对时贤的群起而攻所引发的，诸如过度相信释典，恐造成“孔为佛之弟子”[①]，以及士大夫在“统一三教之宗”名号之下可能公然破坏名教的责难，管志道秉持“出世法”的思想立场，指出：

> 然愚之所以辗转推求而作是说者，何也？端为孔子庸言庸行之教，易为释门之一大事所夺，不得不深穷而力振之也。盖二氏不可以儒门之威力伏，而可以乾元之至理伏；孔子亦不能以儒宗之体面尊，而能以乾元之道岸尊，昔贤亦有威力伏二氏者。[②]

管志道认为，孔子偏向庸言庸行的教义，容易为释门出世法所夺，众人没有体悟到孔子也深谙出世法，其理论依据就在于“乾元之至理”，所以必须深穷此一至理并不断地擢拔彰显。在他看来，这也正是孔子的引而不发和蕴而不出之处，那些尊佛老于孔子之上的丧心病狂之徒是无法理解的。

“儒、释、道思想与《易》文化的相互资取，为三教学理的会通、融合搭建了对话的平台，并由此开辟出了一条三教合一的思想发展路径”[③]。确实如此，极具易学内涵、精神的“乾元统天”，经由管志道的提炼与揭示，对于理解有关三教会通融合有着重要的思想史意义。依于管志道的学术立场，乾元为天地万物的本源，也能够成为三教的共同根源，三教实是“同源”于

① 管志道：《理要酬咨录》卷上《录许少司马敬庵先生来书》，日本尊经阁文库藏明万历刊本影印本，第 11~12 页。

② 管志道：《理要酬咨录》卷上《答敬庵先生书》，日本尊经阁文库藏明万历刊本影印本，第 59 页。

③ 张涛：《〈周易〉与儒释道》，《世界宗教文化》2018 年第 4 期，第 84 页。

"乾元";再者,"乾元"属于本源,是"敦化"的根基,而"川流"则是由《乾》卦生发出的各种物象的变化,经由六龙不同的姿态而呈现;六龙变化之情态表征了具体物象的不同层面。从中不难发现,管志道把"群龙无首"喻为"行门",正是建立在"乾元统天"的理论依据上的,将"群龙无首"措置于具体而又错综变化的社会政治情境中加以考察,"群龙无首" 所包含的现实意义与实践精神才能得到清晰有力的彰显。

三、"群龙无首":生命履践之鹄的

在《周易六龙解》中,管志道明确地提出了"群龙无首,可矣"[①]的思想立场,赋予"群龙无首"以新的意涵。在诠释六龙的功能与性质时,管志道阐发了"群龙无首,不可以一爻定其位,以一位定其用"[②],以及须依一身、一世、一时、一事而变化,不可执于一位一用的易学主张。如前所述,这一思想主张的提出,恰恰针对的是姚江、泰州的阳明后学,"此为姚江、泰州之遗脉,执见龙为家舍,而不知有潜、惕二龙者发也。此义不发,小人的然之学日盛,而四民争持木铎以卑国法矣"[③]。以"见龙为家舍",就是尊"见龙"为六龙之首。例如,王艮就曾提出"圣人虽时乘六龙以御天,然必当以见龙为家舍"[④]的观点,在姚江泰州阳明后学一脉中比较具有代表性。

与王艮等人不同,管志道认为乘六龙的圣人,既惕中有亢,又亢中有惕;既潜中有见,又见中有潜,不能被束缚固定于某一爻位。他说:

---

① 管志道:《周易六龙解》,严灵峰主编《无求备斋易经集成》第 114 册,台湾成文出版社 1976 年影印本,第 25 页。

② 管志道:《问辨录》卷之亨集《答周符卿二鲁丈书》,《四库全书存目丛书》子部第 87 册,齐鲁书社 1995 年影印本,第 696 页。

③ 管志道:《问辨录》卷之贞集《答韩文学恩中弟书》,《四库全书存目丛书》子部第 87 册,齐鲁书社 1995 年影印本,第 806 页。

④ 王艮:《明儒王心斋先生遗集》卷一《语录》,《王心斋全集》,江苏教育出版社 2001 年,第 4 页。

圣人乘龙，乘一乎？乘六乎？曰乘一，即以乘六也。圣学以潜为基，而见以表潜，惕以持见，跃以行惕，飞以伸跃。亢龙飞之极，复反于潜。六德之在人心，犹昼夜回圈无端，随时随地无不可乘。若以时位论六龙，亦无并乘之理，虽道全德备之，圣所乘不过一龙。①

"时乘六龙以御天"②语出《周易》的《乾》卦，孔颖达《周易正义》疏云："言乾之为德，以依时乘驾六爻之阳气，以控御于天体。六龙，即六位之龙也。以所居上下言之，谓之六位也。"③"六龙"之"六"，乃《乾》卦六爻。而"龙"作为六爻变化的象征，则呈现出隐显无常的样态。"圣所乘不过一龙"，则说明圣人依据时机、条件的变化，采取不同的姿态与反应。虽然有时暂且处于幽暗艰难的环境，但是只要怀以警惕之心，在适当的时机是能够把真正的龙德展现出来的。如果圣人发现自身处于激烈亢昂之时，就应当归返于潜。"乘一即乘六"，意谓乘一龙，无异于乘六龙，一龙有六德，六德合一龙。正是对《乾》卦六龙有着深刻的认识。管志道尖锐地指出，"自姚江、泰州之流日漫，学者知有见龙，不知有潜龙，能以巧说圆六龙之局，不能以深心尽一龙之性"④，如果坐视见龙之狂风若长，人人以见龙为务，势必会危害到明王朝的社会政治秩序。

不仅如此，管志道对六龙之用的阐释也极具现实关怀。如前所述，一龙有六德，六德合一龙。但是如果从实践的环节着眼，一龙并不等于兼六位，"德"可转换，"位"却泾渭分明。管志道敏锐地发现，当时学者刻意把潜、惕二意涵摄于"见"，将"见龙"的地位提升至其他五龙之上，使见龙成为六龙

---

① 管志道：《周易六龙解》，严灵峰主编《无求备斋易经集成》第114册，台湾成文出版社1976年影印本，第21~22页。

② 阮元校刻：《周易正义》卷一《乾·彖》，《十三经注疏》，中华书局1980年影印本，第14页。

③ 同上。

④ 管志道：《问辨录》卷之元集《答王太常塘南先生书》，《四库全书存目丛书》子部第87册，齐鲁书社1995年影印本，第641页。

之中的独尊和主导。之所以如此，根本原因在于对“圣人”的权威地位的盲目遵从。通过回溯儒家“圣人”在不同时期不断被塑造的历史过程，管志道指出，一直到唐宋时期，“圣”才被提升至“极尊之德”[①]的地位。透过六龙以展示圣人多样化的生命格局，管志道意在打破世儒僵硬固化的圣人观，也只有消除“圣”为独尊的认识误区，还原圣人的本来面目，才能使其真正地成为“六德之一”。但是六德并无高下之别，倘如此，又何必独尊孔子，以其为群龙之首？所以，六德有高下之分，且定“见龙”为一尊的主张是极不妥当的。

进而管志道指出，儒者必须以潜龙之心，行惕龙之事，“惕意也，亦潜意也”[②]，才能从根本上抑制“见龙”的欲望。他认为圣人虽时潜时现，仍需“以潜含惕，龙德乃纯”[③]，“龙德比本乎潜。圣人主静立极，其体常潜”[④]。“潜”，勾勒出“君子依乎中庸遁世，不知见而不悔”[⑤]这一真实合理的生存状态，体现了圣人的藏用之学。而且“群龙体潜而用显，故其道可用；潜龙体潜而用亦潜，故其道不可用。不用不足为潜龙病”[⑥]，潜体可用可不用，依乎情况而定，吉凶与民同患才是真正的潜。但是众人仅以“见龙”为体，终不察孔子执木铎“为其川流之用”[⑦]。那么何谓“惕”？惕即“人道”，在“人道”之中君子只需孜孜进修，下学上达，进修学问以示“无言之天道”，更何况孔子虽居见龙之位，却存惕龙之心。[⑧]

① 管志道：《酬咨续录》卷三《与杨直指淇园公论酬咨录中智仁圣义》，日本尊经阁文库藏明万历刊本影印本，第20~21页。

② 管志道：《周易六龙解》，严灵峰主编《无求备斋易经集成》第114册，台湾成文出版社1976年影印本，第21页。

③ 同上。

④ 同上，第5页。

⑤ 同上，第4页。

⑥ 同上，第5页。

⑦ 管志道：《问辨录》卷之贞集《续答杨认庵书》，《四库全书存目丛书》子部第87册，齐鲁书社1995年影印本，第785页。

⑧ 管志道：《周易六龙解》，严灵峰主编《无求备斋易经集成》第114册，台湾成文出版社1976年影印本，第8页。

由于对"潜"与"剔"有着深刻的认识，管志道不仅以潜龙之心，行惕龙之事，劝人抑制好为人师的初衷，对讲学务必敬而远之。他说：

> 今日之道枢，不属见而属剔；今日之教体，不重悟而重修。……而近世诸公，每执见龙为首，而其尾遂入于浮伪。吾惧中庸遁世之学脉渐湮，而大易群龙无首之义日晦也。[①]

学者钻营于师道，实则是"见龙"的道脉，而真正的道统学脉则不属"见"而属"惕"。"群龙无首"作为"中庸遁世之学"的核心要义与根本境界，是提醒学者必须兢兢业业，躬身践行，不能湮没无闻、晦而不彰。在此需要提及的是，道统论曾是宋明理学发展史上不断引起讨论的重大问题之一，哪些儒学传承人物可以进入历千年而不绝的道统系谱，在很大程度上反映了当时学者对理学的诠释和理解。就三教交涉的视角而言，道统论无疑是理学家捍卫儒学立场，抵御佛道侵蚀的重要理论依据。而"群龙无首"论的提出，则是管志道意欲冲破道统藩篱的合理手段。

在管志道看来，学者不领悟"中庸遁世"之意，徒落入"有首"的窠臼不能自拔，势必会引发当时社会"急于聚徒，疏于稽敝"[②]的种种乱象，要从这一迷思中解脱出来，唯有"见龙禅于惕龙"，主惕不主见。否则，只知进而不知退，非但不能真正地效法圣人，更有甚者，还有可能使自身陷入欺世盗名的境地，他说：

> 主见而不主潜，群龙亦有首矣。其流之弊，将有素隐行怪之徒，妄

① 管志道：《惕若斋续集》卷一《复李中丞见罗公赴漳后书》，日本尊经阁文库藏明万历刊本影印本，第 47 页。

② 管志道：《理要酬咨录》卷上《答许少司马敬庵先生书》，日本尊经阁文库藏明万历刊本影印本，第 42 页。

自拟为帝王师者，而大盗仍起于孔孟之间，与伪儒之盗佛，一间耳。故复揭群龙无首一语，与同志共参之。[①]

管志道在《中庸测义》中对“素隐行怪”一义作了较为直接的解释：

夫子之戒素隐行怪何也？盖以杜异教而塞乱源也。王制非天子不议礼、不制度、不者文。故凡不帝王而任道统，不卿士而议朝纲，不史官而撰国书，不都鄙之师儒，及有道有德之可祀于瞽宗者，而聚徒立帜，皆行怪之伦也。[②]

从中能够发现，管志道对“聚徒立帜”者的严厉指责，一方面包含有对聚徒者败坏学风的强烈不满；另一方面则表现出对聚徒者扰乱社会礼节制度，以致影响王朝政治纲纪持续有效运作的深切忧虑。

需要着重指出的是，管志道虽不是“素隐行怪”之徒，但时刻以此躬身自省，这应与当时明王朝后期较为严酷的政治生态有着密切的关联。对于自身的政治遭遇，管志道可谓刻骨铭心。他说：

愚德非圣人，不宜亢；位非要路，不必亢。而前在江陵柄国之时，惘然不度德、不量力，以犯位卑言高、交浅言深之戒，亢已甚矣。于时进退维谷，不得已而以宪纲代膰肉之行，悔兹深焉。不龙而亢，不龙而悔，愚实蹈之。[③]

---

① 管志道：《师门求正牍》卷上《耿子学象引》，日本尊经阁文库藏明万历刊本影印本，第32~33页。

② 管志道：《素隐行怪》，《中庸测义》，日本尊经阁文库藏明万历刊本影印本，第23页。

③ 管志道：《续问辨牍》卷一《答王相公荆石国亢龙说》，《四库全书存目丛书》子部第88册，齐鲁书社1997年影印本，第8页。

张居正冠居首辅，掌握朝中大权期间，为扭转自嘉靖、隆庆以来明王朝积贫积弱的严峻态势，充分地利用所掌握的权力，以其卓越的才干胆识，在政治、经济等方面大力推行一系列的改革措施，“大过之时，为大过之事”[①]，曾一度卓见成效。但也暴露出人格、处事方面“方操愽陆重权，威福侔于人主”[②]的严重缺陷。特别是在震动朝野的夺情事件发生之时，赵用贤、沈懋学等官僚对张居正破坏大明祖制的行为极为不满，便联合管志道商定奏疏内容，得以上奏朝廷，后来赵用贤等人竟遭受张居正党羽的打击报复，几暴毙于廷杖之下，为参奏张居正付出了惨痛的代价。

尽管管志道后来仍不断地上疏陈述政事，欲以宪纲取代廷杖，同样冒犯了以张居正为首的权力集团。对于政局的惊涛骇浪，管志道有着深切的体悟，并在与友人的书信中多次言及：

> 万历戊寅之春二月，弟既浪陈九事讫，续以揭帖补送诸大老。……盖人间私语，天闻若雷，岂有奏揭而不达天府者？于时先慈在京邸，方有惕于吴、赵诸君受杖之惨，弟恐以危事惊母怀，托所知密写揭于城外。委有许多讹字当正，其谓命尽今夕，显是江陵于是夕，动削籍锢余之念也。后兄以两疏嘘我于死灰中，则索萧寺相雚之兆应也。此亦天命也。[③]

威逼肃杀的气氛与异常紧张的心理相互交织，可谓当时政坛的真实写照。

因处于非常时期，管志道不仅不能沉“潜”于明哲保身的中庸状态，但

① 张居正：《书牍》卷八《答奉常陆五台论治体用刚》，《张太岳集》（中册），中国书店2019年，第159页。

② 管志道：《惕若斋续集》卷一《张甑山先生文集叙》，日本尊经阁文库藏明万历刊本影印本，第15页。

③ 管志道：《问辨牍》卷之亨集《续答二鲁书乙道又志隐余言乙道》，《四库全书存目丛书》子部第87册，齐鲁书社1997年影印本，第716页。

有时又会以“亢龙”的姿态屡屡向朝廷上疏陈辩，即使能暂且逃过廷杖之刑与牢狱之灾，往后的官宦之路注定要颠簸震荡。这样一来，辞官隐居于“惕若斋”，行“中庸遁世”之学，走“潜”“惕”自省之路，实属不得已情势之下的必然选择，他遂提出“群龙无首，可矣”主张，用以说明六龙原无固定结构、可以随时变化形势。否则，“或执一象一格，何能见龙德之变化哉”[①]？这对于把个人从“见龙”的束缚中解放出来，从而推动学术思想的发展具有重要的意义。其实，未尝不可以这样理解，面对严峻的社会环境与苛酷的政治氛围，个人以潜龙之心，行惕龙之事，主惕不主见，仿效圣人保持生命应有的姿态与格局，也是“群龙无首，可矣”的另一面向。“群龙无首，可矣”的论断具有浓厚的易学色彩，不能不说，确实打上了管志道个人生命历程的深深烙印。

① 潘雨廷：《读易提要》，上海古籍出版社 2006 年，第 310 页。

第四章 “尊王攘夷”理念与北宋《春秋》学的特色

第一节 北宋《春秋》学的内在理路及理学趋向

宋代学术的整体精神风尚较之于前代有着巨大的不同，在对传统儒家经典的学术传释中，宋人的文化修养、求索兴趣、治学目的及表达方式都彰显出来了独特的风貌，反映出一种前所未见的思维水准和学术气象。这个时代的学术被后世称为“宋学”，而与之对面而立的那种治学风格则被称为“汉学”。宋学的核心特征在于对传统经典中“义理”部分的高扬，重视对先贤在其精神思想上的阐释和传承，对人生命的本质及其目的予以巨大的关切，让传统儒家经典发生了前所未有的哲理化提升，超越了汉唐以来那种钟情于去考索各类典章名物的章句训诂之学。唐代以前学者对儒家典籍的各种注释和疏解在孔颖达的《五经正义》那里完成了整合与统一，而孔颖达的治经方式仍然是承袭着汉人的那种章句注疏之法，坚持着传统的那种注不驳经、疏不破注的治经原则。这样学者的读经解经都局限在训诂之内就不敢越于雷池之外，不去对经文背后的思想和价值加以求索和深讨，经学的发展愈趋僵化和停顿。而当传统儒家学术在思想上陷入裹足不前的时候，佛家以其无与伦比的思辨性和哲理性迅速征服了当时的文化人群体，并占据了思想界的高峰，而儒家以其章句训诂之学的水准阶段显然已难以抗衡佛学的高深和精微，因此中晚唐以来的儒家一流学者，如李翱，深感固有儒学在当时智识环境中的力不从心，开始了对儒家典籍内部思想的深入探析，意欲提升儒家传统的思想深度和义理旨趣，建立一套足以和佛学相争衡的中国本土心性哲学理论。宋学重义理的治学风尚就是从这个时候开始萌芽的。

宋代《春秋》学也是在重视经文背后思想义理氛围下的产物，同时继承了晚唐啖助、赵匡、陆质所开创的“舍传求经”的传统，同样也不再拘守在某一传之中而去攻击批驳另外两传。北宋《春秋》学其早期阶段的“理学趋向”体现在对“尊王”义理的阐发与高扬，其代表人物就是胡瑗与孙复。胡瑗著有《春秋口义》，现在已经失传，他关于《春秋》的思想保留在《宋元学案》中，现在只存有寥寥七条。典型的例如在解释经文“桓五年，蔡人、卫人、陈人从王伐郑”时，三传各有分说，彼此角度不同而分歧颇大。而胡瑗则有其特有的解读方式，他说：“不书‘王师败绩于郑’，王者无敌于天下，书‘战’则王者可敌，书‘败’则诸侯得御，故言‘伐’而不言‘败’。”在胡瑗看来，天子应是无敌于天下的，诸侯没有道理去反抗天子，所以虽然周桓王被郑庄公打败了，为了维护天子的至上权威，《春秋》在其书法上不写“王师败绩于郑”。此可见胡瑗对“尊王”之义的深度阐发。另外，胡瑗非常重视对春秋经文中道德内涵的宣扬，例如他对恪守妇道而被烧死在闺阁中的伯姬大加赞赏，一反《左传》中对其“迂”的评价。胡瑗的学术是将那些能折射至高义理的封建伦理道德准则贯彻于实际的政治思想和政治活动中，这已经开始具有后来理学家的味道了。

对“尊王”之义理彰显得最为竭力的是孙复。孙复是胡瑗的同学，曾受范仲淹等人举荐而任国子监直讲。他撰有一部十二卷的《春秋尊王发微》，

这部书对宋代的《春秋》学产生了非常广远的影响。孙复将“尊王”二字置于书名之中，可见其对“尊王”之义是何等推崇，事实上孙复将“尊王”视为《春秋》的首要之义。尽管在汉人的《春秋》学那里，“尊王”思想已见形成，例如董仲舒在《春秋繁露·王道》当中说过，“《春秋》立义，天子祭天地，诸侯祭社稷，诸山川不在封内不祭。有天子在，诸侯不得专地，不专封，不得专执天子之大夫，不得舞天子之乐，不得致天子之赋，不得适天子之贵”。但“尊王”思想在那时尚未成为统摄和横贯整部《春秋》的最高之义。孙复将“尊王”奉为《春秋》第一义是根据他对春秋时期真实政治状况的洞察。孙复认为，孔子之《春秋》是“以天下无王而作”，而不是为鲁隐公而作。《春秋》的纪年始于鲁隐公，因为其正与周平王时代重合，而周平王是周室东迁之后的第一代天子，也是周朝逐渐失去往日的威信和衰微没落的开始。在他之后，“周室微弱，诸侯强大，朝觐之礼不修，贡赋之职不奉，号令之无所束，赏罚之无所加，坏法易纪者有之，变礼乱乐者有之，弑君戕父者有之，攘国窃号者有之”[①]。并且诸侯国之间的战争开始频发，致使“征伐四出，荡然莫禁”。天下的政事，逐渐由各个诸侯自己来决定。周平王一生庸暗，最终也没能中兴周室，而他去世之时也正同时是鲁隐公在位的时候。孙复认为，“夫生犹有可待也，死则何所为哉？”鲁隐公之时正是彻底可以对周平王一生盖棺论定的时候，这也是周道衰绝，天下无王时代的正式开始。所以《春秋》从鲁隐公时代开始，并非因鲁隐公之故，而是因周天子之故。

孙复的《春秋》学继承了晚唐啖助、赵匡、陆质的三家之学，不以任何一传为尊，而是从三传中跳脱出来，直接阐发《春秋》中的思想义理，这样也就和三传的解读多有相违之处。例如在解说“桓五年，蔡人、卫人、陈人从王伐郑”这段经文时，孙复既不同意《左传》对郑伯所流露出来的某种同

① 赵伯雄：《春秋学史》，山东教育出版社 2004 年，第 428 页。

情之感，也不同意《公羊》《谷梁》分别从“礼制”与“尊讳”角度所作的阐发，而是直接彰明拔擢其中的“尊王”之义。这段经文背后的历史是周桓王欲削郑庄公之权而引起郑庄公的不满和反抗，于是周桓王便率领蔡人、卫人、陈人一起攻打郑国，但战争结果是周师被郑国军队击败，并且周桓王的肩膀还中箭受伤。随之而来的一个重要问题是：《春秋》中在记载一个诸侯国率领一些诸侯国攻打其他诸侯国时，往往并不写成“后者从前者伐某国”，而是写成“前者以后者伐某国”。但为什么明明是周天子领兵去征伐，《春秋》却说成是“蔡人、卫人、陈人从王伐郑”，而不说是“天王以蔡人、卫人、陈人伐郑”呢？这就是孙复所提出的“桓王亲伐下国，恶之大者，何不为首兵？”的问题。而孙复给出的解释正体现了他舍传求经的治学态度。他说：

> 天子无敌，非郑伯可得伉也，故曰：“蔡人、卫人、陈人从王伐郑”以尊之。尊桓王，所以甚郑伯之恶也。夫郑同姓诸侯，密迩畿甸，桓王亲以三国之众伐之，拒而不服，此郑伯之罪不容诛矣。

而《公羊》《谷梁》《左传》三传对《春秋》此条的解释全然没有到孙复如此“尊王”的程度，《公羊》着重在从诸侯“从王”的表现中得出对礼制的遵守，《谷梁》则认为《春秋》“举从者之辞”是“为天王讳伐郑”，《左传》则是详尽展开了“射王中肩”的经过。孙复跳脱三传阐释义理的行为据此可见一斑。

孙复在解释经文的时候喜欢将罪责归到诸侯身上，贬斥诸侯而维护天子的正当性，甚至对一些本来属于中性客观事物的解释也是如此。例如《春秋》中诸侯之间会盟事件本是基于客观实情而言之，然而孙复认为《春秋》载会盟之事，实是表达对此行为的厌恶。他说：“盟者，乱世之事，故圣王在上，阒无闻焉。斯盖周道凌迟，众心离贰，忠信殆绝，谲诈交作。于是列国相与，始有歃血要言之事尔。凡书‘盟’者，皆恶之也。”此可见孙复是从会盟现象产生的始因上予以分析，指出会盟在当时列国之间的普遍化归根结底是由周道衰落而世风日坏这个大时代背景造成的，而这个大时代背景就是《春秋》一书所厌恶和贬斥的。由此，客观的记载也就自然含载了价值的判断。孙复的这番解释完全超越了三传的范围，也反映出其把“尊王”之义发挥到何种高度。值得指出的是，孙复对自己治《春秋》的方式有着高度的自觉，他曾这样说：“专守王弼、韩康伯之说而求于《大易》，吾未见其能尽于《大易》者也。专守左氏、公羊、谷梁、何休、范宁之说而求于《春秋》，吾未见其能尽于《春秋》者也。专守毛苌、郑康成之说而求于《诗》，吾未见其能尽于《诗》者也。”由此可见，孙复在其最根本的治学态度上不专守一家学说而旁通博采的原则。

因为孙复的春秋学带有对现实政治的极强关切，由于其所处的年代正值宋初，此时中国刚刚结束五代乱局，孙复欲为宋王朝建立一套维护其大一统的政治哲学理论，所以在解读《春秋》时能不拘于三传之文，极言“尊王”之义。孙复的春秋学在宋代学者那里颇得尊重和肯定，欧阳修在《孙明复先生墓志铭》中曾作出过这样的评价：“先生治《春秋》，不惑传注，不为曲说以乱经。其言简易，明于诸侯大夫功罪，以考时之盛衰，而推见王道之治乱，得于经之本义为多。”朱熹对孙复《春秋》学中彰明大义、宏举正道的倾向高度赞赏，他说：“近时言《春秋》，皆是计较利害，大义却不曾见。如唐之陆淳、本朝孙明复之徒，他虽未能深于圣经，然观其推言治道，凛凛然可畏，终是得圣人个意思。”①孙复的这种标举“大义”而超越“利害”的解经进路，体现出了理学家的思想趋向。

孙复之后的另一位《春秋》学大家是刘敞。他著有十七卷的《春秋权衡》。《春秋权衡》顾名思义就是刘敞想为《春秋》的解读找到一个统一标准，以此来对三传中彼此相左的各种意见纷争给予裁断。这油然可以看到

① 黎靖德：《朱子语类》卷八十三《春秋》，中华书局1986年，第2174页。

一种是非自居的姿态，仍然反映出晚唐以来“舍传求经”的治学特征。刘敞批评以杜注《左传》中有很多“义例”并不能首尾一致、前后贯通，它们只能适用在很有限的范围内，无法覆盖全部经文。刘敞由此对《左传》中的每一个“例”都进行了细致的辨析，继而对《左传》中对各个义例概括总结而形成的“五十凡”，予以了全面地检省，通过条分缕析，找出了凡例中许多自相抵触的地方。刘敞对《公羊》和《谷梁》二传的批驳则主要体现在对其中怪论异说的反思上。例如，刘敞不满意《公羊》中的“张三世”之说，这个学说将人类的社会历史的发展进程分为据乱世、升平世和太平世三个阶段。刘敞认为，这是对《春秋》经文内涵的妄自发挥，致使经文被解经者赋予了太多主观随意性的东西，造成“无益于经而便于私学而已”。对于《谷梁》中发挥过当的地方，刘氏也毫不隐讳地指出。刘敞的《春秋》学虽对三传多具批评之辞，然而也并非摈弃废置三传不顾，而是“平三家之得失，然后集众说，断以己意”[①]。刘敞的此种做法也体现出了理学家不拘前说，勇于阐发义理的独立治学精神。

北宋中后期最重要的春秋学者当数程颐，程颐与其胞兄程颢俱为有宋一代卓著的理学家，程颢率先提出了“天理”的概念。他说：“吾学虽有所受，‘天理’二字却是自家体贴出来。”程颐接着说：“万物皆只是一个天理”“有理则有气”。相对于程颢来说，程颐对《春秋》所发表的议论较多，他著有《春秋传》。程颐认为，《春秋》中存有“百代不易之大法”，“所谓考诸三王而不谬，建诸天地而不悖，质诸鬼神而无疑，百世以俟圣人而不惑者也”。[②]在周道衰落之后，“圣人虑后世圣人不作，大道遂坠，故作此一书”[③]。在程颐看来，《春秋》集中承载了儒家的治国安民思想，也是儒家穷理尽性之学在治国、平天下层面上的延续和实现。为此，程颐曾告嘱过学者：“且先读

① 陈振孙：《直斋书录解题》卷三《春秋颂》，上海古籍出版社 1987 年，第 53 页。

② 程颢、程颐：《河南程氏文集》卷八《伊川先生文四》，《二程集》，中华书局 2004 年，第 583页。

③ 同上。

《论语》、《孟子》，更读一经，然后看《春秋》。先识得个义理，方可看《春秋》。”[①]此可见程颐对《春秋》中义理的看重。在对待经传关系的问题上，程颐更多是对三传采取怀疑的态度，当遇到经传不符的情况时，宁信经而不信传。他提出了“以传考经之事迹，以经别传之真伪”的办法，这就把判别真伪的最终权力交给了经文。

程颐将“理”这一哲学中的最高范畴引入《春秋》学中，将《春秋》这部书纳入他的理学思想范围。如此的话，《春秋》也就成了彰明“天理”之绝对权威和至上品格的《圣经》。例如，还是对众所周知的“桓五年，蔡人、卫人、陈人从王伐郑”这条经文，程颐的解释表现出理学家的面貌：

> 王夺郑伯政，郑伯不朝。王以诸侯伐郑，郑伯御之，战于繻葛，王卒大败。王师于诸侯不书败，诸侯不可敌王也；于夷狄不书战，夷狄不能抗王也。此理也。其敌其抗，王道之失也。[②]

程颐认为，《春秋》之所以不书王师之败，乃是因为诸侯于理不可以与王相敌，王师与夷狄交战不书“战”，乃是因为夷狄于理不应与王相抗。这里可以看到程颐将“尊王”的观念上升到了“理”的高度。在另外一条对“夏，天王使宰渠伯纠来聘”的解释中，程颐认为鲁桓公杀害鲁隐公而自立为国君，此时天子不出兵来讨伐，反而派其宰臣前去鲁国聘问以示对新君的承认与尊重，程颐说这种行为简直是“天理灭矣，人无道矣”。继而指出《春秋》记载此事发生之年只写了春与夏，而舍却了秋冬季节，说明是“人理既灭，天运乖矣；阴阳失序，岁功不能成矣，故不具四时”[③]。这都是反映《春

---

① 程颢、程颐：《河南程氏遗书》卷十五《伊川先生语一》，《二程集》，中华书局 2004 年，第 164 页。

② 同上，第 1104 页。

③ 同上，第 1103 页。

秋》在程颐那里被理学化的趋向。可以看到，在胡瑗、孙复、刘敞和程颐那里，北宋《春秋》学展示了其内在的理路，这个理路主要就表现在对晚唐以来“舍传求经”风气的全面继承，以及解经过程中的“理学趋向”。

第二节　洛学及“元祐学术”对《春秋》学的批评和对《春秋》的再造

因二程兄弟长期在洛阳讲学，故其所开创的学派也称为“洛学”。洛学就是以二程为首的新儒家思想，其核心内涵是将孕育自然世界的客观力量与维护封建传统社会的伦理纲常均拔擢到同一性质的“天理”高度，以揭示与确证统摄人类社会活动的最高准则。可以说，二程的思想代表着洛学的最高成就与最典型特征。二程将其理学思想移用到其《春秋》学的研究中，这样就对故往《春秋》学多有批评。程颐反对过去一些学者将《春秋》视作史书的看法，因为这些学者只知道《春秋》在“褒善贬恶而已”，却不知道其中深藏着“经世之大法”。对于显露无遗的大义则自不必说，而对那些“微辞隐义”“时措从宜”的大义则难以为一般人所窥知。而它们总能在《春秋》所记载的那些变化多端的历史境况中达到正确的尺度，成为后世千秋不易的处事准则。用程颐的话来说就是，“惟其微辞隐义、时措从宜者难为知也，或抑或纵、或予或夺、或进或退，或微或显，而得乎义理之安、文质之中、宽猛之宜、是非之公，乃制事之权衡，揆道之模范”[①]。

程颐认为，传统《春秋》学并未能明达洞晓“义理”，而他所欲做的就是去揭明和发扬这些隐含的义理。最为典型之处，如在对于《春秋》鲁哀公十五年中所记载的蒯聩出走卫国而返时，其子蒯辄拒而不纳的历史事件，程

① 程颢、程颐：《河南程氏遗书》卷十五《伊川先生语一》，《二程集》，中华书局2004年，第583页。

颐很不赞同公羊派对此事的解读。关于这段经文引发的争论来自西汉时期的一个著名事件。汉昭帝继位初年，有人自称是卫太子刘据，穿着黄衣黄帽，坐着黄犊车来到长安宫门之下，这在当时的朝臣那里引发了极大的疑惧。因为卫太子是汉武帝钦定的皇位继承人，其死于武帝晚年发生的"巫蛊之祸"中，如果卫太子尚在世，那么就会对汉昭帝皇位的合法性造成威胁和挑战。而当时的京兆尹隽不疑则用《春秋》中蒯聩出奔的事例安慰群臣，告诉他们即便是真的卫太子回来也不必害怕，因为《春秋》中记载过一个类似的事件，即卫国卫灵公时期的太子蒯聩因得罪了卫灵公夫人南子，而被其父逐出卫国。及至卫灵公去世后，卫国人拥立蒯聩之子蒯辄也就是卫灵公的嫡孙为新的卫君。后来蒯聩在得到晋国人的支持后希图返回卫国继承君位，这自然遭到了其子蒯辄的坚决抵制，并且遭到了蒯辄的发兵攻打。隽不疑指出蒯辄的这种行为被《春秋》的公羊学派所肯定，因为公羊学派理解的《春秋》之义应是"不以父命辞王父命"与"不以家事辞王事"。对于蒯辄来说，"王父命"就是卫灵公之命，"父命"则是蒯聩之命，王父之命与父之命产生矛盾抵触的时候，王父命是更高的权威。同样地，蒯辄兴兵拒父从而保住自己的君位，公羊认为这是"以王父命辞父命，是父之行乎子""以王事辞家事，是上之行乎下也"。用卫灵公之命凌驾蒯聩之命，这既意味着是用父亲的权威合理正当地施加于儿子之上，也意味着用君臣之间的国家之事正当地优先于父子之间的私家之事。程颐对公羊派的这段解读不以为然，自然也不赞同隽不疑在处置此事时对《春秋》经的理解。程颐说："蒯聩得罪于父，不得复立，辄亦不得背其父而不与其国。委于所可立，使不失先君之社稷而身从父，则义矣。"[①]此可见程颐与前代截然不同的理学家姿态。程颐认为，蒯聩固然因得罪卫灵公而不得复立君位，但是蒯辄也不应该兴兵拒父。蒯辄的正确处置方式是将国家让与给适

① 程颢、程颐：《程氏外传》卷九《春秋录拾遗》，中华书局2004年，第402页。

当的人选以守住先君的社稷，然后自己去跟随其父蒯辄一起生活。这显明无疑地体现了洛学将“义理”和“伦常”置于至高无上位置的态度，在程颐看来，所有形式的政治利害必须屈从于绝对的义理伦常，宋代理学家对人间道理的纯粹追求可见一斑。我们从程颐对《春秋》学的批评中也看到了他企图用“义理”对《春秋》学予以的再造。

洛学对传统《春秋》学的另一个批判之处针对的是那种过度深求与穿凿的俗儒治经之法，这种做法在程颐眼中是很不得要领的。他反对汉儒动辄对经文中的两三个字就做出几万言的注释解释，所以在他的《春秋》学中也展现出来一种平易解经的倾向。例如困扰了无数先儒的、让他们倾费了无数心思和笔墨的“春王正月”这条《春秋》经文，程颐的解释就非常简明与扼要：

> 棣问：“《春秋》书王如何？”曰：“圣人以王道作经，故书王。”范文甫问：“杜预以谓周王，如何？”曰：“圣人假周王以见意。”棣又问：“汉儒以为王加正月上，是正朔出于天子，如何？”曰：“此乃自然之理。不书春王正月，将如何书？此汉儒之惑也。”[①]

程颐在三言两语之间直抵问题与困惑的要害，他诉诸一些基本的义理为《春秋》的经文提供依据，在其解说的过程中显得非常平实与切要，超越了历来先儒在此处所陷入的种种重言复说，从而给人以一种提纲挈领、化繁为简和举重若轻的感觉。

事实上，程颐的这种解经方式也正是《春秋》之经文被“理学化”的反映。从某种程度上说，经文“理学化”的典型特征就是义理之学对考证之学的超越和取代，是用对思想观念的萃取和领会去统领烦琐知识的铺展和

---

① 程颢、程颐：《河南程氏遗书》卷二十二《伊川先生语八》，《二程集》，中华书局 2004 年，第 280 页。

考索。程颐在解读《春秋》时，会凭借认知事物的常理常情去推断经文背后的作者意图，表现出一种十分自然合理的解读进路，例如历代学者在解释《春秋》中“元年”的“元”时对这个字有很多种说法，这些说法不少都是对这个字的深度发挥和演绎，最典型的是大儒董仲舒。他在《春秋繁露》里解释《春秋》中“元年春王正月公即位”一句说：“《春秋》之道，以元之深正天之端，以天之端正王之政，以王之政正诸侯之即位，以诸侯之即位正竟内之治。五者俱正而化大行。”[①]可以看到，董仲舒从一个“元”字引申出了一系列有关统治正当性与合法性的层层相授问题，而这个“元”就是一切的开端，代表着宇宙的本原，赋予了“天之端”以正当性，而这个“天之端”，就是一年四季的开始——“春”。而程颐对此的解释就自然平易多了，他说：“元年，标始年耳，犹人家长子呼大郎。先儒穿凿，不可用。”[②]程颐这番比喻可谓一针见血，古人用特定字词去记载和标志事件发生的开端，这本来就是出自一种自然习常的思维和需要，其在考量上根本没有蕴藏那么多深文大义。程颐的平易解经比董仲舒的穿凿附会显然更有说服力。

北宋中期另外一支在《春秋》学上产生影响的学术派别就是宋哲宗元祐年间的学者，其中以苏轼和苏辙的《春秋》学最为闻名。苏轼的《春秋》学强调以礼为断，他把整部《春秋》视为圣人用“礼”去裁断善恶与评判是非的著作。而在如何解读《春秋》的问题上，苏轼主张通过经文的“辞气所向”而观知作者之意，他说：“《春秋》者，亦人之言而已，而人之言，亦观其辞气之所向而已矣。”这反映出以经验和常理去理解人们措辞背后的真实意图。苏轼非常重视《春秋》史实，他对三传都有批评，而犹对《公羊》《谷梁》二传有颇多不满，主要是因为它们多“迂诞奇怪之说”，尤以“《公羊》为多”[③]。而这种奇谈怪论最典型的就是“黜周王鲁”的那套学说与各种“谶纬之书”，这

① 董仲舒：《春秋繁露》卷六《二端》，上海书店 2012 年，第 140 页。

② 程颢、程颐：《河南程氏外书》卷九《春秋录拾遗》，《二程集》，中华书局 2004 年，第 401页。

③ 苏轼：《苏轼文集》卷三《论》，中华书局 1986 年，第 76 页。

些东西皆源自《公羊》家派。苏轼反对传统《春秋》学留下来的那套用“义例”之法去解经，他说：“夫以例而求《春秋》者，乃愚儒之事也。”[①]这里所谓的“愚儒”，显然指的是《公羊》《谷梁》二传，因为《左传》解经是不讲求义例的。苏轼非常推崇《左传》的价值，因为以苏轼看来，其他二传皆罕能领会到《春秋》之“妙用”，它们的共同问题是“多求之绳约中，乃近法家者流。苛细缴绕，竟亦何用”[②]。这是说《公羊》《谷梁》二传在解经过程中皆自缚于各种琐碎繁复的僵化条文之中，使自己的研究如同法家学者一样苛责细求。唯有《左传》最能得圣人之意，最能得《春秋》之“妙用”。他说：“惟丘明识其用，然不肯尽谈，微见端兆，欲使学者自得之，未可轻论也。”可以看到，苏轼认为左丘明解《春秋》时是不肯把话都谈明说尽的，只是让各种道理在史实中微见端倪，以便使学者自己去领会和把握而不轻易去断下结论。

苏辙著有《春秋集解》十二卷，苏辙治《春秋》的趣尚与苏轼略同，也是重视《春秋》的历史价值。在《春秋集解》的序言部分，苏辙表明了这样的一个基本的看法，即他认为左丘明是鲁国的史官，孔子的《春秋》原本来自鲁史则是自然之道，但是仅仅靠《左传》还不能全然洞明孔子在《春秋》中的褒贬和取舍态度，所以还需要参酌《公羊》《谷梁》二传，以及啖助、赵匡等人的思想。苏辙对三传的态度与其兄一样也是趋向于《左传》的：

> 凡《春秋》之事当从史。左氏史也，公羊、谷梁皆意之也。盖孔子之作《春秋》，事亦略矣，非以为史也，有待乎史而足矣。以意传《春秋》而不信史，失孔子意矣。[③]

---

① 苏轼：《苏轼文集》卷三《论》，中华书局 1986 年，第 76 页。

② 苏轼：《苏轼文集》卷五十三《与张嘉父七首》，中华书局 1986 年，第 1564 页。

③ 杨观、陈默、刘芳池：《苏辙资料汇编》，中华书局 2018 年，第 208 页。

苏辙认为,《春秋》中所载之事都是有切实的史料来源和根据的,《左传》就是在提供这种来源和根据。而《公羊》《谷梁》二传则并不依据也不提供史料,它们只是对《春秋》中的文字作出推测和意解,孔子作《春秋》之所以在叙事上极为简略,是因为圣人起初并无意于去撰写一部"史书",而是意图去创作一部"经书"。但书中的种种经义唯有依托于史料才能被彰显和理解。所以学者凭空地去意解和推测《春秋》,这有违于孔子作《春秋》的意图。苏辙批评《公羊》《谷梁》二传的种种"书法"与"义例",指责它们之中的穿凿附会。而最典型的是对二传以"日月时例"解经的基本否认。他说:"春秋以事系日,以日系月,以月系时,以时系年。事成于日者日,成于月者月,成于时者时,不然皆失之也。"[①]在苏辙看来,《春秋》对任何一件大事其发生时间的记载都是根据实际的事态情况,该用日计的地方就用日,例如各种重要人物的死亡与丧葬、国家的郊庙祭祀大典;该用月计的地方就用月,例如所出现的各种灾害、国家征伐中的胜负成败。这就是任何时代人们记事的自然做法和经验。这样的话,《春秋》记事一旦未遵守这种自然之道,则一定是缺乏史料造成的,这背后并未蕴含着什么深文大义。如此一来也就消除掉了二传借由"日月时例"而做的过度解释和穿凿文章。这个思想在后来的朱熹那里表现得更为彻底,朱熹非常反感"日月时例"这套东西,他说:"或有解《春秋》者专以日月为褒贬,书时、月则以为贬,书日则以为褒,穿凿得全无义理。"[②]

我们可以看到,洛学与元祐学术皆对《春秋》学展开了批判,以及对《春秋》学在各自批判的基础上进行重建。它们的共同之处就是都具有超越三传、直求经义的倾向。它们都反对故往《春秋》学遗留下来的各种牵强附会的解释,主张以平易自然的常识思维方式去解读《春秋》,减少对经文的曲解和附会。从某种意义上说,宋代中期《春秋》学的这种转向深刻地反

① 苏辙:《春秋集解》卷一,中华书局1985年影印丛书集成初编本,第2页。

② 黎靖德:《朱子语类》卷八十三《春秋》,中华书局1986年,第2146页。

映了宋人的理智能力的显著发展和进步，他们或诉诸“义理”，或诉诸“经验”，形成了一套卓然自信的解释《春秋》的原则和方法，破除了过去《春秋》学中的种种附会穿凿与奇谈怪论。他们的学术贡献就在于此。

第三节　历史哲学视阈中的北宋《春秋》学

《春秋》经文蕴含着圣人褒贬予夺之义法，为后世千秋百代之政治人伦纲常而垂法立则。因为《春秋》之义隐含在历史叙事之中，故在叙事中通过特定手法彰显是非善恶之道就成了《春秋》经的典型特征，这种融合了历史叙事与价值判断的著述特征就成为《春秋》的精神。《春秋》精神对北宋史学有着深远的影响，许多北宋史学家的史著都显现了仿效《春秋》而作的明显痕迹。这就包括了尹洙的《五代春秋》、欧阳修的《新五代史》、司马光的《资治通鉴》这样的著名史作。《春秋》对北宋史学的影响实质上也反映了宋人历史哲学视阈下的《春秋》学状况，两者是同一事物的两种面向。宋代史学家在仿效《春秋》而著史的过程中，自然不可避免地要赋予《春秋》以一种历史的功能和视阈，以此来指引史料的编纂。

尹洙所作的《五代春秋》就借鉴了《春秋》的体例和义法，将从后梁至后周五代的历史，以极为简省的文字写入编年史中，其中还包含了与五代同时期的十国的兴亡大事，从其书名及记事之方式来说，就是在摹仿《春秋》那种简质的文风。欧阳修撰《新五代史》和《新唐书》亦明显仿效《春秋》，在苏辙为其撰写的《欧阳文忠公神道碑》中有这样的评价：“（欧阳修）尝奉诏撰《唐本纪·表·志》，撰《五代史》，二书《本纪》法严而词约，多取《春秋》遗意。”[①]《新唐书》帝王本纪部分仿效了《春秋》用笔简净的风格，此部

① 欧阳修：《欧阳修全集》附录卷三，中华书局 2001 年，第 2713 页。

分原来在《旧唐书》里约占三十万字，而到《新唐书》那里被缩减至九万余字，但这也造成了史实不详、晦涩难明的结果。另外，《新唐书》也效法了《春秋》深寓褒贬的春秋笔法，实质上，欧阳修当初建议重修唐史的原因就在于《旧唐书》乃五代乱世所作，其王纲不振而劝善惩恶之义不明，他在为曾公亮作的《进新修唐书表》中说："衰世之士气力卑弱，言浅意陋，不足以起其文。而使明君贤臣隽功伟烈，与夫昏虐贼乱祸根罪首，皆不足暴其善恶，以动人耳目。诚不可以垂劝戒，示久远，甚可叹也。"[①]欧阳修意在通过具体文字措辞上的考究而传达褒贬善恶之义。例如，安禄山派其部将攻占长安，当时安禄山身处洛阳，并没有进据长安。而《新唐书》却记作"禄山险京师"，这是为了凸显祸首之姓名以扬其恶。但是如此的话就和真实的史实不相符合。《新唐书》中这样的例子有很多。此都反映出《春秋》学在北宋学者的历史视阈下所起到的影响。

历史视阈下的北宋《春秋》学的另一种表现是对"舍传求经"学风的矫正。自从晚唐啖、赵师徒开创"舍传求经"的治经新学风以来，北宋初年的《春秋》学者受其影响而踵随其后，对《春秋》经文中可能隐含和潜藏着的各种义理加以推衍和发挥，以提升《春秋》的主旨。这种学风造成了这样一个现象，即许多学者不再严肃地去对待《春秋》一书的史书性质，而只是径直去阐发其中的义理，其中最为典型的有前文所提到的孙复。时至北宋中期，此种学风开始发生一些转变，这主要体现在苏辙的《春秋集解》中。苏辙对当时治《春秋》者多尽弃三传而不复信史实的做法颇不以为然。在《春秋集解》的序言中苏辙云："予少而治《春秋》，时人多师孙明复，谓孔子作《春秋》略尽一时之事，不复信史，故尽弃三传，无所复取。"在苏辙看来，左丘明是鲁国的史官，其《左传》中所记之事乃是孔子《春秋》经文所本，而不研读《左传》就去理解《春秋》中的圣人之意几乎是不可能的。所以研治《春

---

① 欧阳修：《欧阳修全集》卷九十一《进新修唐书表》，中华书局2001年，第1341页。

秋》断不可以脱离开《左传》这部历史性的著作。苏辙重视《左传》通过历史叙事来解《春秋》经的方式。他说:“凡《春秋》之事当从史,《左氏》,史也。《公羊》《谷梁》,皆意之也。盖孔子之作《春秋》,事亦略矣,非以为史也,有待乎史而后足也。以意传《春秋》而不信史,失孔子之意矣。”[①]苏辙此处认为,孔子著《春秋》的目的不在于撰述历史,但唯有凭借对历史的悉知才可能真正掌握《春秋》大经。后世学者凭自己之意而去解读《春秋》的做法,违背了圣人孔子之本意。苏辙此论也就是深得苏洵“经不得史,无以证其褒贬”之意。而这与以孙复为代表的离开传文、以己意治经路数判然有别。

苏辙的这种论调实质上反映出了在历史哲学视阈之下的《春秋》学状况,而这一论调也展现了与前儒不同的立场。他既有别于孙复那种舍传求经、摈弃史实的学风,也不同于杜预独尊《左传》而力排《公羊》《谷梁》二传的做法。苏辙采用的治经进路是,一方面去深入探析和还原经文背后所依据的史实,这是他的立足点;另一方面又从史实中发掘出隐含的褒贬之义,而这是他的最终目的。应能看到,苏辙的《春秋》学带着明显的“以史通经”的特点。举例而言,在解读鲁僖公十五年“晋秦韩之战”这条《春秋》经文的时候,苏辙云:“晋侯之入,秦伯之力也,既入而背其赂。晋饥,秦输之粟,秦饥,晋闭之籴,故秦伯伐晋,曲在晋也。”[②]苏辙此处是将鲁僖公十五年发生的秦晋交战背后的来龙去脉考察清楚,指出晋国曾数次受秦国之恩,但却在秦国遭难之际袖手旁观,故其“曲在晋也”。可见,苏辙乃是根据真实史实去言理断事、评判曲直。而对像“书法”那样的问题,苏辙亦是援引《左传》之文加以佐证。如他说:“诸侯之获,皆言以归。书获晋侯而不言以归,罪之也。”这就是承前文“曲在晋侯”这一史实而对某一书法所作出的论判。

① 杨观、陈默、刘芳池:《苏辙资料汇编》,中华书局2018年,第108页。

② 吕本中:《春秋集解》卷十《僖公·十五年》,中华书局2019年,第314页。

为了还原真实的历史面貌，苏辙就必须区分清楚《春秋》之文中哪些是鲁史的旧文，哪些是仲尼的笔迹。因为《春秋》虽源自“史”，但毕竟是经过孔子删述而成的“经”。鲁国史官有着其自己的记事传统，这与孔子寓意褒贬的笔削之法形成对照，构成了《春秋》的主体内容。这种将《春秋》的内容区分成两部分的看法在后来元代的春秋学家赵汸那里被推到极为精致的程度。苏辙这里先明确的是鲁史的记事之法，他说：“凡诸侯之事，告则书，不然则否。虽及灭国，灭不告败，胜不告克，不书于策。《公羊》、《谷梁》以为诸侯之事尽于《春秋》也，而事为之说，则过矣。”[①]苏辙指出了鲁国史官自己所遵循的一套记载其他诸侯国之事的惯例，即如果他国有赴告相告知则将其记录下来，如果没有赴告，即便发生了亡国灭种的大事，也不书于史册。这样就避免了《公羊》《谷梁》二传中的许多臆测和揣度。这些臆测和揣度是因为不知鲁史旧文自有其“不告则不书”之义，遂对经文记事中的很多取舍之法不了解而产生的。

以上两个大的维度便是历史视阈下北宋《春秋》学的基本面貌，一个是《春秋》义法对北宋史学的重要影响，一个是《春秋》一书自身史书性质的重新发现和回归。

① 吕本中:《春秋集解》卷一《隐公·元年》，中华书局 2019 年，第 22 页。

第五章 “尊王讨贼”要旨与南宋《春秋》学的特色

第一节 胡安国《春秋》学的理论原则和时代关切

胡安国是南宋以来最早的治《春秋》学的名家，他出生于北宋宋神宗年间，是一位刚正不阿、直言敢谏、不趋权贵的大臣。他曾反对王安石变法，宋徽宗时期因不谄谀蔡京被挤出朝廷。靖康之难后，他为宋高宗提出了一系列建国定邦、整治时局的建议，并有着强烈的驱除金人、恢复中原的夙愿。胡安国治《春秋》学逾三十年，著有《春秋传》一书。他在该书的序言中开宗明义地说：“古者列国皆有史官，掌记时事。《春秋》，鲁史尔，仲尼就加笔削，乃史外传心之要典。”胡安国所称的“传心”是典型宋代理学家们的术语。二程将《尚书·大禹谟》中的“人心惟危，道心惟微，惟精惟一，允执厥中”这段话奉为圣贤相续的十六字传心之法。程颐将“心”区分为“人心”与“道心”两种截然相反和对峙的状态，他说：“人心私欲，故危殆；道心天理,故精微。灭私欲则天理明矣。”[①]人心中充斥和裹挟着各种私欲,这就是人心危险的原因;而道心里面则纯乎是澄粹的天理,这是道心精深微妙的原因,只有去除人心中的私欲才能彰显道心之中的天理。这样我们可以看到,胡安国将整部《春秋》视为“传心之要典”,并且此书之目的乃是“遏人欲于横流,存天理于既灭”[②]。胡安国的这种总结带有着鲜明和强烈的理学家姿态与立场。

贯穿胡安国《春秋传》的一个根本精神就是“天理”和“人欲”的悬殊差别和截然对立,这可以说是主宰《春秋传》这本书的一个中心理论原则,胡安国对《春秋》经文中各种事件的分析和评判皆恪守这个原则。例如对“郑伯克段于鄢”这一事件,胡安国认为郑庄公本“志杀其弟”,在除掉了其弟共叔段的威胁之后自以为自己的江山可以太平无事了,谁知在郑庄公死后未及两个月,他的嫡子与庶子之间就开始了争国夺权,造成郑国兵戈不息、动荡不安。胡安国指出:“有国者,所以必循天理而不可以私欲灭之也,庄公之事可以为永鉴矣。”[③]胡氏认为,郑庄公本出于一己私欲而对其弟遂采用欲擒故纵之计,但这实际上就留下了一个非常恶劣的典范,造成其子之间后来也为争权夺利而手足相残。而“乱之生也,皆起于一念之不善”[④]。这一念之不善就是“私欲”的表现,所以国君在位,其心中须遵循“天理”,方可安邦守国。另一位南宋理学家吕祖谦曾评价郑庄公的心性问题说:“吾尝反复考之,然后知庄公之心,天下之至险也。”[⑤]应该知道,理学家论定是非重于洞察人的心性和动机,心中的“私欲”无时不处于“天理”的审视之中。

---

① 程颢、程颐:《河南程氏遗书》卷二十四《伊川先生语十》,《二程集》,中华书局2004年,第312页。

② 胡安国:《春秋传》卷五《桓公中》,岳麓书社2011年,第53页。

③ 胡安国:《春秋传》卷六《桓公下》,岳麓书社2011年,第62页。

④ 同上。

⑤ 吕祖谦:《左氏博议》卷一《郑庄公共叔段》,浙江古籍出版社2017年,第3页。

胡安国凸显“遏人欲于横流，存天理于既灭”之理论原则的另一个比较鲜明的例子，是其对《春秋》经文中鲁庄公九年发生的“公及齐大夫盟于既”的解释。胡安国认为，《春秋》记载的鲁庄公与齐国结盟这件事，实含有讥刺之意。这是因为鲁庄公的父亲鲁桓公正是被齐国人杀害的，而鲁庄公不计父怨而反亲仇家，这种行为违反了人伦、损害了天理。胡安国说：“德有轻重，怨有深浅。怨莫甚乎父母之仇，而德莫重乎安定其国家，而图其后嗣也。有父之仇而不知怨，则人伦废、天理灭矣。然如之何？以直报怨，以德报德。”[①]可以看出，这段议论的言外之意同时也在抨击鲁庄公实出于自己的政治私欲而损害了纲常天理，这是一种充斥利害和欲望的“以德报怨”行为。可以说在对经文的解读中，整部《春秋传》都充满着批判私欲、弘扬天理的意图，胡安国明确地指出：“《春秋》合于人心而定罪，圣人顺于天理而用刑。”[②]在胡氏看来，《春秋》正是根据对人心之私欲和天理之公明的审查去定罪与用刑。赵伯雄先生这样评价胡安国的《春秋传》：“他把《春秋》之所褒、所与、所善，都说成是天理之所存；而把《春秋》之所贬、所不与、所恶，都说成是本当抑绝的人欲。这样一来，就把《春秋》纳入了理学的体系。宋儒普遍强调纲常名教，普遍重视心性修养，这些也都在天理与人欲的冲突中得到了凸显。”[③]

胡安国对当时南宋国家时局有着强烈的关切，所以他的《春秋》学体现着极强的拯时济世之目的。而在胡安国所身处的时代，当时天下最大的现实问题就是国家存亡与民族矛盾。胡氏自身就是一位态度坚决的主战派，力谏南宋朝廷挥师北进而收复失地故土。所以胡氏《春秋传》中自然就流溢着极强的“尊王讨贼”的观念。在解读哀公十三年“公会晋侯及吴子于黄池”这条经文时，胡安国引申出了中国对待夷狄之国的正确态度，并说：

① 胡安国：《春秋传》卷八《庄公中》，岳麓书社 2011 年，第 86 页。

② 胡安国：《春秋传》卷二十《成公下》，岳麓书社 2011 年，第 264 页。

③ 赵伯雄：《春秋学史》，山东教育出版社 2004 年，第 508 页。

汉宣帝待单于位在诸侯王上，萧傅之议非矣；唐高祖称臣于突厥，倚以为助，刘文静之策失矣。况于以父事之如石晋者将欲保国而免其侵暴，可乎？或曰：苟不为此，至于亡国，则如之何？曰：存亡者，天也；得失者，人也；不可逆者，理也。以人胜天，则事有在我者矣。必若颠倒冠履而得天下，其能一朝居乎？故《春秋》拨乱反正之书，不可以废焉者也。①

这段文字提到了三个古代中原王朝皇帝事奉夷狄的失策逆理之举，分别是汉宣帝以高于诸侯王的待遇优待匈奴、唐高祖晋阳起兵时向突厥借兵，以及后晋石敬瑭做契丹主耶律德光的儿皇帝的事情。这几件事情在当时或许都出于汉族皇帝不得已的权宜之计，但是在胡安国看来，这是“颠倒冠履”而逆理背天的行为，它们违反了《春秋》之大义。胡氏此论源自深刻的现实时局，当时北宋已亡而南宋初建，朝廷中的很多人畏惧金人的威势，同时这些人的心中也多少贪图着安稳与富贵，所以产生了向金人求和纳贡、俯首称臣，从而偏安一隅的想法。胡安国实有感于山河破碎与国事日非，遂在他的《春秋传》中表现了强烈的“华夷之辨”的思想。

除了突出“华夷之辨”思想之外，胡氏的现实关切还体现在他关于《春秋》“复仇”思想的高扬上。仍然以鲁庄公忘杀父之仇而与齐国结盟为例。胡氏说：

庄公忘亲释怨，无志于复仇，《春秋》深加贬绝，一书再书又再书，屡书而不讳者，以谓三纲，人道所由立也，忘父子之恩，绝君臣之义，国人习而不察，将以是为常事，则亦不知有君之尊、有父之亲矣。庄公行之不疑，大臣顺之而不谏，百姓安之而无愤疾之心也，则人欲必肆，

① 胡安国：《春秋传》卷三十《哀公下》，岳麓书社2011年，第387页。

天理必灭。①

《春秋》之所以贬斥鲁庄公的行径，就是为了提振人间的纲常，鲁庄公有杀父之仇不去报，反而以仇为亲，这泯灭了父子之恩与君臣之义。而在胡安国看来，如果整个国家从君王到百姓都对此伤天害理之事表现得习以为常与苟且曲容，那么人的私欲必然就会滋长，而天理也终究会走向消亡。胡安国在这里把问题看得十分通透，他洞察到"有仇不报"事态背后所深藏的根本原因，即人心私欲的膨胀，而这也正是胡氏所处时局的真实写照。胡安国如此强调《春秋》的"复仇"之义，是希望宋高宗不要遗忘父亲与兄长被金人掳走的国仇家恨，不要为了保全自己的权势和富贵而放弃了天理伦常。殷切劝谏高宗以恢复为己任，重拾河山而中兴宋室。此可以看出胡安国精研《春秋》始终怀抱着对现实的深度关切和忧虑。他始终用"从天理而不屈人欲"的基本原则去观照现实的政治时局，希望从春秋大义中找到有裨于现实的精神宗旨。《四库全书总目提要》这样评价胡安国的《春秋传》："其书作于南渡之后，故感激时事，往往皆《春秋》以寓意，不必一悉合于经旨。"②这个评价可谓是一语中的。

第二节 南宋儒者对《春秋》的政治解读及理学倾向

胡安国以后，南宋最名高一代的《春秋》学者就是朱熹了，朱熹没有形成专门的《春秋》学著作，他关于《春秋》的许多洞见皆分散在他的语录作品之中。朱熹的《春秋》学是他那整个庞大哲学思想系统的一部分，我们如

① 胡安国：《春秋传》卷十《闵公》，岳麓书社 2011 年，第 117 页。

② 胡安国：《春秋传》前言，岳麓书社 2011 年，第 3 页。

今从他所形成的那些有关《春秋》问题的各种见解和判断中可以感知其很强的源自精致理辨与丰富经验的立论说服力。朱熹治《春秋》带着一股居高临下、洞察古今的智识自信，在面对前儒治《春秋》所留下的那些穿凿附会、务作深求的文字时，对它们给予毫无隐晦的驳斥。例如他非常反感先代《春秋》学那套圣人有“义例”与“一字褒贬”的说法，认为《春秋》本是一部史书，是圣人取鲁国史料而编成，是为了记录二三百年的历史，里面并没有那么多被后儒附会的深玄难测的各种例法。他说；“春秋大旨，其可见者：诛乱臣，讨贼子，内中国，外夷狄，贵王贱伯而已。未必如先儒所言，字字有义也。想孔子当时只是要备二三百年之事，故取史文写在这里，何尝云某事用某法？某事用某例邪？”[①]朱熹反对先儒念兹在兹的各种“一字褒贬”之说，他说：“《春秋》之书，且据左氏。当时天下大乱，圣人且据实而书之，其是非得失，付诸后世公论，盖有言外之意。若必一字一词之间求褒贬所在，窃恐不然。”[②]以朱熹之见，孔子当时是身临天下之大乱，由此据实情而作《春秋》。至于其中那些关乎是非善恶的价值观念，都蕴含在叙事性的文字之外，交付后世去论定。本意在撰写历史的孔子不可能在叙事性的每个文字都藏褒贬的态度。再如他对公羊派那套用“日月时例”隐含褒贬之义的说法也相当不屑，斥之为“穿凿得全无义理”[③]。从这些方面可以看出，朱熹是一位极富有独立判断和深度洞鉴力的思想大家，不是传统那类因循守旧、唯古是从的俗儒。

朱熹解读《春秋》，表现出了纯粹理学家的政治立场。他比较相信《左传》对史实部分的记载，但却对《左传》中的许多政治观点和价值判断深以为病。他说：“左氏之病，是以成败论是非，而不本于义理之正。尝谓左氏是

① 黎靖德:《朱子语类》卷八十三《春秋》，中华书局1986年，第2144页。

② 同上，第2149页。

③ 同上，第2146页。

个猾头熟事、趋炎附势之人。”[①]他又说：“左氏有一个大病，是他好以成败论人，遇他做得好时，便说他好；做得不好时，便说他不是。却都不折之以理之是非，这是他大病。”[②]他还说：“人若读得《左传》熟，直是会趋利避害，然事件利害，如何被人趋避了。君子只看道理合如何，可则行，不可则止，祸福自有天命……仲舒云：‘仁人正其谊不谋其利，明其道不计其功。’一部《左传》无此一句。”[③]从朱熹这些言论可以看出，他明确地反对《左传》中那些表露或者鼓吹唯成败论事的价值观念，这使得整部《左传》在评价人物的政治活动时，充斥着全以“利害”与“结果”为中心的考量方式，失去了道义和天理上的制约。例如《左传》在评价宣公二年的“晋赵盾弑其君夷皋”这条经文时，称赞赵盾是一代良大夫和贤臣，为他因庇护和赦免赵穿弑杀晋灵公的行为而自己背上弑君的历史恶名而感到惋惜，并引用了孔子“惜哉，越境乃免”之语来支持此看法。朱熹义正词严地指出，左氏此论“见识甚卑”，左氏如此解读《春秋》属于“专是回避占便宜者得计”，这根本不是孔圣的意思。孔子“作《春秋》而乱臣贼子惧”，岂还能反而去为赵盾解脱罪行？此可见朱熹在“尊王”这件事上所抱持的极为严格的道义论政治立场，他完全不以成败论人和论事。再如一例，在评价宋宣公传国与其弟而不与其子的历史事件时，《左传》这样写道：“宋宣公可谓知人矣。立穆公，其子飨之，命以义夫。”依左氏之见，宋宣公选贤任能，传位其弟而立为宋穆公，宋穆公感于其兄之德，最终在其去世后又将君位传回给了宋宣公之子。左氏认为这是因为宋宣公的遗命出于道义，所以最后还是由其子来享国。朱熹大不以为然，批评《左传》这是从利害得失的角度看问题，从结果来推行为的正当性。宋宣公不传其子而传其弟，这本就是破坏了君位继承的规矩和义理，左氏从宋宣公之子仍能得位享国这一结果来称赞宋宣

① 黎靖德：《朱子语类》卷八十三《春秋》，中华书局 1986 年，第 2149 页。

② 同上，第 2160 页。

③ 同上，第 2150 页。

公“命以义夫”，这是典型“只知有利害，不知有义理”的表现。由此两例，朱熹解读《春秋》时所带的那种理学家的政治立场和姿态跃然而出。

朱熹治《春秋》非常强调“王道”与“霸道”之间的根本区别，这一点直接关系义利之辨。在当时，不少读书人在做科举文章时常谈论和比较齐国与晋国霸业之间的优劣，此甚为朱熹所不满。他说：“《春秋》本是明道正谊之书，今人只较齐晋伯业优劣，反成谋利，大义都晦了。”[①]齐、晋两国所开创的霸业多含有权谋诡诈之术，其君主之心地并不光明，而气象格局也非远大，其行为宗旨皆实为谋利，因此远非圣人所倡的王道之业。朱熹由是感慨：“今之治春秋者，都只将许多权谋变诈为说，气象局促，不识圣人之意，不论王道之得失，而言伯业之盛衰，失其旨远矣。”实质上，政治上“正谊”与“谋利”的关系反映在哲学上就是“天理”与“人欲”的关系。天理要求正谊，其涉及政治就是要遵守君臣之义而实行王道；人欲驱使着谋利，其涉及政治就是僭越臣职而称霸一方。当这种朱熹《春秋》学中的一个核心政治立场就是“尊王贱伯”，他说：“正谊不谋利，明道不计功；尊王，贱伯；内诸夏，外夷狄，此春秋之大旨，不可不知也。”[②]“尊王贱伯”理念的本质就是尊王道而贱霸道。

朱熹《春秋》学中另一个关及政治的内容就是其“攘夷”的思想。自南宋秦桧主政以来，朝廷打击主战派，杀害抗金名将岳飞而与金人定下绍兴和议。于是朝廷上下充满着主和屈降的气息氛围，“华夷之辨”的观念遂成为一种忌讳。朱熹曾这样评价这种情况：“《春秋》固是尊诸夏，外夷狄……自秦桧和戎以后，士人讳言内外，而《春秋》大义晦矣。”[③]朱熹在政治上属于主战派，希望朝廷能驱除金人而恢复故国，这种立场自然也就体现在他的《春秋》学中。例如在解读宣公十五年“公孙归父会楚子于宋。夏五月，宋

① 黎靖德：《朱子语类》卷八十三《春秋》，中华书局 1986 年，第 2173 页。

② 同上，第 2173 页。

③ 同上，第 2175 页。

人及楚人平”这条经文时，朱熹就认为经文中之所以会有谴责宋国之意，是因为在代表中原正统文化的晋国与边远蛮夷的楚国相互争霸之时，宋国夹在两大国之间，其未能抵挡住来自楚国的攻势，于是转而私下与楚国议和。另外，还有一个夹在晋、楚两霸之间的郑国，则甚至直接背离了晋国而投向了楚国。朱熹认为，宋、郑二国的行为其实是背叛了中国而屈服于夷狄。他说：“春秋之责宋郑，正以其叛中国而从夷狄尔。”[①]

与朱熹交从甚密、志趣相合的另一位南宋《春秋》学名家是吕祖谦，他和朱熹曾共同编订了汇聚宋代理学家思想之精华的皇皇伟著《近思录》。吕祖谦在《春秋》学上的最显赫之作就是他的二十五卷本的《左氏博议》，这部书以《春秋》中的大事件为标题形成了一百六十八篇单独的议论性文章，展现了很强的思想见地。与朱熹一样，吕祖谦对《春秋》的政治解读依然是讲求君臣之分的。在对周郑交恶的历史进行点评时，吕祖谦作如是云：

天子之视诸侯，犹诸侯之视大夫也。季氏之于鲁如二君矣。而世不并称之曰鲁季。季氏，鲁国之权臣。陈氏之于齐如二君矣，而世不并称之曰齐陈，陈，敬仲之后。盖季氏虽强，犹鲁之季氏也，陈氏虽强，犹齐之陈氏也。乌可君臣并称而乱其分乎。周，天子也，郑，诸侯也，左氏序平王庄公之事，始以为周郑交质，终以为周郑交恶。并称周郑无尊卑之辨，不责郑之叛周，而责周之欺郑，左氏之罪亦大矣。[②]

吕祖谦指出，天子之于诸侯就如同诸侯之于大夫一样，有着严明的尊卑等级。即便是季孙氏和田氏这样的大夫在鲁国和齐国的地位已强势到无异于君主，也不能将国家之号与大夫之姓并称，这是君臣之分使然。《左传》

① 黎靖德：《朱子语类》卷八十三《春秋》，中华书局1986年，第2167页。

② 吕祖谦：《左氏博议》卷一《周郑交恶》，浙江古籍出版社2017年，第7页。

在写周、郑交换人质和周郑最终关系破裂的历史事件时，却将周朝与郑国并称，这是违反了君臣之间的尊卑秩序。更有甚者，《左传》不仅不谴责郑国背叛周室，反而认为是周朝欺凌郑国，《左传》这是犯了乱君臣之分的大罪。此段议论可见吕祖谦的“尊王”观念何等之强。

吕祖谦在其《春秋》学中也注入了强烈的理学思想。他曾说：“学者当深观《春秋》，以察天理人欲之辨。”[①]典型的如其在评价郑庄公囚禁其母姜氏这段历史时说：

> 子之于父母，天也。虽天下之大恶，其天未尝不存也。庄公怒其弟而上及其母，囚之城颍，绝灭天理，居之不疑。观其黄泉之盟终其身而无可移之理矣。居无几何而遽悔焉，是悔也，果安从而生哉，盖庄公自绝天理，天理不绝庄公。一朝之忿，赫然勃然，若可以胜天然。忿戾之时，天理初无一朝之损也。特暂为血气所蔽耳，血气之忿，犹沟浍焉，朝而盈夕而涸，而天理则与乾坤周流而不息也。忿心稍衰爱亲之念油然自还而不能已。

这里吕祖谦反复用“天理”来说明姜氏与郑庄公之间的母子关系是永远无法消亡泯灭的，即便郑庄公出于其弟的原因而一时迁怒于其母，并说出“不及黄泉无相见也”的决绝之辞，但最终还是天理之情无法割舍，郑庄公凿地及至黄泉之水与其母相见。此可谓“庄公自绝天理，天理不绝庄公”。

张洽是南宋中期的一位较有名的学者，著有《春秋集注》《春秋集传》。他的《春秋》学受到理学思想的影响亦表现出捍卫天理的决然态度。如在解释桓公元年“春王正月，公即位”这条经文时，张洽在《春秋集注》中云：“《春秋》书王所以统诸侯，正天下也。桓公弑君自立，故自三年以后不书

① 吕祖谦：《别集》卷十三《无骇帅师入极》，《东莱吕太史集》，浙江古籍出版社2017年，第510页。

王。元年书王，以天道王法正桓公之罪。盖桓公虽无王，而天理未尝亡。此元年所以书王正月也。”[①]这里谈到的是鲁桓公弑君自立的事，张洽认为《春秋》之所以要在桓公元年书“王”字，意在表明天下的正统所在，体现出天道王法对桓公之罪的揭示。而桓公三年以后不再书“王”，是因为桓公弑君之举彻底违逆王道。最后张洽指出，“盖桓公虽无王，而天理未尝亡”。元年书“王”就是要宣告天下天理未亡。以上所举诸家皆反映了南宋儒者对《春秋》的政治解读及理学倾向。

第三节　政治哲学视阈中的南宋《春秋》学

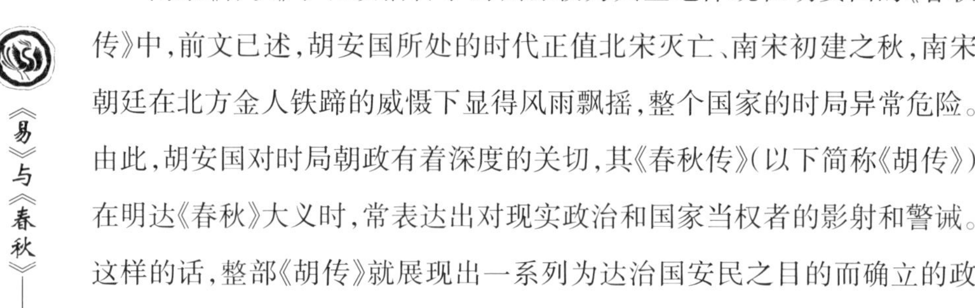

南宋《春秋》学和政治哲学的渊源较为典型地体现在胡安国的《春秋传》中，前文已述，胡安国所处的时代正值北宋灭亡、南宋初建之秋，南宋朝廷在北方金人铁蹄的威慑下显得风雨飘摇，整个国家的时局异常危险。由此，胡安国对时局朝政有着深度的关切，其《春秋传》(以下简称《胡传》)在明达《春秋》大义时，常表达出对现实政治和国家当权者的影射和警诫。这样的话，整部《胡传》就展现出一系列为达治国安民之目的而确立的政治哲学观念，因而具有极强的政治哲学意味。这些观念根植于中国古老的政治道德传统，却闪耀着极强的现实意义。

自靖康二年金人南下攻破北宋都城汴京，掳走徽、钦二位皇帝及宋朝大量宗室成员，北宋宣告灭亡，宋徽宗第九子赵构南渡至商丘建立南宋政权。自南宋政权建立之始就一直处于和金人的战争对峙中，整个局势动荡不安。对于当时南宋当权者来说，最紧要的事情就是确保南渡的政权可以

① 张洽：《张氏春秋集注》卷二，《景印文渊阁四库全书》第156册，台湾商务印书馆1986年影印本，第19页。

稳固下来，然后图以恢复故土。胡安国感于时势之亟危，在其《春秋传》中多期望当政者能勉励其志、奋发自强。在解读昭公十六年“夏，公至自晋”这一条文时，胡安国从中衍生出了有国者当“愤悱自强”的观念：

> 昭公数朝于晋，三至于河而不得入，两得见侯又欲讨其罪而止旃，其困辱亦甚矣。在《易》之《困》曰，困亨者，因困穷而致亨也。夫困于心、衡于虑而后得，征于色、发于声而后喻。此正愤悱自强之时。而夏少康、卫文公、越勾践、燕昭王四君子者，由此其选也。今昭公安于危辱，无激昂勉励之志，即所谓自暴自弃，不可与有为，而人亦莫之告矣。不亦悲乎！[①]

此处胡氏借鲁昭公之例申明君王在困辱之境时当发愤自强。鲁昭公因国内的大夫专权而自己君权旁落，在其任内曾多次请求朝见晋国而均被晋国拒绝，这对于一国之君来说是极大的羞辱。胡氏引用了《周易》中的《困》卦，以及孟子之论以表明困顿正是日后重振的大好时机，并举了越王、燕昭王等人“愤悱自强”的例子来加以佐证。但是鲁昭公终其一生并没有自强起来，无激昂勉励之志，自暴自弃终无所作为。在昭公二十三年“冬，公如晋，至河，有疾乃复”这条经文下，胡氏继续之前对鲁昭公的批判，他说：“昭公内则受制于权臣，外则见陵于方伯，此正忧患疢疾，有德慧智术保生免死之时也，而安于屈辱，甘处微弱，无愤耻自强之心，其失国出奔，死于境外，其自取之哉！”[②]可以看出，胡氏认为鲁昭公的结局是“无愤耻自强之心”造成的。胡氏因此提出了一个君王从困辱走向成功、保国安民的磨砺之路，即“有耻而后能知愤，知愤而后能自强，自强而后能为善，为善而后

① 胡安国：《春秋传》卷二十五《昭公中》，岳麓书社 2011 年，第 331 页。

② 同上，第 342 页。

能立身，立身而后能行其政令、保其国家矣”[①]。胡氏对鲁昭公的讥讽其实对正处于同样艰危困辱时局之下的宋高宗亦有极大的警醒作用。他希望高宗皇帝能知耻后勇、知愤自强，行其政令而振兴国家。

胡氏还申明了为政者当“用人惟贤”与“保国安民”的观念，其“用人惟贤”的观念体现在对襄公七年“城费”这条经文解读中。胡氏云：“然则书城费者，乃履霜坚冰之戒，强私家弱公室之萌。据事直书而义自见，用人不惟其贤，惟其世，岂不殆哉！”这里说的鲁国的世族专权之后，使得鲁国群小逢迎趋媚之，造成了鲁国连年驱使百姓而频兴劳役。胡氏指出这种用人不唯贤德而唯世族的局面使得鲁国世族削弱了公族的权力，导致了鲁国的衰弱。胡氏此论自然是希望提醒高宗能做到用人唯贤以整顿国家时局。除了“用贤”的思想外，胡氏还特别强调统治者应“保国安民”的政治责任，如在解读宣公十三年“夏，楚子伐宋”这条经文时，胡氏云：

> 楚人灭萧，将以胁宋，诸侯惧而同盟。为宋人计者，恤民固本，轻徭薄赋，使民效死亲其上，则可以待敌矣。计不出此，而急于伐陈，攻楚与国，非策也。[②]

春秋时期，楚庄王仗着地域辽阔、兵甲无数，频繁对北方中原各诸侯国用兵而威胁到宋国的安危，由此中原一些诸侯国结盟共同对付楚国。胡安国认为，真正为宋国着想的计策是推行轻徭薄赋以体恤民生、巩固邦本，使得宋国百姓自愿拼死为自己国家效力，如此的话就可以静待楚国来犯而不惧。如果不使此策，而贸然唆使宋国征伐其他国家以壮其国力，则为失策之举。可以看出，胡氏在此处主张的“保国安民”之策适用于国家受到威胁的情势危急之时。此正亦对应当时南宋朝廷之真实处境。胡氏相信国君

① 胡安国：《春秋传》卷二十六《昭公下》，岳麓书社 2011 年，第 342 页。
② 胡安国：《春秋传》卷十八《宣公下》，岳麓书社 2011 年，第 226 页。

只要做到“轻徭薄赋”和“恤民固本”，就可以得民以“死力”效忠。这对宋高宗无异于是极大的忠告。

当国家遇到强敌之侵陵而国君无法保卫其国的情况下，胡安国认为国君应与社稷共相存亡，而不应去苟且偷生。这就是《胡传》中的“君王死社稷”的政治观念。如在解读定公四年“夏，四月，庚辰，蔡公孙姓帅师灭沈，以沈子嘉归，杀之”这一条经文时做出这样的评语：

> 沈人不会于召陵，晋人使蔡伐之。书灭沈，罪公孙姓也；书以归，罪沈子嘉也；书杀之，罪蔡侯也。奉词致讨而覆其邦家，为敌所执不死子位，皆不仁矣。①

春秋时晋国使蔡国去灭沈国，沈国国破，其国君沈子嘉被俘后遇害。《胡传》认为，对作为打着“奉词致讨”旗号以灭人家国的侵略者蔡国来说，其固然是当谴责的，而作为因国破被俘而不能以身殉于社稷的沈国国君沈子嘉来说，其行为亦实为可耻。在另一处解释庄公十年“冬，十月，齐师灭谭，谭子奔莒”这条经文的地方，胡氏说：“灭而书奔，责不死位也……《春秋》之义，虽在于抑强扶弱，又责弱者之不自强于为善也。”②我们应该看到，胡氏的这些议论从某种意义上说是影射了现实，北宋徽、钦二帝国破见俘，遂以天子之尊受辱于敌国而不能死位，实为整个大宋王朝之奇耻。

既有国耻，自当思图以复仇。复仇思想由《公羊》借赞美齐襄公复九世之仇以申明而出，汉武帝取公羊之义，以为报汉高祖平城之辱为由征讨匈奴。在公羊派学者那里，齐襄公复齐哀公报九世之仇的行为是完全正当的。公羊甚至认为即便是百世之仇都可以相复，因为国与君是一体的，“国君以国为体”。由此“先君之耻，犹今君之耻也”；同样地，“今君之耻，犹先

① 胡安国：《春秋传》卷二十七《定公上》，岳麓书社 2011 年，第 356 页。

② 胡安国：《春秋传》卷八《庄公中》，岳麓书社 2011 年，第 89 页。

君之耻也”。[1]胡安国对公羊的复仇说深以为然，在解读庄公元年“筑王姬之馆于外”这条经文时，胡氏云：“今庄公有父之仇，方居苫块，此礼之大变也。而为之主婚，是废人伦、灭天理矣。《春秋》于此事一书再书又再书者，其义以复仇为重，示天下后世臣子不可忘君亲之意。”[2]齐襄公九世之仇尚且欲报，而鲁庄公一世之仇竟已忘却。齐襄公与鲁桓公之间还有亲属关系，齐襄公的妹妹文姜嫁给了鲁庄公之父鲁桓公而成为鲁国夫人。齐襄公在鲁桓公夫妇访齐的时候，将其妹妹文姜接到宫里叙旧从而发生奸情，此事被鲁桓公得知后极为愤怒。齐襄公为了掩盖罪恶而设宴招待鲁桓公，趁后者被灌醉后派人将其击杀。鲁桓公去世后，其子鲁庄公自然登基即位。然而鲁庄公即位后出于自己政治私心，并没有想去报父亲的夺妻杀身之仇，反而与齐交善并还主持了齐襄公的一次别有政治安抚之用意的婚礼。这种不恤其仇而反欲为亲的行为在胡安国看来是纯粹的“废人伦、灭天理”，胡氏指出，《春秋》之所以一再提及这件事，就是为了申明复仇为重，昭示天下臣子不可忘却自己君亲的荣辱。胡安国非常重视《春秋》的复仇大义，在解读定公十四年“五月，于越败吴于槜李，吴子光卒”条时，胡安国指出，先是越王勾践在槜李打败了吴王夫差之父阖闾（姓姬名光，亦称公子光），阖闾负伤不治而亡。随后夫差欲报父仇，乃又发动夫椒之战击溃勾践的军队，遂将勾践囚禁。胡氏看到《春秋》经文中并没有记载夫椒之战的情况，便解释道：“夫椒之战，复父仇也，非报怨也，《春秋》削而不书，以为常事也，其旨微矣。”[3]胡氏之意乃是为君父报仇本自然之常事，《春秋》未特书此事正本于此义。

在国家之间的仇雠之上更大的问题和忧患就是民族之间的矛盾了，胡氏在《春秋传》中高举鲜明的攘夷大旗，在解读鲁隐公二年“春，公会戎

① 刘尚慈译注：《庄公四年》，《春秋公羊传译注》，中华书局2010年，第112页。

② 胡安国：《春秋传》卷七《庄公上》，岳麓书社2011年，第75页。

③ 胡安国：《春秋传》卷二十八《定公下》，岳麓书社2011年，第369页。

于潜”这条经文时云：

> 以诸夏而亲戎狄，致金缯之奉，首顾居下，其策不可施也；以戎狄而朝诸夏，位侯王之上，乱常失序，其礼不可行也；以羌胡而居塞内，无出入之防，非我族类，其心必异，萌猾夏之阶，其祸不可长也。

鲁隐公二年之时鲁国与戎族会晤并随后结盟。在胡氏看来这是以华夏去亲近戎狄。即便是戎狄主动来朝见，但举行会晤本身也将置戎狄的身份地位于王侯之上，这就造成了礼序的严重扰乱和破坏。如果让异族迁居于塞内之地，使他们出入之间全凭自由而不对之设防，则其异心必将萌生，久而造成祸端。可见胡氏是坚决反对华夏与异族之间的议和，这就反映在其所云的“以诸夏而亲戎狄，致金缯之奉，首顾居下，其策不可施也”。鲁隐公与戎族之间的会盟是《春秋》经文中记载的第一次会盟，按照《公羊》的解释，当时是戎族主动请求与鲁国会晤并希望与鲁国结盟。然而即便如此，胡安国认为，亲善戎狄是乱常失策之举。由此可以看出胡安国的政治哲学是如何看重华夷之辨，以及他在现实中是如何反对南宋朝廷与金人的议和。

第六章　元代《春秋》学的奠基与新献

第一节　理学观照下的元代《春秋》学

元朝是一个由北方蒙古人基于通过对中原王朝的武力征服而建立起的大一统王朝。南宋末年,在蒙古人持续不断的军事进攻下,宋朝最终屈服在蒙古贵族的铁蹄之下。在崖山惨败之后,陆秀夫背负七岁的小皇帝赵昺投海殉国,南宋灭亡。中国历史首次进入由异族统治全国的历史阶段,蒙古人实行了严酷的等级制统治,汉族在政治上彻底沦为被统治与压迫的弱势民族。然而与政治上这种卑微和屈服状态不同的是,汉族的文化却征服了蒙古统治者,最终重新确立了以儒家思想为本的官方意识形态。随着南宋理学家赵复被元人俘虏后而将朱熹理学带至北方,北方才首次知道程朱理学。经过深得元代统治者信任的一些汉族大儒(如许衡等人)的极力发扬推广,理学遂逐渐成为元朝的官方思想,而这就集中体现在元代的科举之中。科举制度自从忽必烈建立元朝之后就一直处于停废的状态,直到元仁宗时期才正式恢复。科举制的恢复对汉文化的复兴重振有着巨大作用。元代科举制规定,考试从《大学》《中庸》《论语》《孟子》这四部书中出题，而以朱熹的《四书章句集注》为官方正式认可的《四书》注本，这意味着士子对《四书》的解读必须依循朱熹的见解，以朱熹为注释为最高准则。这样，朱熹的理学在元代一跃成为被元朝统治者最为尊奉的思想学说，理学在元代得以前所未有地发扬光大，这构成了整个元代的思想大背景。可以说，元代的学术思想界处于一个被朱子理学笼罩的时代。

朱子理学笼罩下的元代思想界在《春秋》学领域中自然也是深刻体现着理学对其的影响，但是我们知道由于朱熹生前并未留下专门的《春秋》学著作，他的许多《春秋》学见解都分布在《朱子语类》中，并且更为关键的一个问题是朱熹对传统《春秋》学提出了很多的疑问，却并没有给予清晰明确的解答。这就让元代统治者不得不去选择一个接近朱熹理学思想，同时又对《春秋》中各种疑问予以清楚辩答的《春秋》学专著，以作为官方认可的标准学说。由于胡安国的《春秋传》在南宋广为流传，并且胡氏本人与理学中的两大代表人物程颐和朱熹都存在一定渊源，他曾自称承继程颐之学，其在研治《春秋》时多尊于程颐的《春秋》学思想，而其所撰《春秋传》也被后来的朱熹大为称赞。所以元朝政府将《胡传》正式定为与《公羊》《谷梁》《左传》三传并列的《春秋》学第四传，其地位一跃超过了其他学者的《春秋》学之作。

在上面所说的这种背景之下，元代学者研治《春秋》自然就多以《胡传》为宗，许多元人的《春秋》学著作都是围绕《胡传》展开的，如杨维祯所撰的《春秋胡传补注》、吴师道所撰的《春秋胡传附辨杂》、汪克宽所撰的《春秋胡传附录纂疏》。这些著作现都已经灭失了，但是从其他学者对这些著作里相应文字的引述和评论中可以看出，它们皆是在尊奉《胡传》的基础之上对其予以更深一步的考察和阐述。在元代所有的《春秋》学著作中，汪克宽的《春秋胡传附录纂疏》最为典型地反映出理学对《春秋》学的笼罩和影响。汪克宽本身就是一位著述极丰的理学大家，对六经均有研治，而《春秋》之学犹显。明代大学士程敏政称之为“六经皆有说，而春秋独盛；平生皆可师，而出处尤正。其道足以觉人，其功足以卫圣”[①]。汪克宽所注疏的《春秋》秉承着宋儒彰明天理而贬责人欲的鲜明立场，展现了鲜明的理学家风貌，《春秋胡传附录纂疏》中的很多议论皆有此体现。在《春秋胡传附录纂疏序》中汪克宽云：

> 《春秋》传注无虑数十百家，至于程子，始求天理于遗经，作传以明圣人之志……胡文定公又推广程子之说，著述十余万言，然后圣人存天理、遏制人欲之本意，遂昭焯于后世。

这段序言直接表明了汪克宽的理学倾向，他将程颐视为将理学思想引入《春秋》学专注的奠基之人，是真正显明圣人之志的大儒。后继而起的胡安国则对程颐的《春秋》之学再加以深拓和发扬，由此将天理、人欲之辨昭显于后世。

汪克宽曾评价《春秋》一书“是非褒贬二百四十二年之事，皆天理也”[②]。例如在谈论卫国公子州吁弑君夺位，却最终被邻近的陈国所捕而正法的历史事件时，他援引朱熹的“臣弑其君，人伦之大变，天理所不容，人人得而诛之，况邻国乎？”[③]这段话，以表明他将君臣之分视作恒常天理的态度。在注疏《胡传》“夫天下莫大于理，莫强于信义。循天理、惇信义，以自守其国家，荆楚虽大何惧焉”这条文字时[④]，汪克宽援引了孟子告诉滕文公小国在大国缝隙中的生存之道，指出小国“徒惧而不能自强，于为善所以不振

① 程敏政：《篁墩集（二）》卷五十六《环谷先生汪公像赞》，《景印文渊阁四库全书》第1253册，台湾商务印书馆1986年影印本，第316页。

② 汪克宽：《春秋胡传附录纂疏》卷一，《景印文渊阁四库全书》第165册，台湾商务印书馆1986年影印本，第29页。

③ 汪克宽：《春秋胡传附录纂疏》卷二，《景印文渊阁四库全书》第165册，台湾商务印书馆1986年影印本，第59页。

④ 胡安国：《春秋传》卷四《桓公上》，岳麓书社2011年，第48页。

也”的道理。在汪氏看来，国家之间的邦交关系应遵循天理和信义，而不应屈从于国力强弱之态势。在评论晋国晋献公后期的以骊姬之乱为代表的古代废嫡立庶的问题时，汪克宽说：“观献公托其子于荀息，自知废正恐有后患，则天理之正非唯国人知之，献公亦自知之矣。”[①]汪氏还引申至隋文帝错废太子杨勇从而违反天理的例子说：“隋文以谗谮废太子勇，左右莫不闵默，文武大臣皆知其不可而弗敢言，此皆人心天理之本然，知嫡庶长幼之分不可紊也。”[②]我们可以看到，在汪氏的《春秋》学中，君臣之分、立储之事、国家之交等无不彰显着“天理”的存在，都体现了胡安国“天理根于人心，虽以私欲灭之，而有不可灭也”这句名言。

元代还有一位治《春秋》的大家是郝经（1223—1275），郝经是元朝统治集团中的重要谋士，早年因才学过人兼通治国安邦之策而为忽必烈所赏识，遂留于忽必烈王府中。曾建议过忽必烈在蒙哥汗死后趁势夺取大汗之位。郝经的家学有着很深的理学渊源，其曾祖父郝震、父亲郝思温皆潜心于理学。郝经在他的《五经论·春秋》中说过一句比较有名的话是，“《六经》一理尔”[③]。在郝经看来，六经皆为穷理尽性之书，但是历代注《易》和注《春秋》虽书不胜枚举，各家相互攻诋、相互背驰，而于经义莫衷于一是，实不知二书皆源自圣人之心迹。他这样说：

《六经》一理尔，自师异传，人异学，各穷其所信而遂至于不一，《易》、《春秋》之学相戾，相远，相捍蔽，特其甚焉者。《易》载圣人之心，《春秋》载圣人之迹，心迹一也，何远之有？彼学者见易之神妙不测，变通无尽，范围天地曲成万物，而知鬼神之情状探赜索隐，而逆知来物，乃临深以为高，而遗其迹视，拘拘于世教法度之间者，以为沈于流俗而

① 胡安国：《春秋传》卷四《桓公上》，岳麓书社 2011 年，第 48 页。

② 同上。

③ 郝经：《陵川集》卷十八《论》，三晋出版社 2006 年，第 625 页。

不返也。而学《春秋》者，于一言一动一事一物必律之以礼，而绳之以法。惟恐其弛而不严，阔略而不切也。而狭其心不知有变动不拘，周流六虚，上下无常，不可为典要者，故各极其所执，相乖相格，无有为贯而一之者。盖《易》穷理之书，而《春秋》尽性之书也。《易》由正以推变，《春秋》由变以返正者也。人之性甚大，而其理甚备，在于行而尽之而已。[①]

这段话可以说属于郝经《春秋》学的治学纲领和宣言，其全面地反映了郝经经论背后的理学定位。文中围绕"理"与"性"这两个核心范畴展开议论申说，分别将《易》看作是"穷理之书"，将《春秋》视作"尽性之书"。故往治此二经的学者多陷入繁杂的世俗绳墨中而失去了"性理"这个要领。而性与理本不可分离，"理"就是具备在"性"之中，此所谓"人之性甚大，而其理甚备"。而《春秋》这部书的意义就在于，教人对"性理"能做到"行而尽之而已"，《春秋》具有极强的实践价值，它是教人从历史人物的行迹中去观性与究理。故郝经说："而《春秋》者，尽性之迹也，故即性以观性，莫若即迹以观性，即性以观性，无声无臭不可得而观也。即迹以观性有征而可观也，故观性之书皆莫若《春秋》。"[②]而在郝经那里，这个所谓的"性理"就是指向对人心的克制、对嗜欲的警惕，"血气肆而道心亡矣，嗜欲张而天理灭矣"[③]。这是典型的理学家观点。

理学对元代《春秋》学的塑造和影响还体现在其他一些学者的著述中。例如吴县学者陈深（1260—1344），其著有《清全斋读春秋编》十二卷，他的《读春秋编》亦是祖述程颐与胡安国之理学思想。例如在解释反映鲁桓公弑君篡位的"元年春，王正月，公即位"这条经文时，陈深云："程子所谓以天道王法正其罪，桓虽不天无王，而天理未尝亡，故元年春书王，言弑

① 郝经：《陵川集》卷十八《论》，三晋出版社 2006 年，第 640 页。

② 同上。

③ 郝经：《陵川集》卷十七《论》，三晋出版社，2006 年，第 593 页。

君者能免于王法之诛乎？”[1]陈深指出，之所以在鲁桓公弑隐公而即位的“元年”之前增加一个“王”子，是为了彰显天道王法的存在，表明弑君之人中逃脱不了天理之惩。在解读“滕子来朝”这条经文时陈深依循程颐之说，认为滕侯第一个去朝见宋国的弑君者华督，这是严重的“灭天理，废人伦”的行为，所以孔子贬“滕侯”为“滕子”以正《春秋》“典刑之大旨”。[2]还有郑玉（1298—1358），其撰有《春秋经传阙疑》一书，郑玉的学术以“合会朱陆”为旨，深达理学论辨之精谛。郑玉非常推崇程颐与朱熹的《春秋》学，亦深明天理和人欲的截然对立，崇扬天理而贬斥人欲。例如，他说：“人欲之感人也虽深，天理之感人也实易。甚矣，人恒蔽于人欲之私，而不能启其天理之公，遂至失其本心，而亦不能明乎人之本心也。”[3]在一段讨论齐桓公霸业的文字中，郑玉表现出了纯粹的理学家评理论事的口吻，他分析齐桓公虽然成就一时之霸业，而终未得善终的根本原因是其“不知正心诚意之学，惟以趋事赴功为务”，所以“其攘夷狄安中国，虽有一时之功，身死未几，五子争立，邻国交伐。由其身之不修，家之不齐，知治其外而不知治内，知治于人而不知治于身也”。[4]郑玉用后世儒家修齐治平的内圣外王之道去分析和评价一位春秋时代的霸主，这段议论将以理学解《春秋》的精神贯彻到极致，展现了理学家以握有是非善恶之最高道德批评权而自居的卓然自命。我们通过以上所举的有代表性的元代《春秋》学思想看到了理学对《春秋》学的深透影响，毫无疑问，元代的《春秋》学是在理学观照之下展开的。

---

① 陈深：《读春秋编》卷二，《景印文渊阁四库全书》第 158 册，台湾商务印书馆 1986 年影印本，第 520 页。

② 陈深：《读春秋编》卷二，《景印文渊阁四库全书》第 158 册，台湾商务印书馆 1986 年影印本，第 521 页。

③ 郑玉：《春秋阙疑》卷一，《景印文渊阁四库全书》第 163 册，台湾商务印书馆 1986 年影印本，第 22 页。

④ 郑玉：《春秋阙疑》卷十五，《景印文渊阁四库全书》第 163 册，台湾商务印书馆 1986 年影印本，第 193 页。

第二节 元代《春秋》学中所贯彻的朱子思想

前一节已谈到元代是一个由理学统治的时代，一批具有代表性的《春秋》学家如汪克宽、郝经、陈深、郑玉等人的思想中皆留有理学思想的痕迹。在思想的渊源上他们皆可追溯到程朱理学。然而我们知道朱熹是宋代理学的集大成者，其论著在元代上升为官方的意识形态和解经的最高权威。尽管朱熹没有形成专门的《春秋》著作，这使得他对《春秋》的解释没有达到像胡安国《春秋传》那样的与《公羊》《谷梁》《左传》三传并列的高度。但是朱熹的《春秋》学思想却在元代的学者那里留下了深远的烙印。朱熹高举对三传的怀疑精神，将《春秋》视为史书，从而更取信《左传》的倾向，以及自始至终发扬天理伦常的理学家姿态，都在元代学者那里产生了积极的反响。我们知道朱熹强烈地反对从《公羊》《谷梁》二传那里流传下的各类"一字褒贬"说，拒斥通过义例、例法等方式去穿凿附会地解经。朱熹之所以持此观点，归根结底是因为他将《春秋》看作孔子在鲁国旧史基础上修订的一部史书，他更相信《左传》记录的真实性，而对《公羊》《谷梁》中的许多对经义的发挥和推衍产生怀疑，认为"左氏所传春秋事，恐八九分是。《公》、《谷》专解经，事则多出揣度。"[①]他拥有着一种极强的洞察事物来龙去脉的理性能力，能够深识见事物在其自身发展历程中的不同阶段所应具有的相应属性和相应可能性。因此，他对自己的判断力颇为自信，认为《春秋》乃"孔子但据直书而善恶自著"[②]，《公羊》《谷梁》传中的那些附在孔子身上的精微之义，"恐圣人当初无此等意"[③]，这种质疑的精神在元代

① 黎靖德：《朱子语类》卷八十三《春秋》，中华书局 1986 年，第 2151 页。

② 同上，第 2146 页。

③ 同上，第 2151 页。

学者那里得到了明显的继承。

元代名儒吴澄就非常尊慕朱熹之学，吴澄曾为翰林学士，担任朝廷的国子司业，是元代有名的学者，其研治《春秋》继绍朱子的思想之统绪。在他所撰的《春秋纂言》中，将《春秋》当史书看待，吴澄说："《左氏》必有按据之书，《公》、《谷》多是传闻之辞。"[①]由此，他对《左传》撷取的最多，而《公羊》《谷梁》所取最少。凡遇到三传之分歧差异时，多以《左传》为主，除非《左传》所载之经义有明显错误。吴澄亦追随朱熹之论主张《春秋》非为褒贬君臣行迹、权衡善恶是非而作。对此他这样说："邵子曰：'圣人之经，浑然无迹，如天道焉，《春秋》书实事，而善恶形于其中矣。'至哉言乎！朱子谓据事直书，而善恶自见，其旨一也。"[②]吴澄援引了邵雍和朱熹的一个共同观点，即《春秋》乃孔子据历史事实而作，那些所谓的善恶褒贬之义在史实的叙述中自得彰显，孔子并未刻意赋予《春秋》以褒贬之辞。例如，关于庄公元年的"王使荣叔来锡桓公命"这条经文，故往的《春秋》学者为何在解释此处经文时只书一个"王"字，而不同于之前的经文书全"天王"二字，会认为这是孔子寄寓了贬斥之意。鲁桓公杀隐公而自立为君，死后却得到周王室的追赐，这是违反了天道。因此，孔子只书"王"而不书"天王"，以阙此一字来表达贬恶之意。这种解释实际上就是把一字之阙都视为寓有褒贬之义。而吴澄则认为少书一个"天"就是简单地缺漏了一个字，根本没有背后的深文大义。这种解经方式显然是受到朱熹的影响，朱熹关于"王"与"天王"的关系作过统一性地阐发，他说："春秋有书'天王'者，有书'王'者，此皆难晓。或以为王不称'天'，贬之。某谓，若书'天王'，其罪自见。"[③]可见在朱熹那里，无论《春秋》中是不是书写"天王"二字，该有罪的人其罪行自然见诸文字记载中，不因为一字之别而产生什么不同。这正反映了朱熹

① 李修生主编：《全元文》卷四百八十八《吴澄》，江苏古籍出版社1998年，第433页。

② 李修生主编：《全元文》卷四百八十五《吴澄》，江苏古籍出版社1998年，第340页。

③ 黎靖德：《朱子语类》卷八十三《春秋》，中华书局1986年，第2145页。

所谓的"孔子但据直书而善恶自著"之春秋精神。

这种精神在元代其他一些学者那里亦有体现，如曾任翰林国史院编修元代著名学者程端学，其著有三十卷本的《春秋本义》与十卷本的《春秋或问》。尤其在《春秋或问》一书中，程端学历举前儒诸说之得失，对他们进行了批判性的考察。关于"一字褒贬"的问题，程端学深以为弊，他说："《春秋》之作其自然之妙与天地侔，天之生物，非物物雕琢，《春秋》亦非字字安排其意，乃在一句之间而非有一字以为义，一字褒贬乃末世相沿之陋，朱子曰：'当时大乱圣人据实书之，其是非得失付后世公论，盖有言外之意若必于一字间求褒贬，窃恐不然。'可谓善读《春秋》矣。"[①]程氏的这段论述所提供的理由十分充分，他的一个根本主张是将《春秋》视为一部自然而成的历史著作。圣人作《春秋》就如同大自然造物，是自然地而非雕琢而成。圣人并没有在每个字中都深藏言外之意，经文中的所有意涵都只存在于句子之中。那种"一字褒贬"的说法实属鄙陋之见。值得注意的是，程端学此论的基础，是将自然造物和人物著述均看作一个自然发生的过程，本就没有那么多不正常的雕刻和用意。这个观点实质根源于他的广阔的世俗理性和生活经验，孔子虽圣也是人，他和后人一样也在遵循着正常的写作和著述规律。正常的规律是用完整的句子来体现意义，而不是支离琐碎地在每个字上注入什么玄深的见解。可以这么说，孔子虽是圣人也不能违反自然规律，也不能违反生活经验。鄙陋的经徒将孔子的才智过分神化，认为孔子定和常人不同，必应显露出一些超凡的智力痕迹，这多源于自己才华识见低下而遂产生神化他人而妄自菲薄的心理。以朱熹为代表的宋儒，从其个人的智识禀赋上来论就属于古代中国思想史上第一流和不世出的人物，所以其对问题的判断多能从其自身具有的高度理性和广阔经验中找到确凿的根据和基础。无知的人总容易把别人看得很高深，历代俗儒论

① 李修生主编：《全元文》卷一千〇二十四《程端学》，江苏古籍出版社1998年，第183页。

"一字褒贬"的问题就出在这里。

除了驳斥"一字褒贬"的论调外,朱熹对以"例"说经的传统亦表示极大的反对,这一点在前面我们已提及。元代学者亦深受朱熹影响,步随朱熹之后展开对"例"的批判。故往《春秋》学者在各种以"例"说经的活动中,"日月时例"可能是最为极端也是最为招引争议的。而程端学对此亦深驳斥之:

> 日月者,纪事自然之法也。如日月不可用,六经诸史将废之矣。惟其有用也,是以不得而废也。《春秋》非不欲尽言日月也,然旧史有详畧焉。有阙文焉。其无日月,不可得而益;有日月,又不可得而去也。无日月而益则伪,有日月而去则乱。故春秋纪事,有有日月者矣,有无日月者矣。《公》《谷》见其有日月与无日月也,求其说而不得,从而为之辞,或牵彼以就此,或例此以方彼,自知不通,则付之不言,故日月之例为《春秋》蠹矣。①

这段文字是程端学对"日月时例"问题的总论。他指出,用日、月这样的时间单位去纪事,这本是古人极为自然的做法,如果不用日、月去纪事,那么《六经》和各种史著将皆不可能完成,这是因为这种纪事方式是实际需要的产物。《春秋》一书并非不愿意详尽记载各类历史事件的具体时间,但是《春秋》所依据的旧史材料本来在纪事上就有详略和阙文。《春秋》经文在参照这些史料时,凡是遇到某事没有日月时令之具体记载的,限于此经文就不可能从中获得更多的信息。遇到某事有日月时令之具体记载的,经文想删也删不去。所以《春秋》就呈现出有的地方有日月时令之载,而有的地方就没有。《公羊》《谷梁》二传看到经文中这种或有或无的现象,不知如何

① 李修生主编:《全元文》卷一千〇二十四《程端学》,江苏古籍出版社 1998 年,第 183 页。

解释，便牵强附会地搞出了“日月时例”之说，牵彼而就此，以期能自圆其说，当发现自己实在难以自洽的时候就搁置不论了。所以程端学态度鲜明地指出此等“日月时例”之说乃为《春秋》之蠹害。举例而言，《春秋》经文中有云：“六月壬戌，公败宋师于菅。辛未，取郜。辛巳，取防。”这段春秋经文在纪事上只有月份而无日期。程端学指出：“今壬戌败宋师，辛未取郜辛，巳取防，鲁史纪事自然之法也。得其日而事益详，鲁隐之恶益彰，若或不得其日，既败宋师，又取郜取防，其恶亦不得掩，非圣人特书其日，以甚其恶，亦非谨其事而日之也。”程氏的观点是鲁国旧史按月份记载鲁隐公攻伐他国之事，这是自然的史家作史的方法。如果旧史保留了具体日期的记载，则鲁隐公侵略他国之恶则愈加清楚，若没有保留具体日期，隐公之恶也掩盖不了。圣人并没有特书其日期而加重其罪责之意。

其他一些受朱熹思想影响的元代《春秋》学者，如临江的刘永亦追随朱熹将《春秋》视为史书之论，认为善恶是非都在叙事之中自见。然而他比朱熹走得更远，认为孔子只是对鲁史中的一些谬讹之处进行了修缮，并没有通过削笔损益的方式赋予自己的意图。他说：“夫《春秋》之为《春秋》，明王法，彰乱逆，诚圣人之旨也。然谓因鲁史之文而笔之，传之，其中有谬讹，则修之完之，使观者有所劝沮，而王法由诸而明，乱逆由诸而彰则，可也。若谓损益乎鲁史而明之彰之，则弗可也。”[①]这段文字的核心主旨是《春秋》乃孔子因鲁史而作，孔子对鲁史的改动只限于正误改讹，不存在对其加以损益以赋予自己的意图，善恶之道早在鲁史之中自见。从某种意义上说，这种“善恶事而自见”的观念正是受到了朱熹思想的影响。

① 朱彝尊：《曝书亭集》卷六十四《刘永之传》，《景印文渊阁四库全书》第 1318 册，台湾商务印书馆 1986 年影印本，第 362~363 页。

第三节　赵汸《春秋》学的特点及其对"春秋大义"的标举

赵汸(1319—1369),字子常,徽州休宁县人。自幼立志向学问道,不愿从事科举之业,这使其留下了丰硕的学术著作,共著有五部《春秋》学之作。赵汸的《春秋》学在当时应该说是非常别具特色的,其中最著名的就是他对《春秋》一书中"策书之例"与"笔削之义"所作的根本性区分,这一区分奠定了赵汸整部《春秋》学的灵魂。所谓"策书之例",就是鲁国史官记事时所遵循的一定之法,这是西周以来史官就已形成的著史惯例。因为周人编竹简成策书而于其上书写,所以这种史家惯例也被称为"策书之例"。我们知道,《春秋》经的文本原出自鲁国的旧史,故《春秋》中就保留着大量的策书之例,这些东西皆属于史官对历史事实的原初记述。而所谓"笔削之义",指的是孔子在保留鲁国旧史原貌、立于其策书之例的基础上,对文字进行取舍以寓意其深远的褒贬善恶之义,由此达到其拨乱反正的目的。赵汸云:"《春秋》,鲁史记事之书也,圣人就加笔削以寓其拨乱之权。"[①]"策书常法始不足尽其善恶之情矣,故孔子断自隐公,有笔有削以寓其拨乱之志。"[②]

"策书之例"与"笔削之义"之间的判然区分对研治《春秋》来说有着极为深刻的意义。因为过往的许多《春秋》学者正是因为没有弄清哪些经文出自鲁国史官之手,哪些出自孔子之笔,将原本属于旧史之文的内容皆看

---

① 赵汸:《春秋左传补注·序言》,《景印文渊阁四库全书》第164册,台湾商务印书馆1986年影印本,第328页。

② 赵汸:《春秋属辞》卷一,《景印文渊阁四库全书》第164册,台湾商务印书馆1986年影印本,第461页。

成是孔子笔削之迹，所以造成了对经文解释的穿凿附会，产生了许多不依事实、空泛演绎的“虚辞”。这一点在公羊派那里尤见如此，最为典型的例子就是围绕全《春秋》第一句话，即隐公元年“春王正月”这条经文而作出的解释。与其他后继鲁国君主登基的元年一般皆书“公即位”不同的是，隐公元年这条经文中没有“公即位”这三个字。公羊派的学者多认为，这是孔子“削去”了“即位”二字，用以成全隐公日后有意将还政于年幼的桓公的善良心愿，所以不书“即位”以寓此微言大义。而更重在记载和还原历史真相的《左传》则认为，这是因为鲁隐公因为年长且贤明，乃替尚处年幼的鲁桓公暂时执政，不书“即位”，乃是因为鲁隐公在客观的政治情形上属于“摄政”。赵汸认为，此不书“即位”并非源自孔子削笔以寓之微言大义，而是源自鲁国史官之记事旧例，对客观上摄政的君王本来就不书“即位”。左氏的解释显然更符合真实情况。这就反映了区分“策书之例”与“笔削之义”的极端重要性，一旦混淆了二者，就会造成解释上的穿凿附会和故弄玄虚。故赵汸云：“故学者必知策书之例，然后笔削之义可求。笔削之义既明，则凡以虚辞说经者，其刻深辨急之论，皆不攻而自破。苟知虚辞说经之无益，而刻深辨急果不足以论圣人也，然后《春秋》经世之道可得而明矣。”[①]

所以赵汸《春秋》学核心的两个任务就是去寻找和确证这个“策书之例”与“笔削之义”分别都有指向哪些内容。由是，他提出了鲁国史官书写历史的十五种体例，以及孔子删定旧史所采用的八种“属辞比事”之法。关于十五种“策书之例”，典型的如第一，“君举必书，非君命不书”；第二，“公即位，不行礼不书”；第五，“嫡子生则书之”；第十五，“凡天灾物异无不书，外灾告则书之”。这些都是史官通用的记史惯例。我们可以看到，其中第二条“公即位，不行礼不书”正好可以解释为何《春秋》不书鲁隐公“即位”了，因为作为摄政临时登朝的鲁隐公，在当时根本没有举行君王即位典礼。这

① 赵汸：《东山存稿》卷三《春秋集传序》，《景印文渊阁四库全书》第1221册，台湾商务印书馆1986年影印本，第223页。

属于鲁国历代史官留下的纯客观记述，与孔子自己的褒贬态度毫无关系。

更重要的是，赵汸所找出的“属辞比事”之法，反映的是孔子对鲁史的着笔之法。其中包括：第一，“存策书之大体”；第二，“假笔削以行权”；第三，“变文以示义”等八种。其一，“存策书之大体”即孔子对鲁国旧史的保留，这一部分构成《春秋》经的主体，孔子对这些史料的做法是“有笔而无削”；其二“假笔削以行权”则是因为圣人有“拨乱以经世”之志，“而国书有定体，非假笔削无以寄文”。[1]《春秋》是建立在《鲁春秋》之上的，而后者本有固定的撰写体例，孔子即便有意将自己“拨乱经世”之意寓于其中，但毕竟面对的是一部真实的历史，所以不便把自己的意见直接加入，故其想到通过“笔削”之手法来表达自己的意见。关于“笔削”的定义，赵汸云：“古者汗竹为简，编简为策，故有笔削之事。孔子作《春秋》以寓其拨乱之志，而国史有恒体，无辞可以寄文，于是有书有不书，以互显其义。其所书者则笔之，不书者则削之。”[2]这些笔削之法包括，“略是以著非”“略常以变明”“略彼以见此”“略同以显异”“略轻以明重”这五种方法。以“略是以著非”为例，这种笔削之法是指省略对那些正当的行为的记载而只记下那些不正当的行为，以此表达对后者的谴责之意。典型的就是，对诛杀有罪之人的行为，孔子《春秋》加以省却，而对杀无辜之人的行为则予以书写。例如“襄三十年夏天王杀其弟佞夫”这条经文的历史背景是：周灵王驾崩后，其子周景王即位，而周灵王之侄儋括想立王子佞夫为王，但是这件事王子佞夫自己根本不知情，但是后来周景王由于忌惮还是处死了王子佞夫。故赵汸云：“景王立而杀佞夫，失亲亲之义，故（孔子）特书之。”相较而言的另一边是：周王室内部发生了王子颓、王子带之乱，前者联合内朝大夫驱逐了周

① 赵汸：《春秋属辞·原序》，《景印文渊阁四库全书》第164册，台湾商务印书馆1986年影印本，第445页。

② 赵汸：《春秋属辞》卷八，《景印文渊阁四库全书》第164册，台湾商务印书馆1986年影印本，第606页。

惠王而自立为天子，后者引狄人攻打和驱逐周襄王而自立为天子，最终王室还是诛杀了二人并平定了叛乱。赵汸云：“二王子之乱，倾王室，篡大位，动天下，其杀之也，必告诸侯，史无不书之理。而孔子削之者，以天子讨乱臣，而罪人斯得其事，无可议者，不书可也。”[①]此可见“略是以著非”的内涵。

除了系统论述“策书之例”与“笔削之义”这一特点外，赵汸还极为重视对春秋大义的探源和标举。我们知道，历代研治《春秋》学的学者都崇仰和标举经文中“尊王贱霸”的大义，普遍认为孔子著《春秋》乃是有感于当时天下无王而霸主相继兴起，致使周王室的权威和地位遭到严重的挑战和削弱，造成天下的礼乐逐渐走向崩坏和失序。像诸如齐桓公、晋文公这样不可一世的雄国霸主，他们凭恃着自身的强权和威势，迫使一些诸侯跟从自己去攻打另一些不服从的诸侯，抑或带领一些诸侯共同去攘除那些入侵中国的外族夷狄。这些霸主从名义上看是为了“尊王”，实际上则是原出于对本国利益的算计和考量，此即是对周天子王权的极大不尊重。因为他们擅自用兵，根本没有试图去征求周天子的首肯。故孟子云：“天子讨而不伐，诸侯伐而不讨，五霸者，搂诸侯以伐诸侯也，故曰，五霸者，三王之罪人也。”孟子贬斥那种外假仁义而内恃武力的行为，即便这种行为最终可以导致建立起大国的强权，此在孟子看来亦是不值一提。因为这只是在以强力服人而已，并非真正地以德服人。所以五霸是三王之道的罪人。汉代大儒董仲舒亦延续孟子此论，认为：“《春秋》之义，贵信而贱诈，诈人而胜之，虽有功，君子弗为也。是以仲尼之门，五尺童子言羞称五伯。”[②]到了宋代，随着孟子思想的发扬光大，尊王贱霸的思想愈加被理学家所推重，朱熹极其强调“尊王贱伯”之义，认为是《春秋》经之大旨，将齐桓、晋文之业视为追寻“谋利计功”的霸道之业，而不是“正谊明道”的王道之业。

---

① 赵汸：《春秋属辞》卷八，《景印文渊阁四库全书》第164册，台湾商务印书馆1986年影印本，第634页。

② 董仲舒：《春秋繁露义证》卷九《对胶西王越大夫不得为仁》，中华书局1992年，第268页。

然而在赵汸的《春秋》学那里，他却提出了非常不同的王霸观论调。在《春秋集传》的长篇序文中他这样说：

> 《春秋》，圣人经世之书也。昔者周之末世，明王不兴，诸侯背畔，戎狄侵陵，而莫之治也。齐桓公出，纠之以会盟，齐之以征伐，上以尊天王，下以安中国，而天下复归于正。晋文公承其遗烈，子孙继主夏盟者，百有余年，王室赖之。故孔子称其功曰："一匡天下，民到于今受其赐。"

赵汸《春秋》乃是圣人经世致用之作，在东周时期王室衰落而诸侯变强，诸侯国逐渐各自为政不再愿受周室的调遣和节制，当时没有人能扭转和制服住这种诸侯叛起的局面。而直到齐桓公崛起，通过和平召集会盟方式及武力军事征伐的方式制服了各诸侯，上尊奉周天子下以安定中原，使得天下又重新复归于正。晋文公追寻齐桓公的功业和足迹，他和他的子孙继续主盟于华夏各邦，成为周王室重要的依靠。所以孔子称颂齐桓公，认为他开创了"一匡天下"的辉煌伟业还能使人们受其深远的恩泽。由此看见，在孔子心目中周室的王业与齐桓的霸业之间并没有势同水火的对立。孔子非常肯定齐桓尊王攘夷的事业，认为它保卫了华夏文化。自平王东迁以来周室衰微，从郑庄公不朝周天子并同周王室直接开战以来，周王室的地位一落千丈，在这个时候中国实质上已失去了一个有效的政治权威来统领四海，天下的秩序逐渐走向崩坏。而齐桓公、晋文公的崛起正是弥补了这样一个现实权力的真空，在相当程度上恢复和重建了失范的秩序。事实上，真正开始让王道与霸道针锋相对的思想家是孟子，而孔子对这个问题还是持有相对通达与务实的看法。赵汸从孔子那里继承了对齐桓之属的肯定态度，他说："或曰：诸侯不朝天子，而以朝伯主，为礼可乎？是盖不知《春秋》经世之旨者，《春秋》固责诸侯之无王，而亦不废中国之有伯；固罪诸侯之不朝京师，而亦不绝诸侯之事伯主也。当是时，方藉伯者以安靖天下，则朝聘固不可无节矣。”[①]这就是赵汸《春秋》学中“尊王亦尊霸”的观念。这里的核心立场是，整个天下都得依靠霸主的力量才能安定下来，那么霸主对周室的朝聘之礼也应该相应地减少。因此，赵汸极有特色地将《春秋》大旨总结为其“固责诸侯之无王，而亦不废中国之有伯”。他甚至自信地推测，假使孔子当年能推行自己的政治理想，必将“复周公之法，修桓、文之业，率天下诸侯以事周，则文王之至德，吾无间然矣”[②]。此可见赵汸对“春秋大义”的探原和标举。

① 赵汸：《春秋属辞》卷八，《景印文渊阁四库全书》第164册，台湾商务印书馆1986年影印本，第609页。

② 李修生主编：《全元文》卷一千六百六十七《赵汸》，江苏古籍出版社1998年，第446页。

参考文献

典　籍

蔡清:《艾庵密箴》,《续修四库全书》第 936 册,上海古籍出版社 2002 年影印本。

蔡清:《蔡文庄公集》,商务印书馆 2018 年。

蔡清:《易经蒙引》,商务印书馆 2017 年。

陈淳:《北溪字义》,中华书局 1983 年。

陈亮:《陈亮集》,中华书局 1987 年。

陈深:《读春秋编》,《景印文渊阁四库全书》第 158 册,台湾商务印书馆 1986 年影印本。

陈振孙:《直斋书录解题》,上海古籍出版社 1987 年。

程颢、程颐:《二程集》,中华书局 2004 年。

程敏政:《篁墩集(二)》,《景印文渊阁四库全书》第 1253 册,台湾商务印书馆 1986 年影印本。

翟均廉:《周易章句证异》,《景印文渊阁四库全书》第 53 册,台湾商务印书馆 1986 年。

董其昌:《容台集》,《四库禁毁书丛刊》集部第32册,北京出版社1997年影印本。

董仲舒:《春秋繁露义证》,中华书局1992年。

范仲淹:《范仲淹全集》,凤凰出版社2004年。

顾炎武:《日知录集释(校注本)》,浙江古籍出版社2013年。

管志道:《酬咨续录》,日本尊经阁文库藏明万历序刊影印本。

管志道:《理要酬咨录》,日本尊经阁文库藏明万历刊本影印本。

管志道:《师门求正牍》,日本尊经阁文库藏明万历刊本影印本。

管志道:《惕若斋续集》,日本尊经阁文库藏明万历刊本影印本。

管志道:《问辨录》,《四库全书存目丛书》子部第87册,齐鲁书社1995年影印本。

管志道:《析理篇》,日本尊经阁文库藏明万历刊本影印本。

管志道:《续问辨牍》,《四库全书存目丛书》子部第88册,齐鲁书社1997年影印本。

管志道:《中庸测义》,日本尊经阁文库藏明万历刊本影印本。

管志道:《周易六龙解》,严灵峰主编《无求备斋易经集成》第114册,台湾成文出版社1976年影印本。

郝经:《陵川集》,三晋出版社2006年。

洪亮吉:《春秋左传诂》,中华书局1987年。

胡安国:《春秋传》,岳麓书社2011年。

胡宏:《胡宏集》,中华书局1987年。

胡居仁:《易像钞》,《景印文渊阁四库全书》第31册,台湾商务印书馆1986年。

胡瑗:《周易口义》,《十八名家解〈周易〉》(第5辑),长春出版社2009年。

黄以周等:《续资治通鉴长编拾补》,中华书局2004年。

黄宗羲:《明儒学案(修订本)》,中华书局2008年。

黄宗羲:《宋元学案》,中华书局 1986 年。

焦竑:《澹园集》,中华书局 1999 年。

焦循:《孟子正义》,中华书局 2015 年。

黎靖德:《朱子语类》,中华书局 1986 年。

李慈明:《越缦堂读书记》,中华书局 2006 年。

李道平:《周易集解纂疏》,中华书局 1994 年。

李光:《读易详说》,《景印文渊阁四库全书》第 10 册,台湾商务印书馆 1986 年影印本。

李光:《庄简集》,《景印文渊阁四库全书》第 1128 册,台湾商务印书馆 1986 年影印本。

李光地:《周易折中》,巴蜀书社 2006 年。

李衡:《周易义海撮要》,《景印文渊阁四库全书》第 13 册,台湾商务印书馆 1986 年影印本。

李清馥:《闽中理学渊源考》,凤凰出版社 2011 年。

李焘:《续资治通鉴长编》,中华书局 2004 年。

李心传:《建炎以来系年要录》,中华书局 2013 年。

李修生主编:《全元文》,江苏古籍出版社 1998 年。

梁寅:《通志堂经解》,江苏古籍出版社 1996 年。

刘宝楠:《论语正义》,中华书局 1990 年。

刘尚慈译注:《春秋公羊传译注》,中华书局 2010 年。

陆淳:《春秋集传纂例》,《景印文渊阁四库全书》第 146 册,台湾商务印书馆 1986 年影印本。

陆佃:《陶山集》,上海古籍出版社 2003 年。

吕本中:《春秋集解》,中华书局 2019 年。

吕祖谦:《东莱吕太史集》,浙江古籍出版社 2017 年。

欧阳修、宋祁:《新唐书》,中华书局 1975 年。

欧阳修:《欧阳修全集》,中华书局 2001 年。

皮锡瑞:《经学通论》,中华书局 2015 年。

钱大昕:《嘉定钱大昕全集》,江苏古籍出版社 1997 年。

钱谦益:《钱牧斋全集》,上海古籍出版社 2003 年。

丘濬:《大学衍义补》,上海书店 2012 年。

阮元校刻:《礼记正义》,《十三经注疏》,中华书局 1980 年影印本。

阮元校刻:《尚书正义》,《十三经注疏》,中华书局 1980 年影印本。

阮元校刻:《周易正义》,《十三经注疏》,中华书局 1980 年影印本。

邵伯温:《邵氏闻见录》,中华书局 1983 年。

司马光:《司马光集》,四川大学出版社 2010 年。

司马光:《温公易说》,《十八名家解〈周易〉》(第 4 辑),长春出版社 2009 年。

司马光:《资治通鉴》,中华书局 1956 年。

司马光著,李之亮笺注:《司马温公集编年笺注》,巴蜀书社 2009 年。

宋濂:《元史》,中华书局 1976 年。

苏轼:《东坡易传》,巴蜀书社 2011 年。

苏轼:《苏轼文集》,中华书局 1986 年。

苏天爵:《元朝名臣事略》,《丛书集成初编》,商务印书馆 1936 年。

苏辙:《春秋集解》,中华书局 1985 年影印丛书集成初编本。

脱脱等:《宋史》,中华书局 1985 年。

汪克宽:《春秋胡传附录纂疏》,《景印文渊阁四库全书》第 165 册,台湾商务印书馆 1986 年影印本。

汪圣铎点校:《宋史全文》,中华书局 2016 年。

王安石:《临川先生文集》,中华书局 1959 年。

王安石:《王安石全集》,复旦大学出版社 2016 年。

王安石:《王文公文集》,上海人民出版社 1974 年。

王弼:《老子道德经注校释》,中华书局 2008 年。

王艮:《王心斋全集》,江苏教育出版社 2001 年。

王守仁:《王阳明全集》,上海古籍出版社 2011 年。

王新春、吕颖、周玉凤:《〈易纂言〉导读》,齐鲁书社 2006 年。

王应麟:《玉海(二)》,《景印文渊阁四库全书》第 944 册,台湾商务印书馆 1986 年影印本。

王应麟:《周易郑康成注》,中华书局 2012 年。

吴澄:《吴澄集》,中国社会科学出版社 2021 年。

徐世昌:《清儒学案》,中华书局 2008 年。

许衡:《许衡集》,东方出版社 2007 年。

薛瑄:《薛瑄全集》,三晋出版社 2015 年。

杨观、陈默、刘芳池:《苏辙资料汇编》,中华书局 2018 年。

杨时:《杨时集》,中华书局 2018 年。

杨万里:《诚斋易传》,九州出版社 2008 年。

杨万里:《杨万里集笺校》,九州出版社 2007 年。

耶律有尚:《许文正公考岁略续》(清乾隆五十五年刻本),《北京图书馆藏珍本年谱丛刊》第 35 册,北京图书馆出版社 1999 年。

叶梦得:《石林燕语》,中华书局 1984 年。

佚名:《南宋馆阁续录》,中华书局 1998 年。

永瑢等:《四库全书总目》,中华书局 1965 年影印本。

张居正:《张太岳集》,中国书店 2019 年。

张洽:《张氏春秋集注》,《景印文渊阁四库全书》第 156 册,台湾商务印书馆 1986 年影印本。

赵汸:《春秋属辞》,《景印文渊阁四库全书》第 164 册,台湾商务印书馆 1986 年影印本。

赵汸:《春秋左氏传补注》,《景印文渊阁四库全书》第 164 册,台湾商

务印书馆1986年影印本。

赵汸:《东山存稿》,《景印文渊阁四库全书》第1221册,台湾商务印书馆1986年影印本。

郑玉:《春秋阙疑》,《景印文渊阁四库全书》第163册,台湾商务印书馆1986年影印本。

朱熹:《周易本义》,中华书局2009年。

朱熹:《朱子全书》,上海古籍出版社、安徽教育出版社2002年。

朱彝尊:《曝书亭集》,商务印书馆1935年。

朱元璋:《明太祖集》,黄山书社2014年。

庄煦:《四书蒙引》,《景印文渊阁四库全书》第206册,台湾商务印书馆1986年影印本。

现代论著

蔡方鹿:《朱熹经学与中国经学》,人民出版社2004年。

蔡仁厚:《宋明理学·北宋篇》,吉林出版集团有限责任公司2009年。

查洪德:《元代诗学通论》,北京大学出版社2014年。

陈高华、张帆、刘晓:《元代文化史》,广州教育出版社2009年。

陈来:《宋明理学》(第二版),华东师范大学出版社2004年。

方尔加:《王阳明心学研究》,湖南教育出版社1989年。

高怀民:《宋元明易学史》,广西师范大学出版社2007年。

何俊、范立舟:《南宋思想史》,上海古籍出版社2008年。

何忠礼:《宋代政治史》,浙江大学出版社2007年。

胡自逢:《程伊川易学述评》,文史哲出版社1995年。

姜海军:《程颐〈易〉学思想研究——思想史视野下的经学诠释》,北京师范大学出版社2010年。

李方子、束景南:《朱熹年谱长编》,华东师范大学出版社 2001 年。

李峰:《北宋史学思想流变研究》,人民出版社 2013 年。

李建军:《宋代〈春秋〉学与宋型文化》,中国社会科学出版社 2008 年。

卢国龙:《宋儒微言》,华夏出版社 2001 年。

马克思、恩格斯:《马克思恩格斯全集》,人民出版社 1956 年。

马振铎:《政治改革家王安石的哲学思想》,湖北人民出版社 1984 年。

马宗霍:《中国经学史》,上海书店 1984 年。

潘雨廷:《读易提要》,上海古籍出版社 2006 年。

漆侠:《宋学的发展和演变》,河北人民出版社 2011 年。

钱穆:《国史大纲》,商务印书馆 2012 年。

钱穆:《宋明理学概述》,九州出版社 2010 年。

钱穆:《中国近三百年学术史》,商务印书馆 1997 年。

钱穆:《中国学术思想史论丛》(五),生活·读书·新知三联书店 2009 年。

王立新:《从胡文定到王船山——理学在湖南地区的奠立与开展》,中国社会科学出版社 2014 年。

王铁:《宋代易学》,上海古籍出版社 2005 年。

王新春:《易学与中国哲学》,人民出版社 2012 年。

吴怀祺:《中国史学思想通史》,黄山书社 2002 年。

徐芹庭:《易学源流——中国易经学史》,中国书店 2008 年。

徐志锐:《宋明易学概论》,辽宁古籍出版社 1996 年。

燕永成:《南宋史学研究》,甘肃人民出版社 2007 年。

杨倩描:《王安石〈易〉学思想研究》,河北大学出版社 2004 年。

余敦康:《汉宋易学解读》,华夏出版社 2006 年。

余敦康:《易学今昔》,广西师范大学出版社 2005 年。

张岱年:《张岱年全集》(第二卷),河北人民出版社 1996 年。

张立文:《宋明理学研究》,人民出版社 2002 年。

张涛:《秦汉易学思想研究》,中华书局 2005 年。

张义生:《宋初三先生研究》,山东人民出版社 2012 年。

赵伯雄:《春秋学史》,山东教育出版社 2004 年。

赵玉田、罗朝蓉:《丘濬经世思想研究》,暨南大学出版社 2018 年。

朱伯崑:《易学哲学史》(第三卷),华夏出版社 1995 年。

朱伯崑:《易学哲学史》(中册),北京大学出版社 1988 年。

论 文

成中英:《从本体诠释论述王阳明释易的良知哲学——深入阳明良知明德之理》,《阳明学研究》创刊号,中华书局 2015 年。

戴琏璋:《王阳明与周易》,《中国文哲研究集刊》2000 年第 17 期。

范立舟:《〈周易〉与阳明心学》,《周易研究》2004 年第 6 期。

何兹全:《中国社会发展史中的元代社会》,《北京师范大学学报》1992 年第 5 期。

黄忠天:《史事宗易学研究方法析论》,《周易研究》2007 年第 5 期。

金生杨:《王安石〈易解〉与〈孟子〉的关系刍议》,《四川师范学院学报》(哲学社会科学版)2002 年第 5 期。

刘增光:《寻求权威与秩序的统一——以晚明阳明学的"明太祖情结"为中心的分析》,《文史哲》2017 年第 1 期。

卢祥运:《从王阳明"玩易"到孙应鳌"谈易"》,《贵阳师范高等专科学校学报》(社会科学版)2005 年第 1 期。

王风:《朱熹新道统说之形成及与易学之关系》,《哲学研究》2004 年第 11 期。

温海明:《王阳明易学略论》,《周易研究》1998 年第 3 期。

谢辉:《简论朱子易学在元代发展的基本面貌》,《周易研究》2010 年第

6 期。

杨倩描:《王安石〈易象论解〉与〈序卦传〉》,《周易研究》,2003 年第 4 期。

张帆:《〈退斋记〉与许衡刘因的出处进退——元代儒士境遇心态之一斑》,《历史研究》2005 年第 3 期。

张涛、任利伟:《疑经变古思潮中的宋代易学考辨》,《古籍整理学刊》2009 年第 2 期。

张涛:《〈周易〉与儒释道》,《世界宗教文化》2018 年第 4 期。

钟泰:《〈周易六龙解〉·跋》,《国师季刊》1941 年第 9 期。

朱晓鹏:《王阳明龙场〈易〉论的思想主旨》,《哲学研究》2008 年第 6 期。

马慧:《吴澄易学研究》,山东大学 2019 年博士学位论文。

马倩倩:《许衡理学思想研究》,山东大学 2010 年硕士学位论文。

王峰:《朱熹易学研究》,中国社会科学院 2004 年博士学位论文。

王冉冉:《元代易学思想研究》,北京师范大学 2021 年博士学位论文。

魏佩伶:《管志道年谱》,台南大学 2010 年硕士学位论文,第 83 页。

许维萍:《宋元易学的复古运动》,东吴大学中文研究所 2001 年博士学位论文。

张国洪:《吴澄的象数义理之学》,山东大学 2006 年博士学位论文。

后 记

2013年,何俊教授主持的"'群经统类'的文献整理与宋明儒学研究"获得国家社科基金重大项目立项。他便邀请我主持其中子课题"《易》与《春秋》:宋明儒学的全体大用"。与何俊教授相识相知多年,而且我本人一直从事易学与经学文献的整理研究,致力于中华优秀传统文化的传承传播,于是欣然允诺,承担了这项工作。

通过多年在易学与经学领域的深入研究,我们逐渐形成了这样的认识,《易传》诸篇是以儒为主、儒道互补、综合百家、超越百家的产物,其问世不仅与孔子和儒家、老庄和道家有着密切的关系,而且与墨家、法家、阴阳家、兵家等也联系紧密。可以说,诸子各家都从《易传》中得到了某种启示和沾溉,获得了众多资源和丰富养料,同时又将自己的思想意识、价值取向融入《易传》的成书全过程,促使其成为秦汉思想乃至整个古代中国思想文化的内在灵魂和重要源头。正是因为《周易》特别是《易传》的文化特征和思想品格,最根本之处就是其兼收并蓄、综合超越,所以在中国思想文化不断演进的过程中,《周易》和易学始终发挥着核心津梁的作用。

而《春秋》作为儒学思想的"元典",提倡的正统思想和道德观念承载着儒家倡导的伦理思想和政治原则,深刻影响着中国传统社会礼俗和政治文化的发展。不唯如此,作为中国最早的一部编年体史书,《春秋》不仅表现出对现世的关怀,更表现出对社会现实和国家未来的关注,其经世致用的宗旨对中国古代思想文化发展产生的影响亦深且巨。

居于群经之首的《周易》和作为经学重要典籍的《春秋》,对宋明儒学及"宋型文化"的型塑具有重要意义。围绕"群经统类",关注受《周易》《春秋》影响的宋明儒学及"内圣外王"之道的形成与发展,探究《周易》《春秋》在"宋型文化"形成过程中的作用和机理,也应当是易学与经学研究领域中一个不容忽视的学术课题。

历时 10 年,这套丛书终于出版。本书围绕"群经统类",以"易学"和"《春秋》学"为视域,从《周易》《春秋》与宋明儒学和"内圣外王"之道有何种内在关联,以及这两部经典在宋代建构伦理本位的儒学理论体系之中发挥出何种作用等问题意识出发,呈现传统学术发展中经学体系和宋明理学这两个极为关键的领域。第一章为概述,宏观把握易学和《春秋》学各自在"宋型文化"形成过程中的特殊地位。第二、三章论《易》,剖析易学与两宋学术文化互动之内在机理。第四、五、六章论《春秋》,揭示《春秋》学在北宋、南宋、元代等不同历史时期内圣外王之道建构中的价值和意义。

"文章千古事,得失寸心知。"本人从事学术研究数十载,深知这一研究成果无论是研究思路还是结构框架,无论是写作方式还是具体结论,一定存在些许问题,错误和不足之处亦所在多有,敬请方家和各位读者批评指正。

还需要说明的是,本书初稿完成后,我又承担了其他繁重的学术任务,无法兼顾书稿进一步的修改和完善,就将后续工作交给我的学生,现供职于昆明理工大学的任利伟博士。他除了撰写部分书稿外,主要负责整部书稿的审读、校对润色、文献补充等事宜。此外,我的学生,河北大学的宋烨博士、西北大学的续晓琼博士、青岛师范大学的孙世平博士也对本书的完成做出了贡献。在这里,要对他们的无私付出和辛苦努力表示感谢!

张 涛

癸卯年秋于京师大厦